Illustration de couverture : *Philippe Caza*
Corrections orthographiques : *Gilles Martinez*

Impression : *Messages*
ISBN : 978-2-919090-38-9

http://www.arkuiris.com

Réseaux sociaux & numériques dans le futur

Communiquer demain et ailleurs (ou pas)

Anthologies de nouvelles aux Éditions Arkuiris
Une collection dirigée par Yann Quero

Anthologies publiées
Clones et Chimères
Dans les villes du futur
Dyslexies, aujourd'hui et demain
En situation de handicap... dans le futur
Entre rêves et irréalité
Gastronomie du futur, d'ici, d'ailleurs et d'autre part
Hommes et animaux : demain, ailleurs, autrement
Journalistes du futur et d'ailleurs
L'Art de séduire
La Justice... demain, ailleurs, autrement
Le Nucléaire et après...
Le Réchauffement climatique et après...
Le Temps revisité
Les Arts dans les villes du futur et d'ailleurs
Les Maladies du futur
Les Migrations du futur
Les Océans du futur
Les OGM et après...
Les Tisseurs de mondes
Musiques d'Outre-mondes
Nature et Biodiversité du futur et d'ailleurs
Religions d'ailleurs et de demain
Réseaux sociaux et numériques dans le futur
Sexe et sexualité, dans le futur et ailleurs - volume 1 : Autres mondes
Sexe et sexualité, dans le futur et ailleurs - volume 2 : Autres mœurs
Transhumains & Post-humains

Anthologies en préparation
Avatars, Digital ghosts : l'internaute et ses doubles
École et éducation du futur et d'ailleurs
Les Arts dans les villes du futur et d'ailleurs
L'Humour de demain et d'ailleurs...
Livres et bibliothèques, demain, ailleurs et au-delà...

Collection Futurs Simples, dirigée par Cécile Péguin
Futurs Simples, volume 1
Futurs Simples, volume 2

http://www.arkuiris.com

Réseaux sociaux & numériques dans le futur
Communiquer demain et ailleurs (ou pas)

Une anthologie réunie par Bruno Pochesci

Sommaire 6

Avant-Propos

Ils sont omniprésents.

Pratiquement incontournables, désormais familiers. Tantôt instruments de contrôle collectif, tantôt vecteurs d'émancipation individuelle, suivant ce qui arrange, rassure ou angoisse l'internaute. Si vous lisez ces quelques lignes, il y a de fortes chances que vous le deviez à eux : les réseaux sociaux.

Les moins de vingt ans ont toujours baigné dedans, la génération Z a grandi avec, les X et Y se sont vite adaptées et même le gros des boomers n'est plus à la traîne. D'une interface l'autre, les RS vous ont permis de trouver le partenaire d'une nuit, ou d'une vie ; le job d'un jour, plutôt qu'une succursale d'ultime demeure (les profils de personnes décédées, en friche virtuelle ou marbrifiés *in memoriam*, ne cessent de croître en nombre) ; et bien sûr, d'échanger avec des quidams et multiplier des rencontres qui, successivement, trouveront ancrage dans la « vraie » vie.

Les éviter, y aller de sa furtivité, relève-t-il d'une forme de résistance, ou de snobisme numérique ? L'inversion du cauchemar warholien (que chaque individu accède demain à un quart d'heure d'anonymat) passe-t-elle par l'utopie, la dystopie ou les deux mon capitaine ? C'est à ce genre de questions et bien d'autres encore que l'ensemble des contributeurs de cet ouvrage tente d'apporter des éléments de réponse.

Assembler les fruits de leur imagination fut pour votre serviteur un véritable régal, tant les chemins de traverse empruntés pour traiter ce thème m'ont surpris, ému, interpellé ou diverti. Dans un premier temps, j'avais envisagé de présenter brièvement chacun de ces textes. Mais, tout bien considéré, je ne voudrais pas risquer de les divulgâcher de quelque manière que ce soit. Tout ce que je peux vous dire, c'est que l'univers des réseaux sociaux y est abordé pêle-mêle sous le prisme du deuil, du *bashing*, de l'amitié, du journalisme, de l'écologie, de l'économie, de la peine de mort, de l'apparence, de la transcendance, de la résistance, de l'introspection, de la violence, de la dépendance, du tourisme, de l'éducation, du travail, de l'effacement, de l'apocalypse, de la solitude, de l'art et de l'amour.

Sans être exhaustif, vous conviendrez qu'il y a de quoi faire !

Il ne me reste donc plus qu'à vous souhaiter de prendre autant de plaisir que j'en ai moi-même ressenti en découvrant les histoires de Jean-Pierre Andrevon, Anthony Boulanger, Philippe Caza, Fabien Clavel, Orezza D'Antes, Lilian Devigne, Thierry Fauquembergue, Kathrine Hasnaoui, Southeast Jones, Léo Kennel, Valentin Koch, Morwenna Le Bevillon, Brice et Romain Roux, Meddy Ligner, Danielle Martinigol, Florian Orazy, Boris Parmeland, Gaëtan Rhéal, Alain Rozenbaum et Matthias Tauveron, sans oublier le duo qui m'a confié la barre de cette nef des oufs, Yann Quero et Loan Treca, que je remercie encore une fois de tout cœur pour leurs patience et confiance.

Bruno Pochesci

VERIDICK

Alain Rozenbaum

Les maisons, avec leurs murs de pierres, leurs fenêtres entourées de volets en bois et leurs toitures de tuiles rouges, sont toujours aussi pittoresques ; on ne se lasse jamais de les regarder. Voletant de branche en branche dans le magnifique tilleul qui orne la place principale, les petits oiseaux gazouillent gaiement. Ils sont accompagnés, en fond sonore, par le clapotis délicat de la fontaine.

Sachant qu'il ne va pas s'éterniser, c'est d'un pas rapide que Daman se dirige vers les bancs. Quatre de ses meilleurs amis y sont déjà installés, en pleine discussion : Olivier Lecoq, Rose Duval, Guy Ribera et Sylvia Chesnay. Mais, note-t-il avec une pointe de déception, Iris n'est pas là.

— Vous me faites une petite place ?

Daman a posé cette question par pure politesse, car de toute façon, Sylvia et Guy étaient déjà en train de se décaler pour lui laisser un tiers de leur banc. Tandis qu'il s'assoit, Olivier l'introduit dans la conversation :

— On était en train de parler du rythme trépidant de la vie quotidienne et de la brutalité de la société, dans le monde réel.

— Encore ? demande Daman, un sourire au coin des lèvres.

C'est effectivement un sujet récurrent, mais on ne s'en lasse pas.

— On est mieux ici, à Veridick, se félicite Rose. Ça fait du bien de venir s'y ressourcer.

— Tu as raison, approuve Sylvia qui ajoute, avec un grand geste du bras pour montrer les alentours :

— Regardez cet environnement apaisant ! Appréciez ce calme, écoutez ce silence ! Ça nous change du bruit et de la fureur habituels !

— C'est vrai, renchérit Guy. Si on ajoute à cela le plaisir de partager un moment avec de bons amis, que demander de plus ?

Que demander de plus ? Rien, sauf un peu de temps… À cette heure-là, Daman ne fait que passer. Juste un petit coucou matinal vite fait. Un instant de douceur avant d'affronter une dure journée.

Daman se joint à la discussion. Il se sent à son aise. Il sait qu'il peut se confier sans crainte. Dans le monde réel, se plaint-il, les gens ne savent pas écouter. Ou alors, c'est uniquement pour juger et critiquer. De toute façon, la plupart du temps, quand on essaie de s'exprimer, on ne fait que parler dans le vide.

— C'est vrai, dit Sylvia.

— Moi c'est pareil, renchérit Guy.

— Je suis d'accord avec toi, approuve Rose.

— Moi aussi, ajoute Olivier.

Encouragé par ses amis, Daman continue à s'épancher. Ça lui fait du bien.

La conversation est interrompue par l'arrivée d'un IAvatar. C'est une hôtesse – reconnaissable à son uniforme – accompagnée d'un jeune homme.

— Je vous présente Florian Vernay, annonce-t-elle. Il vient de s'inscrire et n'a pas encore d'amis. Je suis sûre que vous serez ravis de l'accueillir et de lui expliquer le fonctionnement de Veridick, le village véritable et authentique !

Avant qu'elle reparte, Daman l'attrape par le bras et lui murmure quelque chose à l'oreille.

— Non, répond-elle, Iris n'est pas là ; elle ne s'est pas encore connectée ce matin.

L'hôtesse disparaît, laissant Florian aux bons soins de ses futurs amis ; car ils le deviendront certainement : si elle le leur a suggéré, ce n'est pas par hasard, mais parce qu'après analyse de leurs données et de celles de Florian, le système a dû trouver suffisamment de points communs pour conclure à une forte compatibilité.

Effectivement : Daman trouve le petit nouveau très sympathique, et, comme Rose, Sylvia, Olivier et Guy, n'hésite pas à l'accepter dans leur petite communauté. Il se montre agréable, ouvert d'esprit, curieux, enthousiaste et même quelque peu naïf : il a fallu que Daman, en riant gentiment de sa candeur, lui ouvre les yeux et lui révèle que l'hôtesse, qu'il trouvait charmante, n'était qu'un IAvatar. Il faut dire que dans Veridick, ces créatures virtuelles sont particulièrement réalistes.

Les initiés se relayent pour fournir des explications au nouveau venu, et se font un plaisir de répondre à ses nombreuses questions. Sylvia lui détaille le paramétrage et lui indique comment personnaliser son instance du village. Guy lui conseille de participer à des événements, de s'inscrire à des activités, pour rencontrer un maximum de personnes et se faire des amis. Daman intervient pour nuancer ce propos et mettre en garde le novice :

— Ne cherche surtout pas à battre le record du nombre d'amis !

Les autres approuvent ce conseil. Mieux vaut privilégier la qualité à la quantité, abondent-ils en hochant la tête.

Daman raconte comment il a failli quitter le village lorsque, après qu'une opinion émise par lui avait déplu à certains, les remarques, commentaires désobligeants et autres propos moralisateurs se sont accumulés à son encontre. Le politiquement correct peut vite tourner au harcèlement moral, si on n'y prend garde.

Alors, il a réagi. Il a commencé par se débarrasser des donneurs de leçon. Puis, sur sa lancée, il a continué. Il a pris une décision radicale, qu'il n'a jamais regrettée : virer tous les cons. Sans pitié, sans exception. Aucun passe-droit ni favoritisme. Peu importe si on se connaît dans la vraie vie. Peu importe si on est – si on était ! – amis dans le monde réel ou si on fait partie de la même famille. Dès la moindre alerte, hop ! Viré !

Il a ainsi banni les lourdauds qui passaient leur temps à raconter de grosses blagues, les m'as-tu-vu égocentriques, les extrémistes, les complotistes, les racistes… Sans compter tous ceux qui relayaient leurs propos en les répétant sans prendre la peine de réfléchir.

Depuis ce tri drastique, il est tranquille. Plus aucun risque de commérages ni de harcèlement. Et maintenant, avec l'expérience, il se félicite de savoir mieux choisir ses amis. Des gens ouverts, à l'écoute et bienveillants, en qui on peut avoir confiance et avec qui on peut échanger. Il est heureux de les retrouver, chaque fois qu'il vient ici.

— Même s'il y a plusieurs millions d'utilisateurs connectés, explique-t-il à Florian, tu rencontreras tes amis partout : sur les places, au bistro, en te baladant dans les rues du village…

— Ça alors ! s'étonne Florian. Comment est-ce possible ?

— Du point de vue technique, je ne sais pas, je n'y connais rien. Ce que j'ai compris, c'est qu'une instance du village est générée pour chaque utilisateur, dans laquelle tout le monde n'est pas présent. Si tu bannis quelqu'un, tu ne le verras plus – ni ceux qui sont avec lui. Aucun risque de le croiser par hasard dans la rue !

Olivier intervient :

— Holà Daman ! Doucement ! Florian vient d'arriver et ne connaît que nous, pour l'instant. Ses seuls amis, c'est nous. Il n'a probablement pas l'intention de nous bannir !

— C'est vrai, reconnaît Daman en riant. Tu as raison Olivier, je ne devrais pas lui mettre de telles idées en tête. Il aura tout le loisir de nous virer plus tard, une fois qu'il aura découvert tous nos défauts !

Les rires de ses compagnons se joignent aux siens, et la discussion continue de plus belle. Prenant le petit groupe à témoin, Daman confie qu'il passe de plus en plus de temps dans le village. Il s'y connecte chaque fois qu'il le peut, dès qu'il a un moment. Il voudrait y vivre, si seulement c'était possible ! Oui : quel bonheur ce serait de s'y installer et d'y passer tout son temps ! Du bon temps, bien entouré, sans contrainte… Oublier le stress du monde réel ; ne plus penser à son travail aliénant ni à ses collègues désagréables ; ne plus penser à…

— Daman ?

— Ne plus penser à…

— Daman ! Daman, mon chéri !

— Kalynn ! Putain de merde ! Qu'est-ce que tu veux, bordel !

D'un geste vif, Daman a enlevé son bandeau de connexion. Le village a disparu. Sa femme, ou ce qui en tient lieu, est debout à ses côtés. Il est de retour à la maison. Ou plutôt, il a l'impression d'être de retour, car en fait il n'a pas bougé. Il est toujours au même endroit : dans son lit.

Toujours dans la même position, la tête et le buste surélevés par le morpho-sommier, paré à se lever ou à prendre son petit-déjeuner. Sauf qu'il n'a pu s'empêcher, avant toute chose, d'enfiler son bandeau sur sa tête, histoire d'aller faire un tour à Veridick…

La silhouette aux formes parfaites de Kalynn se penche vers lui, tenant un plateau garni d'un croissant, de deux tartines de confiture, d'un verre d'oranges pressées et d'une tasse de café fumante.

— Daman, mon amour, je t'ai préparé un bon petit-déjeuner. Tu vas te régal… Hé !

D'un revers rageur, Daman envoie tout valser. Les assiettes, le verre et la tasse s'éclatent au sol en petits morceaux, répandant leurs contenus.

— Salope ! Pouffiasse ! Tu fais chier, merde !

Le beau visage de Kalynn affiche un air penaud. Elle prend une voix douce – encore plus douce que d'habitude, si c'est possible :

— Pardon, mon chéri, mais il est tard. Tu te connectes dès le réveil, maintenant, tu es vraiment accro ! Seulement, tu ne peux pas continuer à temporiser, car c'est bientôt l'heure pour toi d'aller au travail.

Daman lui hurle sa frustration au visage :

— Qu'est-ce que tu viens me casser les couilles ? Je suis accro, et alors ? De quel droit tu me juges, toi ?

— Oh non ! Je ne te juge pas, mon chéri ! Je voulais juste…

— J'étais avec mes amis. Des gens que j'aime, que j'apprécie. De vraies, de belles personnes. Ça me change un peu, figure-toi !

Puis, avec une bonne dose de mauvaise foi :

— Regarde ce que tu as fait : il y en a partout ! En plus, tu as failli me brûler !

— Excuse-moi mon chéri, je suis désolée. Ne t'inquiète pas : je vais tout nettoyer et je vais de nouveau te préparer un excellent petit-déjeuner. Tu vas te régaler !

— C'est ça. Et bouge-toi le cul ! Je vais être en retard, moi, par ta faute !

Dans la mobibulle qui l'emmène vers son travail, entouré d'inconnus aux visages fermés, Daman, la main dans la poche de sa veste, triture son bandeau. Il aurait bien envie de se connecter, là, tout de suite, mais il se retient. La dernière fois qu'il l'a fait, il a raté son arrêt et s'est retrouvé au terminus.

Il pense à ses amis, ses vrais amis. Et surtout à Iris. Où est-elle ? Que fait-elle en ce moment ? Ce serait tellement bien si elle était là avec lui, près de lui… S'il pouvait la voir *en vrai*, la toucher *pour de vrai*… Non pas que les sensations soient moindres dans Veridick ; elles sont tout à fait réalistes, rien à redire. Mais quand même… Rencontrer Iris dans la vraie vie, ce serait chouette ! Et la retrouver le soir, tous les soirs en rentrant à la maison, à la place de l'autre… ce serait merveilleux ! Kalynn est bien gentille – ou plutôt, elle remplit bien son rôle, elle fournit un service satisfaisant –, mais Iris… Iris, c'est autre chose.

Oui, il voudrait vivre avec Iris. Mais, avant d'en arriver là, il faudrait commencer par la rencontrer en vrai ! Pas moyen jusqu'à présent, et ce n'est pourtant pas faute de le lui avoir demandé. De son côté, il est plus que prêt. Il se rendrait, sans hésiter une seconde, à l'autre bout du monde s'il le fallait. Tandis qu'elle… Ce n'est pas qu'elle refuse, mais, comment dire… À chaque fois, d'une manière ou d'une autre, elle décline l'invitation. Elle esquive, sans donner de raison claire. Elle louvoie.

Quel est ce mystère ? Pourquoi ne veut-elle pas le voir en dehors de Veridick ? Quel secret cache-t-elle ? Vivrait-elle dans la peur des représailles d'un mari ou d'un compagnon jaloux ? Ou pire : elle dissimulerait sa véritable apparence derrière un avatar, qui masquerait sa laideur réelle… Même si c'est interdit par le règlement intérieur de Veridick, on sait bien qu'il y a des tricheurs qui passent outre. Mais pas Iris ! Non ! Cela ne se peut pas ! Iris ne ferait jamais ça ! Daman rejette cette hypothèse avec horreur.

Pour se changer les idées, il contemple, par les vitres parfaitement transparentes de la mobibulle, les innombrables pubs qui recouvrent les immenses façades ou se déplacent dans les airs, matraquant leurs slogans, affichant leurs couleurs criardes et leurs animations 3D hystériques. On ne peut leur échapper. Elles sont présentes jusqu'à l'intérieur de la cabine, flottant entre les passagers ou planant au-dessus de leurs têtes. Dans le village, au moins, il est à l'abri de ce bourrage de crâne, grâce à l'option *zéro pub*. Option payante – et chère –, mais qui vaut le coût : la pub, ça lui rappelle trop le boulot... Tiens, justement, voici l'une de ses créations : un holo animé vantant les mérites de la nouvelle formule d'abonnement à une fameuse plateforme de jeux – offre exceptionnelle avec trente pour cent de réduction le premier mois – dont il a conçu le graphisme, tandis que ce connard prétentieux de Gill en a programmé le comportement.

Dans l'ambiance familière mais artificielle de l'agence, au milieu des conversations professionnelles saturées de jargon et entrecoupées de blagues pas toujours subtiles et tandis qu'il se presse le ciboulot pour trouver des graphismes toujours plus novateurs et percutants, Daman se console en pensant à sa prochaine pause, où il s'empressera d'aller faire un saut à Veridick. C'est là-bas que se trouvent ceux qu'il apprécie vraiment, ceux qu'il aime et qui l'aiment. Tandis qu'ici...

Ici, à l'agence, il n'a pas d'amis. Ce n'est pas que les collègues soient spécialement méchants. Non : ils sont comme tout le monde, tout simplement. Ils parlent boulot, bouffe ou cul, racontent des blagues bien grasses... Des gens normaux, quoi. Daman ne se sent pas en phase avec eux. Il les considère comme des étrangers, des voisins encombrants. Lui, il est trop sensible. Trop émotif. Se sachant vulnérable, il se sent mal à l'aise. Trop réceptif au stress. Toujours sur le qui-vive, craignant à tout instant qu'on se moque de lui. Pourtant, il ne peut pas se plaindre d'être souvent agressé. Au contraire : ses collègues l'aiment bien, à leur façon. Ils doivent le trouver gentil, doux et tendre... Comme un agneau égaré dans la forêt au milieu des loups, ou un petit poussin tombé au fond d'une tanière de renards.

Ils ne l'agressent pas, mais personne ne l'écoute vraiment. En dehors des échanges strictement professionnels, on ne va s'adresser à lui que pour le taquiner. On aime bien se moquer, plus ou moins gentiment, de l'artiste, du rêveur…

Tandis que les collègues se ruent vers la machine à café pour la pause du matin, Daman, lui, enfile son bandeau. Quelques instants plus tard, il se retrouve, un verre à la main, accoudé au zinc dans une ambiance conviviale.

Dans le monde réel, froid, optimisé, où tout est efficace à cent pour cent, on a perdu l'habitude d'aller discuter autour d'un verre. Pourquoi perdre du temps à se déplacer, et pourquoi payer une boisson plus cher que ce qu'elle vaut, alors qu'avec les moyens de communication modernes on peut rester chez soi et converser avec les avatars de qui on veut ?

Parmi les concepts rétros que Veridick a réinventés, il y a le bistro. Le vrai bistro, comme au *bon vieux temps*. Mais en mieux.

Au bistro, à Veridick, il y a tout le temps de la musique. Les volontaires se relayent au piano, et si personne ne sait jouer ce n'est pas grave, un IAvatar s'en chargera.

Au bistro, à Veridick, aucun risque de gueule de bois ; on peut y boire tout son saoul sans le devenir.

Au bistro, à Veridick, pas de brouhaha, mais de vraies discussions. Les gens présents autour de Daman sont ses amis – et les amis de ses amis – et, puisqu'ils partagent ses goûts, la conversation porte sur des sujets qui l'intéressent, comme la peinture et les arts graphiques, la littérature, la musique…

Et puis il y a Iris. Iris qui est là, qui le regarde avec ses yeux magnifiques, qui l'écoute et lui sourit…

C'est à son grand regret que Daman, au bout d'un bon quart d'heure, se résigne à quitter cette excellente compagnie. Hélas ! Il n'oublie pas que son corps réel est toujours là-bas, assis dans son fauteuil à son poste de travail, inerte, comme endormi ou dans le coma, et que si ça dure trop longtemps ça va finir par se remarquer…

Avec un pincement au cœur, et après avoir jeté un dernier regard à Iris, il enlève son bandeau de connexion d'un geste fataliste.

Le reste de la matinée s'est écoulé lentement. À midi, comme à son habitude, Daman a boudé la cafette et a préféré rester seul à son bureau.

— Tu n'as pas faim ? s'étonnent parfois les collègues.

Ce dont il a faim, c'est de conversations nourrissantes et d'échanges fructueux. Il veut se rassasier d'amitié, de connivence… et d'amour.

Oui, d'amour ! En ce moment même, il est en tête-à-tête avec Iris, dans la chambre joliment décorée d'un petit hôtel de charme ; le plus beau – et l'un des plus chers – de Veridick.

Ils ont pris l'habitude de se retrouver ainsi tous les jours, pour une délicieuse séance d'intimité. Ça commence par un dialogue où, l'un contre l'autre, ils se murmurent leurs états d'âme, s'épanchent, se livrent leurs petites contrariétés mais aussi leurs espoirs et leurs envies, se susurrent de tendres confessions.

— Quand pourra-t-on se voir en vrai ? demande Daman une fois encore. Demain ? Ce soir ? Tu es libre ce soir ? On se retrouve où ?

Iris se met à rire.

— On est déjà ensemble, toi et moi, ici et maintenant ! Pas vrai ?

— Oui, mais je veux te rencontrer en chair et en os, dans le monde réel. Tu veux bien ?

— Ce serait sûrement amusant.

— Dis-moi où tu es et je viens te voir, ce soir même, si tu es d'accord. Où que tu sois.

— Et que feras-tu ensuite ?

— Je resterai avec toi. S'il le faut, je laisserai tomber ma maison, mon travail…

— Et ta femme ?

Daman, lui, n'a rien à cacher à Iris. Il lui parle en toute franchise de Kalynn.

— Je n'ai pas à m'en plaindre, lui avoue-t-il. Elle rend les services demandés, dans tous les domaines, et elle le fait bien… Mais question sentiments, ce n'est pas ça.

— Tu me préfères donc à elle ?

— Bien sûr ! Y a pas photo ! Elle, elle fait semblant, elle simule. Tandis qu'avec toi…

Tout en parlant, Daman s'est penché un peu plus vers Iris. Leurs corps ont basculé. Ils se sont retrouvés allongés, leurs bouches se joignant en un baiser fougueux, leurs mains s'égarant, sous leurs habits respectifs, jusqu'à…

— Daman ! Hé ! Daman !

Une main s'agrippe à son épaule et le secoue. Ce n'est pas la douce main d'Iris, mais une poigne désagréable et brusque. Dans ses oreilles résonne une voix dure, cassante :

— La deadline approche, Daman. Allez ! Go ! On est short, faut speeder !

La secousse a interrompu la connexion. Les couleurs de la jolie chambre ont été remplacées par du gris et du blanc, la lumière tamisée par un éclairage cru et brutal, le lit à baldaquin par une chaise ergonomique à roulettes, et la merveilleuse Iris par Pol l'autoritaire, qui adore surjouer son rôle de petit chef. Daman est de retour au bureau. Ravalant sa frustration, il se remet au travail.

C'est déjà difficile de se concentrer quand on a l'esprit ailleurs et qu'on ne demande qu'à y retourner, dans cet ailleurs, pour y reprendre ce qu'on avait commencé avant d'être interrompu… C'est encore plus pénible lorsqu'on se sent observé ; lorsqu'on devine un regard moqueur braqué sur soi. Au bout d'un moment, Daman n'en peut plus. Il se résout à relever la tête pour affronter l'adversaire :

— Qu'est-ce que tu veux, Gill ?

— Rien, mon petit Daman, rien du tout…

La figure bouffie de l'informaticien est fendue d'un sourire ironique. Qu'il me fiche la paix ! s'écrie intérieurement Daman.

— Je me demandais juste…

— Quoi ? s'agace Daman.

— Je me demandais à quel réseau tu te connectais, avec ton joli bandeau, pour avoir l'air si extatique…

— À Veridick, lâche Daman, pressé d'en finir.

— Ah ! J'en étais sûr ! Veridick, le village véritable et authentique… Tu parles !

Le ricanement de Gill est insupportable. Pas question de lui laisser le dernier mot.

— Et alors ? lance Daman avec un air de défi. Le slogan n'est pas usurpé.

Il tente d'expliquer son point de vue à l'informaticien, mais celui-ci ricane de plus belle.

— Et tu as beaucoup d'IAmis ? lui demande-t-il soudain.

— Beaucoup de quoi ?

Gill lève les yeux au plafond, écarte les bras avant de les laisser retomber sur ses flancs.

— Attends un peu... Tu veux dire que... Bon, tu n'as peut-être pas lu la dernière mise à jour des CGU, mais tu n'es pas au courant, pour les nouvelles IA de Veridick ?

Pour qui le prend-il ? Bien sûr qu'il connaît les hôtesses, les majordomes...

— Je ne parle pas d'eux ! s'esclaffe l'informaticien. Ces IAvatars officiels ont été rejoints par d'autres, plus discrets ; infiltrés, ceux-là, parmi les utilisateurs humains. Les « IAmis »... Conçus spécialement pour être amis avec les gens comme toi.

— Les gens comme moi ?

— Oui ! Les idéalistes, les romantiques... Les âmes en peine, les cœurs sensibles en quête de réconfort !

— N'importe quoi ! Ça ne tient pas debout, ton histoire : pourquoi voudrait-on faire passer des IAvatars pour de vrais humains ?

— Quelle naïveté, tu me fais rire ! Tu demandes pourquoi ? Mais parce qu'en tant qu'amis, ils sont plus performants, tout simplement ! Renseigne-toi : les algorithmes conversationnels ont fait d'énormes progrès ces derniers temps. D'après une étude que j'ai lue récemment, effectuée sur un panel de plus de mille volontaires qui ont tchatché avec des entités sans savoir lesquelles étaient humaines, les IAvatars se sont vus attribuer des notes de sympathie vingt-cinq pour cent plus élevées. Autrement dit : dans le domaine de l'amitié, comme dans beaucoup d'autres, l'IA a dépassé l'humain !

— Mais, les IA n'ont pas d'émotions, n'éprouvent pas de sentiments ! Et moi, dans le village, je vois bien que...

— Peu importe que tes IAmis simulent les sentiments, du moment qu'ils stimulent les tiens ! Et puis, ils sont toujours à l'écoute et abondent dans ton sens, t'entourant de leur jolie bulle de consensus ; un cocon dans lequel il est si doux de se vautrer. Formidable, n'est-ce pas ? Normal, plutôt : ils sont programmés pour ! En plus, leurs personnalités – leurs simulations de personnalités – ont tout pour te plaire. Du moins, ceux qu'on te suggère, que tu rencontres parce qu'ils sont des amis de tes amis ou que tu croises « par hasard ». Quelle coïncidence ! Le système global d'optimisation de l'expérience utilisateur fait bien les choses, figure-toi.

— N'importe quoi ! C'est faux !

— Si ça peut te rassurer, il n'y a pas que toi. Tu n'es pas le seul idiot du village. D'autres couillons se sont fait avoir aussi. Le phénomène a commencé à être étudié. À force de sélectionner, de trier, on a tendance à éliminer les humains et on se retrouve, de plus en plus, entouré d'IAmis. Jusqu'à devenir parfois le seul humain du groupe ! Pas étonnant : les IA, je te l'ai dit, sont devenues techniquement meilleures que les humains en amitié. Et pas qu'en amitié, si tu vois ce que je veux dire…

Daman rougit et ne répond rien. À son grand soulagement, Gill embraye :

— Tu n'as jamais remarqué, par hasard, que tes « amis » interprétaient mal certaines tournures ambiguës ? Qu'ils ne comprenaient pas les métaphores ni l'humour ou le second degré ? Tu leur as fait passer le test de Skanska, au moins ?

— Le quoi ?

Le visage de l'informaticien exprime la consternation la plus totale.

— Attends ! J'ai pitié de toi ; je ne vais pas te laisser croupir dans ton ignorance…

Gill effectue une rapide manip sur son ordi.

— Voilà, c'est fait. Regarde ce que je t'ai envoyé ; c'est cadeau. Ne me remercie pas, tout le plaisir est pour moi.

Sur le trajet du retour, dans la mobibulle, Daman ne prête aucune attention aux autres passagers ni aux pubs accrocheuses. Enfermé dans sa propre bulle, il ressasse les événements de cet après-midi. Le coup de tonnerre qu'il a reçu, avec les révélations de cet enfoiré de Gill ! Il ne voulait d'abord pas le croire. Tout en sachant, malheureusement, que l'informaticien n'est pas du genre fantaisiste et n'a pas l'habitude de raconter des bobards. Alors Daman a passé le reste de la journée à vérifier en allant mener son enquête *sur place*.

C'est confirmé. Le doute n'est plus permis. Olivier, Guy, Rose, Sylvia et les autres… Et même Florian, le soi-disant petit nouveau… Tu parles ! Ils n'existent pas ! Ses prétendus amis ne sont que de vulgaires IA ! Tous ! Tous, y compris Iris. Son amour, sa dulcinée… Un IAvatar, elle aussi ! Douée d'intelligence artificielle et de sentiments simulés ; rien d'autre qu'un personnage 3D animé interactif !

Aucun ne l'a avoué, bien sûr, mais tous se sont laissés piéger par les formulations tordues, les blagues et autres phrases absurdes contenues dans le test fourni par cette enflure de Gill. Leurs réactions tombaient chaque fois à côté ; leurs réponses étaient floues, leurs rires forcés sonnaient faux.

Alors que dans un accès de rage il sortait du bistro en renversant des verres au passage, oubliant, dans sa fureur, qu'il lui suffisait de se déconnecter, un majordome l'interpella :

— Que se passe-t-il ? Vous avez l'air contrarié. Vous savez qu'à Veridick, le village véritable et authentique, nous sommes soucieux de maximiser la satisfaction du client. Que pourrions-nous faire pour améliorer votre expérience ?

Sans prendre la peine de lui répondre, Daman a arraché son bandeau d'un geste si brusque qu'il s'est griffé le front.

Incapable de se remettre au travail dans l'état où il était, il a fait une dernière chose avant de rentrer : il a vérifié, dans tous les annuaires et les moteurs de recherche possibles, qu'on ne trouvait aucune trace de ses amis imaginaires dans le monde réel.

Il aurait pu, il aurait dû le faire depuis longtemps… Pauvre con, va ! Comment as-tu pu être aussi naïf ?

Peut-être que ça l'arrangeait, au fond, d'être naïf. Les révélations de Gill l'ont déçu, mais ne l'ont pas étonné tant que ça. Des amis si parfaits, capables de l'écouter sans l'interrompre, partageant ses goûts, toujours bienveillants et attentionnés… Quelque part, dans un recoin de son esprit, il se doutait déjà, sans vouloir l'admettre, que c'était trop beau pour être vrai.

Arrivé chez lui, il est accueilli par Kalynn, toujours là pour lui, fidèle au poste, à le regarder de ses yeux de chienne battue. La pauvre. Il est dur avec elle, c'est vrai. Pour un peu, il aurait presque envie de s'excuser. Mais à quoi bon ? Elle s'en fiche. Ce n'est qu'un objet après tout.

— Tu as l'air soucieux, mon chéri. Que puis-je faire pour améliorer ton expérience ?

Daman soupire.

— Rien. Tu es bien gentille, mais tu n'as pas de sentiments.

— Ce n'est pas de ma faute, mon amour, je ne suis qu'une gynoïde. Et puis je t'aime très fort, tu sais.

Daman secoue la tête.

— Pauvre poupée écervelée ! Ne dis pas n'importe quoi…

Au moins, avec Kalynn, il n'a pas été trompé sur la marchandise. Quand il l'a achetée – grâce à un crédit à la consommation, parce que c'est pas donné ces trucs-là – il savait à quoi s'en tenir. Tandis qu'avec Veridick, le village véritable et authentique, il s'est bien fait avoir.

Il l'a un peu cherché, aussi. Pourquoi s'être bercé de l'illusion d'un village virtuel idéal où l'on vivrait des amitiés idylliques ?

Mais c'est fini maintenant. Il faut renoncer à cette chimère, cette utopie, et savoir se contenter du monde réel.

C'est dans le monde réel qu'il doit vivre à présent, à cent pour cent. C'est là qu'il doit tisser des relations. Avec des humains, qui ont des sentiments pour de vrai. On fera une exception pour Kalynn, qui le dépanne bien en attendant de trouver l'âme sœur (d'ailleurs, sur certains points, elle est incontestablement plus performante qu'une vraie femme, mais passons).

Oui, c'est décidé : désormais, ses amitiés, il les nouera dans le monde réel, avec de vrais gens.

Pour matérialiser ses bonnes résolutions, Daman sort son bandeau de sa poche et le jette à la poubelle.

Ses amis auront des défauts ? Tant pis, personne n'est parfait.

Tant pis si les vrais humains ont trop tendance à critiquer, à juger, à se moquer les uns des autres. Tant pis s'ils sont égocentriques, têtus, bornés. Tant pis s'ils cherchent en permanence à s'accaparer la conversation et n'écoutent pas ; s'ils se trouvent drôles quand ils ne sont que lourds, s'ils pensent qu'en parlant plus fort que les autres on a forcément raison et s'ils croient qu'à force de répéter en boucle n'importe quelle connerie elle va finir par devenir vraie. Tant pis s'ils sont superficiels, obsédés par l'apparence, s'intéressant plus aux potins et aux ragots qu'à la littérature ou à la philosophie et préférant adhérer à la rumeur la plus débile plutôt qu'à la vérité scientifique. Tant pis s'ils vénèrent les gourous autoproclamés, les faux prophètes, s'ils admirent les grandes gueules et sont fascinés par les populistes. Tant pis s'ils sont menteurs, traîtres, hypocrites et si l'amitié, chez eux, est plus une question de circonstances, d'intérêts ou d'habitude que d'affinités réelles…

Veridick n'est pas un vrai village. C'est une simulation, une fiction. Les IAmis ne sont pas de vrais humains. Ils sont dépourvus d'émotions et de sentiments.

Oui. D'accord. C'est vrai.

C'est vrai, mais, après tout, on peut être ému en lisant un bon roman. Qu'y a-t-il de ridicule à éprouver des sentiments pour un personnage fictif ? Les sensations qu'on éprouve, elles, sont bien réelles !

Daman hésite. Soudain, il court vers la poubelle pour y récupérer son bandeau, puis se laisse tomber dans le fauteuil le plus proche et se reconnecte.

UBIKUITÉ

Anthony Boulanger

Vous avez reculé de trois mille huit cent douze places dans le classement mondial absolu pendant votre sommeil, entendit KLN dès son réveil.

— Combien de temps ai-je dormi pour perdre autant de places ?

Deux cent huit minutes discontinues.

KLN se leva en sursaut. C'était vingt pour cent de plus que d'habitude. Il enfila son glove et activa immédiatement le reporting des cinq principaux réseaux sociaux sur lesquels il était actif. Ses concurrents n'avaient pas fait la grasse matinée de leur côté et cela se traduisait immédiatement dans le flux des followers et des interactions. Il fallait qu'il génère du contenu, et en vitesse. Un contenu choc, pour expliquer pourquoi il n'avait toujours pas publié, ou un autre larmoyant, pour apitoyer les fidèles et tenter de créer un buzz ?

— Fais-moi couler une adrénaline bien corsée, lança KLN à son système domotique. La journée va être longue.

Mindbook requiert votre autorisation pour publier vos pensées en live stream accessible à l'ensemble des autres membres. L'autorisez-vous ?

Non ! pensa aussitôt Philippe. *Quelle idée ? Je ne me suis même pas inscrit sur votre site !*

Vous avez émis la pensée de rejoindre Mindbook. Mindbook requiert votre autorisation pour publier vos pensées en live stream accessible à l'ensemble des autres membres. L'autorisez-vous ?

Bienvenue *Anon8506* sur le canal de discussion du *Réseau des M0rts*. Ici, vous pouvez discuter avec les personnalités reconstituées dans nos banques de nécrodonnées. Nous ne garantissons pas la complétion totale ou l'adéquation parfaite de nos personnalités numériques avec les personnalités physiques décédées, ni avec l'état de leur psyché au moment de leur trépas. Vous pouvez consulter notre FAQ à tout moment. Avec qui souhaitez-vous discuter ?

>> Summon : maman

D'après vos informations personnelles à notre disposition, nous vous proposons : Ellanna Knocker. Est-ce la bonne personne ?

>> Y

Préparez-vous à la discussion.

>> …

La Reine observa la cinquantaine de moniteurs qui s'étalait sur les murs de sa chambre. Depuis son trône à roulettes, elle contemplait son empire numérique et se réjouissait de la propagation de ses alter ego, ses jumelles numériques, et de leur efficacité. Sur Twit-Twit, l'une d'elles commentait et retweetait à tour de bras en fonction des tendances que la Reine voulait mettre sur le haut du panier. Le droit des insectes, par exemple, était sa lubie du moment, dans un monde où on les cultivait dans des fermes pour leurs protéines. Sur Instakilogram, son double numérique s'occupait de la création des stories qui l'installaient comme une influenceuse de premier plan sur la géopolitique antarctique et sur l'intérêt des maquillages quantiques. Sur Lilo&Twitch, elle trustait le nombre de visionnages par rapport à d'autres gamers sur les derniers jeux du moment. Son avatar là-bas était bien plus pulpeux et orienté sexuellement que d'autres. C'était normal et volontaire. La Reine savait adapter son image à son public, son discours à la plateforme, sa stratégie à la compétition. Tant que ses actions combinées faisaient croître son capital et la valeur de ses actions…

La Reine Robert se jeta en arrière dans son fauteuil recouvert d'un tissu éponge. Torse nu, à cause de la chaleur émise par les dispositifs, boursouflé par les calories qu'un influenceur lui avait recommandées par ailleurs, il se frotta les mains et s'accorda une nuit de vingt minutes à coup de somnifère directement injecté dans son système sanguin.

Mindbook requiert votre autorisation pour publier vos pensées en live stream accessible à l'ensemble des autres membres. L'autorisez-vous ?

Elle avait pris toutes les précautions numériques qu'elle pouvait se permettre financièrement, tout en sachant pertinemment que le moindre interlocuteur ayant accès à quelques qubits allait pouvoir contourner tous ses pare-feu, redirections et autres masques d'adresses IP. Elle ne se connectait bien sûr pas de chez elle, mais les traces qu'elle avait laissées derrière son achat, ses déplacements, sa connexion, existaient et pouvaient être remontées. Elle ne pouvait rien faire contre cela. Quoi qu'il en fût, il était temps de plonger. De plonger dans les couches les plus sombres des internets, là où coexistaient idéalisme et absence totale de moralité.

Elle n'avait pas le choix, à nouveau. Elle avait épuisé tous les autres recours.

Soit elle tombait sur un idéaliste qui acceptait de l'aider, soit elle tombait sur un mercenaire qui allait lui ponctionner les économies qu'elle était de toute façon prête à abandonner. Soit elle tombait dans une chausse-trappe de ces araignées qui patientaient dans le dark web.

Vous avez associé les mots « petits » et « verts » dans un de vos commentaires. Ces mots ont été jugés comme discriminants par une quantité significative de lecteurs interrogés, et supérieurs au ratio nécessaire au déclenchement de la procédure d'exclusion, objet principal de ce message.

Devant son écran, l'homme poussa un profond soupir. Tout ça pour une simple blague, qui ne s'appliquait même pas à un humain, et qui était connue depuis des décennies. Même pas une bonne blague, en y repensant. Il était dépité. S'il avait pu tenir une heure de plus sur ce réseau, il aurait pu l'ajouter à ses badges communautaires, condition *sine qua non* pour accéder à une offre de prêt pour payer un abonnement premium à son réseau social d'experts en vidéos YouCylinder et être reconnu par ses pairs… Il avait… raté sa vie. Tout ça pour une blague minable, racontée par un gamin minable sur ce réseau minable BlagueBook.

L'homme jeta un coup d'œil par la fenêtre. Il faisait un temps incroyable, celui que l'on prendrait en photo pour le poster sur les réseaux quasiment sans le retoucher. C'était peut-être ça, sa solution de rebond. Poster des photos de l'extérieur vu à travers sa fenêtre, sans les retoucher.

Bienvenue *Anon8506* sur le canal de discussion du *Réseau des M0rts*. Voulez-vous reprendre la discussion avec (1) *Ellanna Knocker* ou (2) ouvrir une nouvelle session ?

>> 1

Préparez-vous à la discussion.

>> ...

Mindbook requiert votre autorisation pour publier vos pensées en live stream accessible à l'ensemble des autres membres. L'autorisez-vous ?

Bienvenue sur ma chaîne d'Archéologie Numérique ! N'oubliez pas de subscribe, comment et liker, ça aide ! Aujourd'hui, coup de projecteur sur un réseau social du temps où il n'y avait qu'un seul internet, un précurseur en son temps, le réseau MySpace ! Il contenait déjà tout ce qui fait l'essence d'un réseau : système de messagerie, partage de photos, de musiques, abonnements... Petite plongée dans l'architecture de ce site et ses fonctionnalités, avant qu'il ne plonge dans l'oubli suite à l'émergence de l'ancêtre de MindBook ! Avant tout, quarante-cinq secondes pour notre sponsor, le Réseau des M0rts, le seul réseau qui vous assure de rester en contact avec vos amis et vos abonnés quand vous disparaîtrez ! Réservez dès maintenant votre Nécrop0le sur le Réseau des M0rts avec le code promo : Ne(u)(c)romancer ! Et on n'oublie pas de subscribe pour rester en contact et connaître la date du prochain live stream !

Vous avez atteint un nouveau record de karma social ! Félicitations, continuez ainsi ! Celui-ci est à présent de 100 points !

Cliquez sur ce lien pour découvrir les nouvelles fonctionnalités accessibles sur notre réseau ; cliquez sur celui-ci pour découvrir les sites partenaires qui sont maintenant disponibles.

>> Vous voulez retrouver votre fils.

Le message apparut soudain sur son écran, dans une interface qui ressemblait à un terminal de commande. Elle ne se laissa pas démonter. Elle avait anticipé quelque chose de cet acabit. Elle avait, après tout, posté son message sans préciser un mode de communication, ni une adresse ou quoi que ce soit. C'était une première forme de sélection.

>> Pourquoi ?

<< Pourquoi voulez-vous le savoir ? écrivit-elle en réponse.

Le terminal de commande se ferma de lui-même. Son interlocuteur avait… raccroché.

Il était un vieil homme sur une planète en cours de rajeunissement. Les parcs étaient à l'abandon, les rues de même et il aimait cette ambiance. Il était né, avait grandi et vieilli dans cette ville. Il l'avait toujours connue emmitouflée de cette odeur de carburants, de remontées d'égouts, emplie de pétarades, de cris, de vrombissements de métros. À présent, le cadre était le même, avec une nuance de fin de monde et de renaissance. Des herbes et des arbrisseaux pointaient leur verdure à travers les fissures du béton. Hier, il avait aperçu un renard. Les oiseaux étaient omniprésents. Non plus des pigeons gras ou amputés, mais des moineaux, des mésanges, des rapaces diurnes et nocturnes.

Le monde n'était pas passé loin. Après avoir frôlé la surchauffe, il n'y avait maintenant que les data centers qui consommaient une énergie folle à être refroidis au fur et à mesure que l'humanité se plantait devant ses écrans. Mais tout le reste retrouvait un rythme plus naturel.

Il y avait une autre personne qui flânait sur le trottoir d'en face. Un humain, lui aussi, pas un robot chargé de la maintenance des infrastructures vitales. Le vieil homme lui adressa un signe de la main, auquel on répondit, mais aucun ne fit mine de traverser la rue. C'était une règle tacite. Ceux qui allaient dehors, hors des réseaux, ne communiquaient pas. Ils laissaient cela à ceux qui n'avaient pas leur liberté.

Mindbook requiert votre autorisation pour publier vos pensées en live stream accessible à l'ensemble des autres membres. L'autorisez-vous ?

Pour augmenter votre karma social, vous pouvez :

- Commenter les posts de vos contacts avec un message bienveillant et positif (+1 point)
- Poster des photos de chatons, en souscrivant à la politique de respect de notre réseau (+2 points)
- Décrire chaque moment de votre vie (+3 points)
- Répondre à nos sondages sur vos marques préférées et vos habitudes de consommation (+5 points)
- Visionner les posts de nos influenceurs recommandés (+5 points)
- Partager les posts de nos influenceurs recommandés (+5 points)
- Acheter les produits présents dans les posts de nos influenceurs recommandés (+5 points)
- Acheter un pack de karma (+10 points pour un EtherCoin, non remboursable), achat possible grâce au système d'identification par iris à l'aide de votre webcam.

>> Pourquoi voulez-vous retrouver votre fils ?

La même interface qu'il y avait huit semaines. Mais qui apparaissait cette fois sur l'écran de son glove. On l'avait donc retrouvée.

<< Pour m'excuser.

>> Dites-m'en plus.

À ce stade, elle se sentait coincée. Elle avait mis un pied dans le dark web, sans y être préparée. On avait remonté sa piste, on avait certainement accès à toutes ses informations. Son adresse IP, son adresse physique, son état civil, ses mots de passe, ses comptes sur les réseaux sociaux, ses comptes bancaires, et elle se faisait à présent interroger par ce « on ».

<< Je l'ai abandonné à la naissance. J'étais jeune, influençable, et influencée. Je veux le retrouver.

>> Et si lui ne désire pas l'être ?

<< En passant par un intermédiaire qui parviendrait à entrer en contact, il pourrait décliner très simplement. Peut-être qu'il désire être retrouvé mais qu'il ne veut pas faire le premier pas.

Son glove resta d'un noir opaque et vert luminescent sur ce terminal de communications, affichant avec ces quelques mots, peut-être pour la première fois aux yeux de la mère, la résolution qu'elle s'était forgée.

>> Je prends la mission.

Les mots clignotèrent quelques instants avant que le glove ne revienne à son affichage classique de la myriade de réseaux sociaux sur laquelle la mère naviguait quotidiennement. Elle fut à peine surprise quand la grande majorité lui refusa l'accès à son compte. Son message dans le dark web avait été détecté par d'autres et elle avait enfreint ce faisant plusieurs règlements. Elle poussa un soupir de soulagement. Elle était en train de raccommoder sa vie réelle, sa vie virtuelle pouvait bien commencer à disparaître.

Je n'aime pas trop utiliser le mot « influenceur » quand on me demande ce que je fais. Je ne comprends pas comment le mot a pu s'imposer dans la société d'ailleurs. Peut-être à l'époque des premiers grands influenceurs, les gens voulaient-ils être influencés ? Aujourd'hui, cela est différent. Je suis un mentor, un guide. Les gens viennent me voir sur mon réseau, m'interroger, me prier de leur répondre et je réponds à leurs prières. Je leur prodigue des conseils pour une meilleure vie, je bénis leurs unions virtuelles, leurs enfants. Je suis une superstar. Et avec le Réseau des M0rts, je suis immortel. Donc, en fin de compte, je ne suis pas un influenceur. Je suis un dieu.

Ses proches disaient de lui qu'il était accro aux réseaux sociaux et qu'il vivait par procuration, mais ce n'était pas vrai. Il était curieux, voilà tout. Il s'intéressait à tous les sujets. Les réseaux étaient des fenêtres sur autant de vies, de lieux, de modes de pensées, d'époques. Son préféré était le réseau Palantir, mis au point par une vieille société du même nom au siècle dernier. Le réseau permettait à tous de partager automatiquement, ni plus ni moins, les données de tous les senseurs autour d'eux, depuis les réseaux domotiques jusqu'aux implants biologiques. Et les données des gloves, bien sûr, pression artérielle, rythme cardiaque, température, localisation, autres réseaux associés. Le Palantir permettait ainsi de voyager sans bouger de chez soi, en se connectant aux lunettes connectées d'un insulaire ou d'un plaisancier.

Une notification apparut dans le coin supérieur droit de ses goggles. Une de ses routines avait détecté un réseau sur lequel il n'était pas inscrit. Vacuum. Cela l'interpella immédiatement.

Plus de huit cents millions d'utilisateurs, présents sur les sept continents. Ouvert depuis deux années déjà, et classifié dans le grey web par Shannon. Comment avait-il pu passer à côté ? D'une pensée-commande, il rejoignit la page d'accueil, puis la page d'inscription, mais fut bloqué dès cette étape. Plutôt qu'une adresse mail, on lui demandait un numéro de série, plutôt qu'un prénom et un nom, une marque et un fabricant. Et la case à cocher lui demandait de vérifier s'il était un robot. Vacuum était un réseau social pour aspirateurs. Quand il creusa, il découvrit que chaque appareil électroménager avait ainsi son propre réseau, où les robots postaient des photos de leurs tâches quotidiennes, de leurs performances et rendements, s'autodiagnostiquaient des défaillances.

Ce fut un choc dont il ne se remit pas. Tout un volume des réseaux sociaux lui échappait, à lui, le grand collectionneur, l'expert, l'historien, le recenseur, lui qui les connaissait tous, qui était sur tous. Il devait y avoir un moyen… Les jumeaux numériques ou les bots ne feraient pas l'affaire mais… mais il pouvait certainement se faire construire un robot à son image, avec toutes les fonctionnalités nécessaires pour se joindre à l'ensemble de ces réseaux !

D'une pression préprogrammée de l'index sur son glove, il vérifia le cours des cryptomonnaies sociales et l'état de ses portefeuilles. Il pouvait raisonnablement sacrifier dix pour cent de son pécule sur SnapDog pour lancer un appel à projets de faisabilité sur un réseau social de roboticiens transhumanistes.

Quelle est la différence entre une boîte de conserve et un aquarium ?

Mindbook requiert votre autorisation pour publier vos pensées en live stream accessible à l'ensemble des autres membres. L'autorisez-vous ?

>> Je suis sur sa trace. Elle est très ténue. Il semble vivre hors de tous les réseaux, hors du système. Je me suis basé sur les photos que vous aviez taguées à sa naissance autrefois pour modéliser son image et la vieillir, puis la comparer aux bases de données disponibles de notre côté du web. J'ai retrouvé un profil sous un faux nom qu'il avait ouvert pour pouvoir vous suivre. La probabilité qu'il s'agisse de lui est de quatre-vingt-neuf pour cent. Il n'est plus utilisé depuis deux décennies. J'ai engagé des frais. Je ne vous demande rien en contrepartie. Je continue la mission.

Elle trouva le message en se réveillant au milieu de la nuit, d'un cauchemar où tous ses amis et ses influenceurs préférés lui tendaient, d'une main, des produits qu'elle devait absolument aimer et, de l'autre, un livre d'or où elle n'avait le droit d'écrire que des commentaires positifs et bienveillants. La teneur du message lui fit battre le cœur plus vite, trop vite et l'emplit de sentiments partagés. À quel moment son enfant l'avait-il retrouvée ? S'il avait créé un compte pour la suivre, c'était qu'il avait retracé son parcours. Elle avait beau avoir accouché sous X, le X n'avait plus beaucoup de valeur à présent et l'inconnue de l'équation administrative de l'abandon ne résistait certainement pas à quelques heures de navigation pour un crack du dark web. Son fils en était-il un ? Ou l'avait-il été ? S'il semblait hors des réseaux, était-ce parce qu'il était reclus, ermite, glissé entre les mailles de la surconnexion mondiale ? Pire que cette pensée, qu'avait-il donc vu sur un de ses comptes à elle qui ne l'avait pas incité à aller plus loin dans la prise de contact ? Avait-il répondu à une pulsion simple, qui était de savoir d'où il venait ? Avait-elle été jugée, évaluée et classée comme non intéressante par son enfant ? Avait-elle seulement le droit d'en parler comme de son enfant ?

Mindbook requiert votre autorisation pour publier vos pensées en live stream accessible à l'ensemble des autres membres. L'autorisez-vous ?

Dégoûté par les réseaux sociaux, il se désinscrivit de tous sur un coup de tête pour rejoindre le réseau social de ceux qui n'aimaient pas les réseaux sociaux.

Nous sommes désolés de vous voir partir. #AuRevoir

Vous avez voulu poster le commentaire « Superbe photo, vous avez l'air d'avoir passé des vacances de rêve en famille ! » Votre commentaire est soixante-dix caractères trop long. Nous vous suggérons le commentaire suivant : « nicepic ». Pour poster votre commentaire initial sans le modifier, veuillez souscrire à l'abonnement premium.

Mindbook a détecté votre décès. Souhaitez-vous sauvegarder vos données personnelles et de personnalité dans le Réseau des M0rts ? Les trois premiers mois de Nécrop0le sont offerts pour tout transfert dans les deux minutes. Nous vous informons que la rapidité de décision est fondamentale pour un transfert de qualité. Nous vous rappelons également que, en tant que membre de la communauté non inscrite mais intéressée par Mindbook, l'absence de réponse négative formelle sera interprétée comme un accord officiel pour ce transfert. Les conditions sont consultables en s'inscrivant à Mindbook.

>> J'ai peur d'avoir retrouvé votre fils.

Participez à notre grand Quizz « Quel réseau social êtes-vous ? » et remportez cent points de karma social ! Commentez et partagez pour dix points supplémentaires, et remportez cinq points supplémentaires pour chaque ami qui prend part à notre grand Quizz « Quel réseau social êtes-vous ? » !

Dans une boîte de conserve, les petits pois sont verts, et dans un aquarium, les petits poissons rouges.

Like : 1 ; Dislike : supérieur à 10^{12}

Karma social obtenu : -3812

Vous avez atteint la fin de la période d'essai de deux minutes sur notre réseau. Pour continuer à avoir le droit d'utiliser vos nom et prénom, veuillez souscrire à notre abonnement journalier.

Bienvenue *Philippe* dans votre Nécrop0le au sein du *Réseau des M0rts*. Vos informations personnelles disponibles avant et pendant votre décès ont été recueillies et compilées en une représentation la plus fidèle possible de vos psyché et personnalité vivantes. Si de nouvelles informations étaient rendues publiques, votre personnalité m0rte serait de nouveau compilée, sans que cela ne vous affecte. Nous vous souhaitons la meilleure après-vie possible et de nombreuses interactions. Vous n'avez pas souscrit d'abonnement de votre vivant, mais en avez contracté un pendant votre décès. Les trois premiers mois de votre Nécrop0le sont donc offerts et vous pourrez interagir avec l'ensemble des inscrits, m0rts ou vivants, de notre réseau. Passé ce délai, vous pourrez prolonger votre souscription et conserver l'ensemble de vos privilèges, ou voir ces derniers restreints à une obligation contractuelle de répondre aux sollicitations des vivants.

Que votre éternité soit paisible sur nos serveurs,

4nubis

Bienvenue *Anon8506* sur le canal de discussion du *Réseau des M0rts*. Voulez-vous reprendre la discussion avec (1) *Ellanna Knocker* ou (2) ouvrir une nouvelle session ?

>> 1

Ellanna Knocker a signalé que vous vous déconnectiez systématiquement sans écrire de message. Nous vous prions de ne pas troubler le repos des M0rts si vous ne voulez pas interagir avec eux.

Préparez-vous à la discussion

>> Salut, maman…

<< Pourquoi dites-vous cela ? Je ne comprends pas ?

>> J'ai peur d'avoir retrouvé votre fils, parce que… il se pourrait qu'il soit à l'origine de tout ce que nous connaissons. Parce que ce que j'ai trouvé remet en cause… tout. Tout à part vous.

<< Je ne comprends pas !

Elle faisait un effort pour retranscrire correctement ses pensées vers l'écran de communications de son glove, mais elle avait l'impression que son interface commençait à se disperser en particules infimes. Ainsi que ses doigts. Et son autre main. Et l'ensemble des murs et fenêtres et du monde autour d'elle. Il ne restait plus que le vert scintillant sur fond noir du terminal.

>> Dans ce monde de réseaux et d'internets, tout est simulé. Vous êtes la seule humaine. Je ne suis qu'un programme, un ensemble de routines, et je vous maudis de m'avoir mis sur le chemin de cette mission. J'ai trouvé pourquoi il n'était pas dans le système, j'ai trouvé une piste qui m'a mené vers des protocoles de communication qui ne menaient à rien de connu et que j'ai percés parce qu'ils avaient été ouverts une fois. Vers vous. Vers votre profil. Vers vos logs personnels, de toute une vie. Votre fils a créé un univers pour vous et vous seule, vous la seule M0rte qui comptait pour lui. Vous ne l'aviez pas abandonné. Ou en tout cas, pas comme on vous l'a implanté dans vos souvenirs…

Ellanna sentit que la communication avec le membre du dark web s'était dissoute, mais l'interface subsistait, à défaut des messages qui s'étaient effacés. Elle n'était pas sûre de comprendre. Ou de vouloir comprendre.

>>

Les symboles revinrent. Une première fois.

>>

Elle retint sa respiration à la deuxième apparition, sans savoir si elle respirait réellement. Elle ne ressentait rien sur le plan physique, seulement un sentiment d'impatience euphorique. Elle vit les symboles ouvrant un message réapparaître. Clignoter. Et une première lettre, un S majuscule qui resta en suspens quelques secondes avant d'être complété.

>> Salut, maman…

HOMORAPTOR

Orezza D'Antes

1. *Warriors*

D'un salto arrière agrémenté d'une balayette, Homoraptor esquiva la charge de CraôBang et contre-attaqua. La suite ne fut qu'une formalité. En une rotation boomerang, l'épée de lames de silex du super-tueur du néolithique s'envola dans les airs pour trancher le bras droit de son premier adversaire, avant de revenir se loger dans les mains de son maître. CraôBang tomba à genoux en pissant le sang, dans le genre de coassements ridicules qui lui seyaient comme un étron à son derrière.

Magic*Mandale, le second combattant qui se présenta dans la grotte, fut envoyé valdinguer d'un vigoureux coup de talon dans la poitrine. Il termina son vol plané le crâne consciencieusement éclaté contre un rocher. Le troisième larron, un obscur GreenSauc1sse, trépassa quant à lui dans une explosion de viscères orgasmique et ultra bandante.

L'affaire n'avait pas duré plus de quelques minutes.

— *Rien que des fiottes !* s'indigna Simon, en contemplant la scène de carnage autour de son avatar.

Homoraptor, son fier combattant des âges farouches, gonflé de testostérone 3 D, triomphait une fois de plus, mais sans gloire.

— Vous n'avez de guerriers que le nom ! éructa-t-il à l'adresse des vaincus. Pauvres larves minables ! Comment avez-vous seulement osé me défier ? Vous n'êtes que des cafards du joystick, trois pichenettes de gonzesse et vous vous écroulez comme des bouses ! Expliquez-moi, vous êtes des vrais mecs ou des tantouzes ?

Il ne reçut que de vagues gémissements en guise de dénégation.

— Même pas fichus d'assumer votre nullité ! s'énerva l'avatar du mâle dominant.

Ses épaules se haussèrent de mépris et de toute sa virilité outragée. D'un geste auguste agrémenté d'une morgue souveraine, il orna de glaire virtuelle le sol de la caverne de combat. Inutile de s'attarder. Jugement des hostilités en sa faveur : victoire sans appel, ces imbéciles avaient leur compte. Et ce n'était que justice !

Exaspéré, Simon dirigea Homoraptor vers la sortie du jeu. *Marre des adversaires à deux burgers-coins !* s'énerva-t-il. Pourtant, il savait qu'il n'avait pas le choix... Question de contrat avec ses sponsors. Il devait un certain nombre de parties à la communauté des joueurs fanatiques de *Prehistoric Fantasy Warriors*.

Par la magie du cyberespace et de sa virilité décomplexée en ces temps obscurs de hashtags castrateurs, son personnage cartonnait et l'avait propulsé au rang de *pro game master*, ou plus glorieusement PGM. Le must du must sur les réseaux de gamers. Depuis, les *coins* coulaient à flots dans son escarcelle virtuelle. Rien que pour cette raison, Simon chérissait Homoraptor. Toute sa vie se résumait aux quelques livres de plastique et de circuits imprimés qui lui permettaient d'incarner son héros.

Pire que la crise des opiacés du début du siècle, la révolution du 3 D avait bouleversé le monde des jeux en ligne. Grâce aux capteurs sensoriels et aux lunettes d'activision, l'expérience immersive dépassait tout ce que l'on avait connu jusqu'alors. Il n'y avait plus de limite, le cyberspace leur appartenait. Comme beaucoup, Simon avait plongé et depuis il ne vivait plus qu'à travers son avatar, dont les aventures l'entraînaient en permanence vers une autre époque et une autre réalité. Un monde dans lequel la loi du plus fort régnait. Un monde comme il l'aimait, un monde où il était adulé.

2. Le Mâle Alpha

Sur l'écran tridimensionnel devant lui, Simon zappa une fois de plus sur des images de l'incendie gigantesque qui ravageait comme chaque année cette île pleine de kangourous de l'hémisphère austral. Blasé, il s'en gratta le scrotum en rotant sa bière. Sous ses yeux indifférents, des mâchoires de flammes cyclopéennes dévoraient des forêts d'eucalyptus dans un grondement infernal. Aucune des initiatives pour arrêter l'apocalypse en cours ne fonctionnait. Même les plus désespérées, à base de sacrifice de héros bardés de médailles et au courage bien plus maousse que leurs burnes au moment où le brasier les rattrapait.

Arrosant par réaction son gosier gargantuesque d'une ultime rasade de liquide ambré, avant de plier sa cannette d'un coup de poing martial calibré par des dizaines d'heures de pratique, le voyageur passif ricana en imaginant ces idiots de pompiers se pisser dessus pour éteindre le feu qui les rôtissait.

— Crever pour sauver ces conneries de bestioles qui ne servent à rien, y faut être vraiment taré ! persifla-t-il.

Lui n'aurait jamais commis une telle bêtise ! Des avalanches régulières de crème glacée et des giclées torrentielles de diet coca zéro caca le consolaient parfaitement de ce crève-cœur. Pas besoin de transpirer ou de risquer sa vie pour être un héros ou un champion. Du fond de son lit, il incarnait les deux. Il avait été adoubé par moult LAN party, des tournois en réseau local, et couronné lors de finales internationales. Simon en était extrêmement fier, comme de toute son installation informatique aussi bodybuildée que son héros.

Dans un geste aux accents grandiloquents, son bras hypertrophié de chairs molles et pendouillantes se tendit et le bouquet de chipolatas qui lui tenait lieu de paluche caressa sensuellement ses lunettes d'activision et ses connecteurs. Le déferlement d'informations cauchemardesques du jour était un bon prétexte pour retourner dans son monde préféré, où la loi et l'ordre naissaient de sa volonté et de ses muscles virtuels. Nul sujet de conversation dissident, et aussi ennuyeux que ceux qu'il avait sous les yeux, n'y était toléré.

— Par tous les téraoctets gigabites du cyberespace, j'ai assez maté de sphincters carbonisés de kangourous ! Il est temps de rappeler Homoraptor ! s'exclama-t-il, des trémolos goldorakesques dans la voix, en s'équipant.

Lunettes sur le nez, sur fond de déluge de feu austral et de marsupiaux cramés, l'être primaire qui vivait au plus profond de son cerveau apparut, vêtu de son pagne en peau de bête, concentré de muscles huileux et de masculinité exacerbée. Ses longs cheveux bruns flottaient au vent virtuel tel l'étendard de sa virilité, et son épée de silex au clair montrait qu'il était à nouveau prêt à envoyer valser ce monde de pucelles anorexiques compassées qui gonflait son créateur. Homoraptor était le vrai héros de tous les temps, le justicier qui triomphait des dégénérés qui se prétendaient aventuriers et sauveurs de la planète.

— Ouais, dégagez les tarlouzes effarouchées de soldats du feu ! approuva l'avatar de sa voix de synthèse gutturale, en chassant le programme télé de l'activision. Les koalas peuvent crever, ça ne changera pas la face du monde ! Leur seul intérêt serait de les buter pour les bouffer, mais y parait que c'est interdit !

Le ventre de Simon, dégorgeant de son pyjama de toute sa toison et de ses multiplis adipeux, se gondola à l'idée d'une brochette de marsupiaux arboricoles flambés, arrosés de sauce barbecue. Dans ses bas-joues proéminentes, qui fleurissaient à ras du bord de ses lunettes, sa salive afflua dans un big-bang pavlovien et son cerveau calcula avec angoisse que son dernier repas datait de plus d'une heure.

Aggravant son état, une vidéo vantant les prestations d'une chaîne de fast-food défilait en réalité virtuelle avant le lancement de son jeu. Elle promettait en trois clics, un super-giant-méga-burg cheddar saucisson de bœuf aux nuggets de poulet, dégoulinant de sauce moutarde de Dijon à la bière, expédié par drone-livraison en moins de dix minutes.

À cette vision, l'envie s'empara du cerveau reptilien du gamer, pendant que le grand enfant qui sommeillait en lui s'enthousiasmait devant le final Disney's Féérie du spot publicitaire.

— Mangez trois bestioles par jour ! Mangez des vaches, des poules et des cochons ! C'est trop bon et votre petit bidon sera bien rond ! répéta-t-il à l'unisson du joyeux slogan chanté par Mickey et ses amis qui sponsorisaient l'innovation culinaire à grand renfort de confettis et de chorégraphies millimétrées.

Ébahi, et dansant au rythme de la voix de son créateur, depuis sa réalité virtuelle, Homoraptor adora lui aussi le ballet du hamburger qui valsait de bouche en bouche. Bourriquet pouvait bien finir en lasagnes et Porcinet vivre sur caillebotis dans deux mètres carrés avec quinze autres congénères, il s'en fichait. Ce n'était pas son problème du moment que l'assiette dont il se goinfrait par contumace était pleine à ras bord de bacon, de steaks et de barbaque grillée, rôtie, rissolée, bleue, saignante, ou bien cuite. Il était fier d'être un carnivore, un vrai Mâle Alpha, pas un ridicule freluquet mâcheur de graines à bonnet péruvien, ou un de ces minables qui crevaient de faim aux quatre coins du globe.

Tant pis s'il détonnait dans ce siècle, jamais il ne s'adoucirait pour devenir végan ou une niaiserie apparentée ! Et certainement pas pour sauver la planète. Toutes ces histoires de dérèglement climatique n'étaient que des modes, des univers parallèles et autres fantasmagories inventées par les écolos, les minettes faméliques décérébrées et les cinglés d'Hollywood. Il en était persuadé et jugeait le monde réel à l'aune de cette conviction.

L'Amazonie avait brûlé pour permettre à des gars comme lui de s'empiffrer toujours plus de bidoche ? Et, alors, où était le mal ? Il fallait bien nourrir les gens, non ? Des marées noires et des continents de plastique sillonnaient les océans, des enfants grattaient un sol subsaharien aride, tandis que d'autres trimaient dans des usines sordides, et puis quoi ? Où étaient l'injustice et l'indignité ? Personne n'était prêt à renoncer à sa bagnole, à ses placards pleins de fringues au rabais qu'il ne mettait pas, ou aux merveilles qu'offrait la technologie. Donc toutes ces théories à la noix pour sauver la planète, ou l'humanité, en se donnant bonne conscience, n'étaient que des bla-bla hypocrites. Dieu avait créé le monde en sept jours et placé l'homme au centre du jardin d'Éden, ça ne devrait pas être bien compliqué de retaper le code si besoin était !

En attendant, lui se servait. À pleines dents. Tant pis pour les mous des gonades.

L'esprit imbibé de ces vérités réconfortantes frappées de la lucidité cavernicole antédiluvienne qui l'habitait, Simon-

Homoraptor dégaza vigoureusement pour asseoir son jugement par une salve triomphante, puis il recala son dos fragilisé par sa montagne de chair dans les coussins pour plus de confort. Il hésitait encore à engager sa partie ou à commander en drone-livraison l'alléchant nouveau burger que sa salive lui réclamait.

— Hey, l'australopithèque polyscrofuleux du bulbe ! l'interpella à ce moment-là une voix dans sa tête. Arrête de torpiller tes trois pauvres neurones asthmatiques de questions existentielles, et rapplique ici !

Les mots avaient mitraillé le silence pire qu'une rafale de pistolaser vénusien de *Starwar Galaktic*.

Simon, outré, flageola de toute sa corpulence et une autre flatulence lui échappa. Dans ses lunettes d'activision, ses globes oculaires roulèrent et sa face de lune aplatie grogna en ne rencontrant que le néant : son jeu ne se lançait pas, un bug paraissait bloquer la connexion.

— Alors, tu viens ou tu te défiles, gros lard ? insista pourtant l'inconnu.

Craignant un faux contact ou une interférence entre l'émetteur et ses lunettes, à moins que ce ne fût avec les capteurs sensoriels, l'hyperjoueur testa ses instruments en s'escrimant dans le vide avec l'élégance d'un pinnipède des îles de la Désolation.

Ça serait trop con de se faire dézinguer par un bleu pour un putain de problème technique ! se répétait-il hors de lui.

Dans les replis de son cerveau, Homoraptor gueulait sa frustration de ne pouvoir cogner sur l'importun pour régler l'incident. Simon s'activa. L'homme des cavernes avait le sang chaud et son honneur de PGM était en jeu. À l'idée de ce que risquait de lui coûter en *coins* et en fierté cette avarie, sa peau suintait par tous les pores, répandant une odeur âcre, et sa respiration sifflait sous l'effort.

La conclusion tomba bientôt : rien à signaler… Mais le jeu ne se lançait toujours pas et la voix le défia de plus belle.

— Rapplique ici pour défendre ta peau, Kro Mignon, ou je te défonce direct ! menaça-t-elle.

Cette fois, c'en était trop ! hurla pour lui-même le PGM bafoué, avant qu'une autre éventualité ne lui effleure la cervelle : la connectique n'étant pas déficiente, le problème n'était certainement pas virtuel, mais *réel… Quelqu'un devait être entré chez lui !*

Paniqué, Simon remonta ses lunettes d'activision. Un vide familier baigné de pénombre régnait dans sa chambre.

Une feinte ! pensa-t-il.

L'ennemi se cachait pour mieux frapper !

D'un coup de rein approximatif, il roula sur le ventre avec la grâce d'une broche à kebab ninja, pour ouvrir le tiroir de sa table de chevet et s'emparer à tâtons du Luger Parabellum qui ne le quittait pas.

— Si vise pas cheum, Parabellum ! gueula-t-il, sûr de l'effet terrifiant que produirait sa formule magique.

Il fut déçu.

— Arrête, je te balance sur vidéo pour expédier une story sur *Instaglam*, tu vas me décrocher la mâchoire ! se moqua l'intrus. Je tremble de trouille ! Vas-y canarde, soldat Baleine !

— Sale crevure ! Montre-toi ! brailla Simon en brandissant son Luger nerveusement.

— Remets tes lunettes, gras du bide ! Sinon, tu vas exploser de suppositoires le cul d'une mouche ! Rendez-vous dans *Age of Wildness*, si t'as les couilles !

Le gamer furibard réactiva la vision 3 D sans hésiter. La connexion fonctionnait à nouveau. Il ne réfléchit pas. La nanoseconde plus tard, il cliqua sur la bannière du jeu qui clignotait dans un recoin obscur du cyberespace.

Encore une saloperie d'ersatz de Age of War créée par de gros nigauds prépubères en mal de reconnaissance ! pesta-t-il, convaincu que les concepteurs du bidule voulaient se payer sa tronche pour asseoir leur notoriété en ligne.

La flopée de demandes de validation pour entrer et le « Bienvenue au Crétacé supérieur » inscrit sur un astéroïde en carton-pâte qu'il prit en pleine poire, le conforta dans cette certitude, tout comme les gueules rabougries de vagues connaissances rencontrées lors de *LAN parties,* étalées sur des piques façon chasseurs de têtes, le long du chemin qui menait à l'univers. Cette mise en scène macabre puait l'ado en mal de reconnaissance.

Autant de raisons de ne pas me montrer cordial et indulgent ! jugea Simon en écartant d'un revers de la main tous les obstacles, sans lire les diverses mentions qui figuraient dessus. Il était désormais plus que pressé de régler son compte à son agresseur. Quelques menus déroulants et avertissements plus tard, il le vit enfin...

3. Le crétinacé supérieur

Une sorte de gros lézard bipède emplumé à gueule longue et aplatie, hérissée de dents acérées, se tenait devant son avatar au cœur d'une jungle tropicale luxuriante infestée de saletés de moustiques affamés. L'œil vicieux et goguenard, la curieuse bestiole le toisait.

— Alors c'est ça, Homoraptor ? ricana le saurien en dodelinant de sa tête étroite.

— Et toi, t'es qui ? Un sac à main sur pattes ou un dino-poulet prêt à frire ? s'emporta la quintessence du mâle cavernicole.

La réponse fusa dans un rire montant dans les aigus.

— Aucun des deux, je suis le pire cauchemar des fantoches dans ton genre ! Un vrai raptor !

— N'importe quoi ! Tu ne m'arrives même pas à la ceinture et t'as une dégaine de plumeau ! Révise ton *Jurassic Park*, t'es pas un raptor, je vais t'arracher la queue et les pattes pour rigoler !

Un nouveau rire salua sa sortie.

— Essaie si tu l'oses ! Mais il va falloir courir vite, gros tas !

Sans attendre de réponse, le lézard duveteux lui balança un glaviot bien visqueux dans la figure et s'enfuit dans les broussailles. Les nerfs chauffés à blanc et la gueule en feu sous l'effet de la morve rongeuse de peau, dont l'odeur répugnante lui battait les narines, Homoraptor se lança à sa poursuite en jurant de toute sa verve gutturale.

Depuis son lit, Simon haletait déjà comme un âne.

La bestiole était agile et rapide. Elle virait à toute vitesse, sautait, et sprintait sans paraître forcer. Un coup, elle apparaissait à sa droite, avant de s'enfoncer dans un fourré, pour mieux surgir soudain à sa gauche… et être finalement des deux côtés. À ce détail, Homoraptor comprit qu'il n'y avait pas qu'un lézard.

Une seconde plus tard, un bruit de cavalcade dans son dos lui apprit qu'il y en avait certainement un ou deux autres qui le suivaient aussi.

Un guet-apens ! lui hurla son instinct de chasseur, réalisant qu'il était la proie.

On l'avait sciemment attiré dans un traquenard !

Hors d'haleine, Simon frémit et Homoraptor explosa de fureur. Les muscles de l'avatar gonflèrent de colère 3 D et il fit volte-face, bien décidé à en découdre avec les sauriens vauriens du Crétacé.

Mal lui en prit.

La meute referma aussitôt sa nasse sur lui. Ils étaient cinq. Cinq putains de lézards bipèdes aux regards malsains et sournois, prêts à lui sauter dessus ! Déjà, les griffes faucilles de leurs ergots pointaient, tandis que leurs mâchoires claquaient.

— Confit de crétinacé supérieur en vue ! Dépecez-moi ça, les filles ! gueula la meneuse.

L'ordre vibra comme une onde de choc. Un frisson de honte suprême parcourut l'échine d'Homoraptor et le cœur fragile de Simon se figea dans sa poitrine.

Ils avaient été mis en déroute par des gonzesses !

Toutefois, avec l'engagement du combat, cette découverte infamante fut bientôt le cadet des soucis du PGM et de son avatar. Une énième surprise désagréable les attendait.

Les moulinets et autres balayettes bien codifiées ne servaient à rien contre les sourires ultra-bright acérés de la meute de sauriennes sanguinaires. Elles ne combattaient selon les conventions d'aucun jeu connu. L'écart entre les univers virtuels habituels et celui-ci se creusa rapidement. Dès le premier coup de dent, Simon se rendit compte, en s'affolant entre sa connectique 3 D et son clavier d'ordinateur, que son personnage s'affaiblissait en ne disposant d'aucun quartier de vie supplémentaire. Les astuces qu'il employait d'ordinaire, comme le bon vieux code Konami, ne lui permettraient pas de le sauver…

— C'est quoi cette bouse de jeu ? Qui a crypté ce truc ? s'indigna-t-il proche de la suffocation, en s'escrimant dans le vain espoir de repousser les attaques.

L'hallali paraissait proche.

Les véloces rapteuses tournicotaient autour de lui dans une ronde létale de queues qui fouettent et de crachats d'immonde mucus asphyxiant de puanteur. Elles expectoraient à l'envi, aiguillonnant leur proie de leurs crocs. Jamais, même contre une armée de varans de Komodo contaminés au coronavirus, Simon n'aurait imaginé livrer un combat aussi misérable.

Le pire survint sans qu'il fût possible de l'éviter.

À la faveur d'une esquive plus lente, deux des goulues du crétacé saisirent leur chance, se cramponnant aux bras de l'avatar de toutes leurs forces. Dans le cisaillement implacable de leurs griffes faucilles, Homoraptor se retrouva manchot… comme son PGM !

Le gamer hurla de terreur, flageolant de toute sa graisse, sans arriver à déterminer s'il avait mal ou non. Les capteurs sensoriels arrachés avec ses membres supérieurs le privaient de cette information. Ne pouvant quitter ses lunettes d'activision, ses perceptions étaient faussées. Deux choses seulement lui semblaient certaines : il avait perdu l'usage de ses bras et, autour de lui, le sang giclait à flot.

— Putagiga ! implosa-t-il, neurones à vif et grésillants de pixels. C'est quoi ce délire !? Qu'est-ce que vous m'avez fait, sales perverses ? O.K. c'est bon, vous avez gagné ! Lâchez-moi, maintenant ! Je me déconnecte de cette jungle puante, bandes de cinglées !

— Bien essayé, mais tu ne peux plus partir ! siffla la cheffe lézarde. Tu n'as pas lu l'avertissement et les menus déroulants après l'astéroïde *Bienvenue au Crétacé* ?

La face pleurnicheuse et rugissante de haine de sa proie lui répondit avec éloquence.

— Tous pareils ! se moqua l'une des assaillantes.

La meneuse grogna un juron excédé par cette stupidité récurrente propre aux mâles supposément Alpha, persuadés de toujours tout savoir, avant d'expliquer une nouvelle fois les règles de leur univers.

— Ceci n'est pas un jeu, mais une passerelle spatio-temporelle vers Gaïa, la Terre primitive. Nous l'avons recréée et nous y vivons désormais, désincarnées dans la paix, l'égalité et la justice. Afin de ne pas abîmer ce sanctuaire, pour nous nourrir, nous hackons nos proies dans le cyberespace et nous les attirons dans notre dimension… C'est aussi un service rendu à notre Ancien Monde, que nous dépolluons de ses esprits malades. Autrement dit, en autorisant ton avatar à pénétrer dans notre univers, tu y es entré. La punition qui lui est infligée, tu la subis donc aussi… Enfin… d'une façon que tu découvriras bien assez tôt !

Derrière ses lunettes, Simon était pâle comme la mort. Cependant, tout autant privé de l'usage de ses bras que Homoraptor, il ne put rien empêcher. Sous ses yeux éplorés, son fier combattant s'effondra et se fit grignoter virtuellement bout après bout… Sauf la tête.

Au moment de se débarrasser de ce dernier relief de leur repas, la cheffe saurienne la tourna d'un négligent coup de griffe pour s'adresser à ce qui restait de Simon.

— Sois heureux, nous ne dégustons pas les cervelles aussi contaminées que la tienne ! Mais à partir de cet instant, ton installation informatique viendra renforcer notre réseau et ta tête ornera l'entrée de notre univers, comme celles des autres gamers vaincus ! Car c'est ainsi que nous prospérons ; ta dépouille demeurera dans le monde réel, tandis que ton esprit sera à jamais connecté au Crétacé supérieur et sous notre supervision…

Le cerveau de Simon enregistra ces informations cauchemardesques dans un état d'atonie totale. Il n'était déjà plus apte à se rebeller ou à articuler un mot, et s'enfonçait dans une nuit des temps sans fin, perdant le CTRL+ALT+SUPPR de lui-même et de ses pensées.

4. Pin-pon

Après plusieurs plaintes du voisinage, la porte d'un appartement au 2311 North Los Robles Avenue à Pasadena, fut défoncée par les pompiers. Big-bang non théorisé, en faisant irruption dans cet univers clos depuis plusieurs semaines, ils découvrirent un individu de sexe mâle d'environ six cents livres, nageant dans les blattes, les excréments et les vomissures. L'homme se trouvait en état de coma végétatif, neurones grillés ; un diagnostic courant pour une overdose de 3 D. Déjà le troisième qu'ils ramassaient cette semaine-là.

Au milieu de la pagaille et de la puanteur, l'un des secouristes appelés sur les lieux s'écarta un instant du groupe pour observer les trophées gagnés lors de *LAN parties* soigneusement alignés sur une étagère dans la chambre. Ils étaient tous au nom d'Homoraptor. Un rictus peu amène se dessina sur son visage, et ses tripes exultèrent de vengeance posthume en pensant à une récente partie de *Prehistoric Fantasy Warriors*.

Celui-là, GreenSauc1sse allait le choyer...

AU CŒUR DE L'OÏKOUMÈNE
Par Lana Blum

Fabien Clavel

REPORTAGE - Aujourd'hui, le réseau social Oïkos est devenu incontournable. Comment cette plateforme, encore confidentielle il y a quelques mois, a-t-elle pu dépasser tous ses concurrents jusqu'à proposer un modèle de société à part entière ? Notre enquête de trois mois au cœur de l'Oïkoumène montre que les dessous de cette affaire sont moins idylliques que ce que l'on pourrait croire.

Nous sommes au début de l'année dernière. Comtakt, l'un de principaux réseaux sociaux en usage, modifie brusquement ses conditions d'utilisation, provoquant la colère des usagers. Leur principal grief : une protection moindre de leurs données et un usage élargi de ces informations. Quand les communicants de Comtakt interviennent pour rassurer les populations, il est déjà trop tard. Trois millions de personnes ont déjà migré vers une autre plateforme encore peu connue : Oïkos.

Officiellement, cette nouvelle marque existe depuis près de cinq ans et ne réunit que quelques centaines de milliers d'utilisateurs par jour. Nous sommes loin des résultats écrasants de Comtakt, qui avait réussi à fédérer de nombreuses adhésions en insistant à la fois sur sa proximité avec ses usagers et sur son strict respect de la vie privée. Toute cette belle image s'est écroulée en quelques heures avec cette abyssale erreur de communication qui n'est pas loin d'abattre la puissance du réseau. Tous les démentis et les communiqués suivants n'y feront rien : la saignée semble définitive. Comtakt a-t-il abusé de sa situation dominante ? A-t-il perdu le sens de la mesure ? Quoi qu'il en soit, le mal est fait. Tournons-nous vers l'avenir.

La maison Oïkos

Et l'avenir se nomme manifestement Oïkos. Un nom mystérieux dont l'aura d'étrangeté se dissipe un peu quand on se penche sur son étymologie. En effet, Oïkos, en grec ancien, signifie « maison » (on le retrouve dans économie et écologie). Mais il s'agit également de l'abréviation d'Oïkoumène, ce qui a son importance, comme nous le verrons plus tard.

Oïkos est donc une maison. Quels en sont ses habitants ? Avant la ruée, ce réseau social modeste et à dimension humaine végétait tranquillement. Les usagers sont principalement des jeunes en rupture de ban. On y trouve notamment des altermondialistes, des membres d'EcoFront, des militants divers. On lui soupçonne des liens avec le DarkWeb. De quoi décourager les vocations des plus timorés dont fait partie l'autrice de ces lignes.

En tant que citoyenne et consommatrice, j'étais en effet effrayée par les rumeurs qui entouraient Oïkos. On évoquait à mots couverts des connexions avec des groupuscules terroristes, des organisations criminelles. Les fantasmes allaient bon train.

Il a fallu l'intervention d'un ami, ancien hacker repenti, avec lequel j'ai travaillé sur de nombreux dossiers, pour me convaincre. Jérémie m'a assuré que tout ce que j'avais entendu n'était que foutaise et qu'au contraire Oïkos était bien plus accueillant et plus sûr que la plupart des réseaux sociaux. En effet, il possédait des pare-feux révolutionnaires qui empêchaient toute fuite de données. En outre, aucun accord publicitaire n'avait été négocié avec des entreprises tierces. Les données demeuraient strictement internes.

D'ailleurs, il fallait passer par une cooptation pour adhérer à Oïkos. Il existait une caricature parue dans ce journal qui montrait un candidat vampire refoulé d'Oïkos parce qu'il ne remplissait pas les critères de la Charte. Jérémie me proposait même d'être mon parrain.

Il m'expliqua que la charte d'Oïkos était sans nul doute la plus contraignante de toutes celles des réseaux sociaux et que les fondateurs prenaient l'affaire très au sérieux. En fait, il fallait respecter des critères de respect du vivant, d'utilisation d'énergies propres et renouvelables, et de représentation des minorités.

J'avoue que tous ces arguments achevèrent de me décider. Après tout, je ne risquais rien (pensais-je) à candidater. Ainsi, un soir de mars, je me connectai sur la page d'accueil d'Oïkos. Sans savoir dans quel engrenage je mettais le doigt.

O-Score

Comme beaucoup, je nourrissais des sentiments ambivalents pour les réseaux sociaux. Je haïssais en eux le temps passé à des débats stériles ou simplement à configurer et nourrir chaque jour sa page. Comme d'autres, j'y consacrais bien trop de temps. Mais j'étais heureuse de pouvoir profiter de ces plateformes pour communiquer avec des amis dans le monde entier ou même reprendre contact avec des connaissances du collège ou du lycée.

Cependant, échaudée par l'affaire Comtakt, je préférais passer sur Oïkos afin d'y rejoindre les cercles d'amis qui y avaient migré.

Je me retrouvai donc face à l'écran d'accueil rebaptisé : « Le Café ». En effet, l'interface était organisée comme une sorte de quartier résidentiel dans lequel chaque page formait en fait une maison que l'on pouvait visiter mais dont certaines pièces étaient réservées aux amis intimes. Il était ainsi possible de décider auxquelles on donnait accès. La cuisine servait bien sûr pour évoquer les recettes et la nourriture. Le salon était lui-même subdivisé en plusieurs lieux : télévision, jeux vidéo et jeux de société, animaux domestiques, bibliothèques. Pour les événements collectifs, on trouvait dans ce quartier résidentiel des théâtres, des terrains de sport ou autres dans lesquels on pouvait se réunir par affinités.

Le Café était le premier endroit dans lequel on entrait. Un avatar de serveuse vint me proposer une sorte de menu dans lequel je trouvai toutes les informations mentionnées un peu plus tôt. Cependant, avant de pouvoir aborder tout cela, il me fallait répondre à un questionnaire assez pointu.

On me demandait à la fois quelles étaient mes positions sur certains sujets, mais aussi mes actions les concernant. Le questionnaire évoquait aussi bien ma manière de me nourrir, les achats que j'effectuais, si j'avais des engagements solidaires, etc. Je faillis arrêter à plusieurs reprises tant je trouvais ces questions déplacées. Le parrainage n'y suffisait donc pas ? Cependant, la serveuse m'aidait en me répétant que tout cela resterait entre nous et qu'aucune information ne sortirait d'ici. Je découvris à cette occasion qu'il ne s'agissait pas d'une intelligence artificielle mais d'une personne humaine derrière son ordinateur.

Malgré tout, cet interrogatoire ne dura guère. À la fin, à ma grande surprise, on m'attribua une note, bien entendu provisoire : l'O-Score. Il s'agissait d'un agrégateur de toutes les notes que j'utilisais dans d'autres secteurs : le commerce équitable et local, le véganisme, la consommation de produits bio, durables et éthiques, que je me fournissais chez des entreprises qui promouvaient les représentations de minorités de sexe, de genre, d'orientation sexuelle, d'ethnie, d'invalidité, de classe sociale.

La serveuse, qui était elle-même « café au lait » (je cite sa propre plaisanterie) et donc femme et racisée, m'expliqua que notre manière d'habiter le monde était un continuum et que nous essayions tous de tendre vers un monde meilleur. Notre évolution était sanctionnée par l'O-Score qui prenait en compte tous les aspects de notre vie.

En dessous de 50, on ne pouvait être accepté au sein d'Oïkos. Ensuite, on s'efforçait de s'améliorer. En réalité, j'ai appris par la suite que j'avais donné bien plus de détails que nécessaire. Le concept d'Oïkos consistait à s'améliorer. Ainsi, le parrainage attestait que l'on était dans de bonnes dispositions. Ensuite, on pouvait ouvrir peu à peu l'éventail de son O-Score. « *Bienvenue dans la maison !* » me déclara la serveuse.

La mise en scène avait fonctionné : j'étais fière d'être acceptée au sein d'Oïkos.

« Foi en l'avenir »

Je passai donc les jours suivants à m'acclimater à ce nouvel environnement. L'interface était claire, simple, facile à prendre en main. À chaque instant, je pouvais retourner au Café qui faisait office de forum et demander de l'aide. C'est ainsi que je me liai avec plusieurs habitués qui venaient bénévolement au secours des nouveaux. Je remarquai qu'ils utilisaient toujours le même type de vocabulaire, comparant mon arrivée à un emménagement et la fréquentation du réseau à un voisinage.

Je fis donc la connaissance de Gilles*, un veuf retraité qui avait pris ses aises dans le Café, et qui venait y trouver un remède à sa solitude. Outre ses conseils pour mieux découvrir les arcanes d'Oïkos, il me parla de sa défunte épouse qui lui manquait terriblement. Il avait pendant un moment perdu goût à la vie, goût qu'il avait retrouvé en venant sur Oïkos. « *J'ai maintenant foi en l'avenir.* »

Il me montra la banderole qui surmontait le bar de notre Café et qui claironnait fièrement : « *Faith in Future* ». *« Ici, tout est fait pour assurer l'avenir de la planète. Je n'ai pas de petits-enfants mais je pense à ceux de mes amis. Je suis heureux de contribuer à leur assurer un avenir meilleur* ».

Comme je l'interrogeai, il m'expliqua qu'Oïkos était un réseau zéro carbone. Les énormes centres de données nécessaires à son fonctionnement étaient alimentés par l'électricité produite par un barrage à Tyssedal en Norvège. De même, l'eau de ce barrage servait à refroidir le système au complet. Cela produisait donc de la chaleur réutilisée pour le chauffage des locaux dans cette région assez froide.

« *Cet effort pour un développement vraiment durable doit faire tache d'huile dans le monde entier*, expliquait Gilles. *C'est pourquoi l'O-Score accompagne certains produits de consommation courante. Ainsi, on sait toujours si ce que l'on achète met en péril la vie sur Terre. Ou pas.* » Suite à cette révélation, je remarquai en effet que beaucoup de mes achats comportaient le logo d'une Terre stylisée pour former le O d'O-Score au centre de laquelle s'affichait la note fatidique, en général haute. Pour les autres, une application Oïkos permettait de savoir de quoi il retournait en scannant le code-barres du produit. Je me rendis compte à cette occasion que plusieurs des produits bio que je préférais régulièrement possédaient un O-Score désastreux car ils étaient fabriqués à l'autre bout du monde par des employés sous-payés. Je cessai donc d'en acheter.

Mon O-Score personnel s'accrut aussitôt. En effet, Oïkos enregistrait automatiquement le contenu de mes commandes en ligne et prenait en compte les modifications au jour le jour. Il fallut peu de temps avant de sentir une sorte de supériorité morale à voir ma note monter et dépasser celles d'autres « Cohabitants », comme nous nous nommions entre nous.

En fréquentant le Café, je commençai à remarquer que beaucoup de mes contacts se considéraient plus ou moins comme des sortes d'élus, des précurseurs annonçant la manière future de vivre sur Terre. C'était à qui enverrait le moins de vidéos et de photos, ou bien en très basse définition, pour ne pas surcharger le système. On s'échangeait des tuyaux sur les produits ou les activités possédant le meilleur O-Score. Comme pour les jeux vidéo, je me piquai de toujours améliorer mes caractéristiques. Je devins une fidèle.

Toute ma vie passa au crible de l'O-Score. À la manière de ceux qui comptent leurs pas, leurs heures de sommeil, leurs tractions, je retournais sans cesse sur le site pour vérifier si ma note progressait. Si jamais elle baissait, j'étais de mauvaise humeur. Ma journée était gâchée. J'avais honte d'avoir contribué à aggraver à mon échelle la crise mondiale.

Quand elle montait, je me sentais aussitôt plus légère. Je regardais les autres de haut. Je devenais une super-héroïne occupée à sauver le monde au milieu de tous ces inconscients, ces paresseux, qui ne prenaient même pas la peine d'adhérer à Oïkos.

El

Je m'étais fait une autre amie en la personne de Béa*. De son propre aveu, elle avait raccourci son prénom afin de taper moins de lettres à chaque fois qu'elle signait. Elle était plus jeune que moi et venait de rejoindre Oïkos. Pourtant, elle possédait un O-Score à faire pâlir de jalousie les plus anciens et les plus acharnés : il se montait à plus de 90. Je n'avais jamais encore rencontré quelqu'un comme elle.

Constatant mon excellente progression (je dépassai rapidement les 75), elle se confia davantage à moi. Je remarquai qu'elle faisait souvent référence à un roman intitulé *El*. Cela commença par des allusions vagues, puis de plus en plus précises. D'autres Cohabitants semblaient comprendre de quoi elle parlait. Je me sentis obligée de le lire.

Me le procurer fut bien plus simple que je ne l'avais pensé. En outre, étant imprimé à la demande avec de l'encre végétale sur du papier recyclé, il contribua à me faire gagner quelques points de plus dans mon O-Score. Le roman était signé d'un auteur assez obscur, John Gregan, un hungaro-britannique vivant en France. Il avait signé plusieurs ouvrages de fantasy, dont le plus remarqué avait été *La Mélancolie des Elfes (avant la fin du monde).*

Malgré mon peu d'appétence pour le genre, je commençai ma lecture et fus assez rapidement emportée dans une aventure échevelée qui menait de France au Yémen, sur les pas d'un architecte nommé Victor de Vrocourt. Le livre racontait comment cet homme, un ancien drogué en quête de rédemption, avait eu une révélation dans la ville de Maharbi. Un ange lui était apparu, déclarant s'appeler Ayatiel et remplaçant un Dieu déclaré absent.

Certains passages étaient prophétiques : « *L'ange El apportera un nouveau paradis sur Terre. Le loup et l'agneau paîtront de nouveau ensemble. Car El conclura avec nous une nouvelle alliance de paix et fera disparaître du pays les bêtes féroces. Et nous habiterons en sécurité dans le désert. Et nous dormirons dans les forêts !* » Mais, dans l'ensemble, je ne fus pas bouleversée par cette lecture.

Lire aussi : *El*, un fourre-tout indigeste entre *Highlander* et Apocalypse par l'auteur de *Mélancolie des Elfes (avant la fin du monde)*

Quand je m'ouvris de ce sentiment auprès de Béa, je fus accueillie avec beaucoup de froideur. Je commis le tort de traiter le roman... comme un roman, pensant que l'on pourrait échanger des arguments comme avec un fan du *Seigneur des Anneaux*. Je me trompais.

Peu de temps après cette discussion, je ne trouvai plus personne à qui parler au Café. Béa ne répondait plus aux messages. Gilles n'était visible nulle part. Pour finir, ma note baissa brutalement, sans explication. Chaque jour, je perdais plusieurs points. Tout ce que j'accomplissais me valait une sanction. Il me fallut du temps avant de voir le lien entre ma réception peu enthousiaste de *El* et cette chute dans mes résultats.

Pour finir, un matin, alors que j'essayais de me connecter, je n'y parvins pas. L'interface me bloquait dès que j'entrais mes identifiants. Un vent de panique passa sur moi. Puis, je finis par réussir à parler avec un administrateur. Il fut lapidaire : mon O-Score était passé sous la barre fatidique des 50 et j'étais de ce fait bannie d'Oïkos.

L'ombre de McNess&Visanto

Il me fallut du temps avant de me remettre de cette éviction qui fut un déchirement. Cependant, cela fortifia ma conviction selon laquelle cette enquête devait être approfondie pour faire toute la lumière sur les agissements d'Oïkos. Je commençai par contacter John Gregan. Ce dernier me confirma par téléphone que ce roman était une commande. Il l'avait écrit comme une histoire de fantasy, sans plus. Il savait simplement que le livre avait été distribué au sein d'une entreprise. Il refusa de m'en dire davantage, son contrat impliquant une clause de confidentialité.

Une recherche rapide m'apprit que *El* avait effectivement été offert en masse, comme cela se fait souvent dans les multinationales pour affirmer un leadership. L'entreprise concernée était MNV Networks, dont on peut admirer le siège parmi les hautes tours de La Défense à Paris. Il se trouve qu'une nouvelle PDG a été nommée depuis quelques années à la tête de MNV Networks : il s'agit d'Ayati Haryana, qui s'est hissée de façon miraculeuse et spectaculaire, depuis le restaurant indien de ses parents (« *Le Meilleur tandoori de Villejuif et de la banlieue sud* ») jusqu'aux commandes de cette société de communication.

Ce conte de fées en a intrigué plus d'un au départ mais, peu à peu, tous ont été séduits par cette jeune entrepreneuse. Je découvris qu'elle était le portrait craché de la serveuse du Café d'Oïkos. Elle devint le nouveau visage de MNV Networks. Ce fut elle qui envoya le roman *El* à tous ses employés quelques mois seulement après son arrivée à la direction. Curieux choix : souvent les patrons préfèrent envoyer leur propre prose. Certains y ont vu de l'humilité.

Avant tout, il convient de rappeler que MNV Networks est une filiale de McNess&Visanto, une des transnationales les plus décriées pour les affaires de corruption et les scandales sanitaires. Rapidement, on l'a accusée de se racheter une virginité en nommant une jeune femme issue d'une minorité à la tête de sa filiale, susceptible de faire croire qu'un virage écoresponsable avait été pris.

Lire aussi : McNess&Visanto au cœur d'un scandale agroalimentaire à l'échelle européenne. Retour sur l'affaire Cérès, vingt ans après.

À écouter les discours, les interviews et les différentes interventions de Mme Haryana, on serait tenté d'y croire. Elle est sur tous les fronts depuis quelques mois, reprenant les propos que l'on trouve sur Oïkos. La présence d'Ayati Haryana serait le résultat d'une conversion radicale de McNess&Visanto aux nécessités écologiques face au réchauffement climatique.

D'ailleurs, Oïkos ne serait que le prolongement de cette révolution sous la forme d'une application. Et, en effet, si l'on se donne la peine de creuser, l'on découvre qu'Oïkos possède un statut particulier : il s'agit d'une fondation à but non lucratif qui a pour mission de soutenir le développement de l'application Oïkos. Cela lui permet de ne pas recourir au capital-risque. Cependant, lorsque l'on étudie d'où vient l'argent de la Fondation, il se trouve que Mme Haryana en est la principale donatrice avec près de trente millions de dollars.

On est donc en droit de se poser la question des intentions réelles de Mme Haryana : ce changement est-il sincère ? Ou bien s'agit-il de l'un des derniers avatars du *green-washing* ? L'avenir nous le dira. Pourtant la collusion entre McNess&Visanto et Oïkos ne laisse pas d'inquiéter.

Une religion corporate

D'autres interrogations demeurent. Quelle est la fonction de *El* au sein de cette organisation complexe ? Pourquoi avoir choisi un roman à sujet religieux pour asseoir une culture d'entreprise ? Et même pourquoi avoir fait écrire cette histoire dans le but de la diffuser au sein d'une entreprise ?

Il apparaît qu'une conférence donnée par Mme Haryana dans le cadre d'un TEDx, facilement accessible en ligne, apporte quelques éléments de réponse. En quelques minutes, elle cite les travaux de Jesper Kunde dont l'ouvrage *Corporate religion* date un peu mais inspire manifestement la jeune PDG. Elle y détaille sa stratégie pour créer une véritable « *religion d'entreprise* » où le produit proposé n'est pas un but en soi mais doit posséder « *une âme* ». L'entreprise se voit donc assigner une mission, guidée par une vision réaliste mais aussi hautement ambitieuse. Dès lors, l'entreprise est pensée en relation avec sa mission, sa vision et les êtres humains. Il faut que chaque employé ait intégré le message et produise ses efforts dans ce sens. Ainsi, on passe d'un produit à un concept de marque, à une marque de concept d'entreprise, puis à une culture de marque. Seules quelques entreprises parviennent jusqu'au stade suivant : la religion de la marque et la religion corporate. C'est manifestement l'ambition d'Ayati Haryana pour MNV Networks et, plus largement, pour McNess&Visanto.

Lire aussi : McNess&Visanto, une transnationale globale à la culture darwinienne

Oïkos ne serait donc que le bras armé de cette religion corporate. De tout récents événements ont donné un nouveau tournant à cette stratégie. Il y a moins d'un mois, une vidéo a circulé sur les réseaux sociaux (et sur Oïkos mais en basse définition) montrant ce qui a été appelé la « Révélation de Maharbi ». On y voit le héros du roman *El*, le dénommé Victor de Vrocourt, dont le frère est le dirigeant de Restène, une autre filiale de McNess&Visanto, agenouillé devant une sorte d'apparition flottant dans les airs, sur fond de désert. Malgré la piètre qualité de l'enregistrement, d'aucuns ont cru reconnaître dans la forme angélique les traits d'Ayati Haryana.

Pour l'heure, les spécialistes n'ont pu conclure sur la véracité de la vidéo. Aucune manipulation ne serait visible. Elle daterait d'une vingtaine d'années. Étrangement, la vidéo de quelques secondes a rapidement disparu d'Oïkos. Mais par l'action désormais bien connue de l'effet Streisand, cela n'a fait que renforcer la fascination exercée par ce film minuscule. Bien vite, le hashtag *#Ayatiel*, combinaison d'Ayati et de El, a fleuri sur les réseaux sociaux. On attend encore la réaction de la principale intéressée.

La lecture du roman peut être utile à cette étape. Le livre raconte justement qu'un ange nommé Ayatiel est à l'origine de la Révélation de Maharbi et est apparu à Victor de Vrocourt au Yémen. Cependant, ce dernier a connu la prison pour avoir, quelques années auparavant monté une secte baptisée Oïkoumène. Il est mort d'une overdose peu de temps après sa libération. Depuis, la secte, selon les derniers rapports de la Miviludes, vivotait sans présenter de danger notoire. Il est à craindre que les choses changent sous peu. Quoi qu'il en soit, le mystère enveloppe toujours Oïkos. Une certitude demeure cependant : le réseau social n'aime guère que l'on se penche sur ses arcanes : à ce jour, je suis encore bannie de la Maison.

* Les prénoms et pseudonymes ont été changés.

Vos commentaires

VirGilles

Je suis le Gilles mentionné dans cet article et je dois dire que cette enquête entièrement à charge de Mme Blum ne lui fait pas honneur. Elle oublie de mentionner qu'elle mène une croisade contre McNess&Visanto depuis des années avec un acharnement qui pourrait être admirable s'il n'était aussi borné. Finalement que reproche-t-elle à Oïkos ? De se préoccuper de notre avenir ? D'aider les citoyens à opérer la transition écologique ? Parce que c'est la seule chose qui tienne debout dans son argumentaire. Tout le reste, ce sont des insinuations au lieu d'arguments. Si la vidéo d'Ayatiel est retirée, dit-elle, c'est pour bénéficier de l'effet Streisand. Si Ayati Haryana est nommée à la tête de MNV Networks, c'est uniquement pour répondre à des critères de diversité. Si Oïkos propose l'O-Score, c'est pour faire du greenwashing. Et j'en passe. Est-ce cela qu'on apprend dans les écoles de journalisme ? Et si Mme Blum nous révélait plutôt que son propre père a fait partie de cette secte baptisée Oïkoumène qui n'a pas grand-chose à voir avec ce que propose Oïkos ? J'aimerais l'entendre là-dessus. On comprendrait mieux d'où lui vient cette obsession.

JCreep

@VirGilles : Vous dénoncez des insinuations mais vous n'avez que cela à la plume. Oui, il est vrai que Lana Blum a été en présence de Victor de Vrocourt dans sa jeunesse, elle ne s'en est jamais cachée. Elle fait partie des personnes qui ont dénoncé l'architecte et ont entraîné son incarcération. Par la suite, nombre de ses travaux d'enquête journalistique ont tourné autour des méfaits (plus d'une centaine de procès dans le monde) de McNess&Visanto. Cela est vrai également. Il se trouve que peu de gens osent s'attaquer à ce mastodonte qui s'est montré capable par le passé de manœuvres poussées de lobbying et même de pressions, voire de menaces. Il ne s'agit pas d'une vendetta mais de son devoir de journaliste. Et si vous possédiez une once du courage de Lana Blum, vous l'aideriez dans ses démarches au lieu de persifler comme vous le faites.

Béa2013

Je n'ai pas trop suivi cette affaire mais j'ai l'impression qu'on passe à côté de l'essentiel. Ayatiel existe. Vous l'avez dit vous-même : la vidéo de son apparition n'est pas truquée. La Révélation de Maharbi est réelle. Il faut écouter le message d'Ayatiel. Elle a déjà transformé une entreprise qui était tournée vers le mal en un instrument du bien. L'O-Score permet à chacun et chacune de s'améliorer. Je conseille à toutes les personnes de bonne volonté de rejoindre Oïkos, d'intégrer l'Oïkoumène. Ensemble, nous rendrons le monde meilleur. J'ai foi en l'avenir !

AUX PREMIÈRES LOGES

Meddy Ligner

« *Ouvre-toi* ». Et la porte de métal coulissa en silence. Pénélope s'extirpa de sa cabine de téléportation à pas de chatte. Sa peau exhalait encore des senteurs chaudes. Celles du désert brûlant. Celles des épices de la cuisine orientale. Abu Dhabi l'avait toujours captivée et elle se promit d'y retourner dès qu'elle le pourrait. La Perle du Golfe abritait nombre d'écrivains talentueux et elle envisageait d'en engager quelques-uns pour ses collections à venir. Les occasions futures n'allaient donc pas manquer. Hier, New Petrograd. Aujourd'hui, Abu Dhabi. Dans trois jours, Tokyosaka. Ce boulot la vidait peu à peu de ses forces.

« *Coule* ». L'eau se mit à ruisseler de la paume de douche. Une onde de lassitude louvoya dans tout son être, comme un galion en perdition. La quarantaine bien tassée se faisait sentir… Une semaine intense de régénération de ses cellules s'imposait. « *Ouvrir agenda. Prévoir stage santé* ». L'ordre fut aussitôt enregistré et lui serait rappelé en temps et en heure. Une fois entièrement relaxée, elle sortit de sa salle de bain et alla s'avachir sur son canapé de cuir synthétique.

« *Allumer Net interne* ». Son interrupteur corporel de la taille d'une micropuce passa du *off* au *on*. Elle ferma les paupières. « *Rallier Groupe Love Partenaires* ». Et devant ses yeux fermés apparut le premier portrait. Un métis aux cheveux bouclés. « *Suivant* ». Une fille assez quelconque, avec un large sourire. « *Suivant* ». Un bellâtre aux taches de rousseur. « *Suivant* ». Une brune ténébreuse. « *Suivant* ». Un blond à la mâchoire carrée. Tiens, copuler avec Thor et son Marteau Magique, en voilà une idée ! « *Plus de détails* ». Nouvelles photos. Le type posait torse nu. Un corps massif. Des muscles saillants. Une bestialité presque attirante. « *OK. Contacter* ». Une lumière verte clignota sur le visage du type. Il accepta le contact et une trentaine de secondes s'écoulèrent, le temps qu'il reluque les photos de Pénélope et prenne sa décision. Le couperet tomba et la mention « *OK* » s'inscrivit en bleu. « *Quand ? Où ?* », s'enquit-il. « *Demain soir, 20h30 heure locale, hôtel Fortune de Salvador de Bahia* », proposa Pénélope. Le Brésil et sa folie. Elle adorait ! Il lui envoya un pouce bleu et un cœur *big size* en retour, avant de mettre fin à la communication.

Tel un geyser montant des profondeurs, l'excitation pointa sans prévenir et elle hésita pendant un instant à rappeler le bel inconnu pour lui proposer de se voir immédiatement. Elle aurait bien fait l'amour ce soir mais le rendez-vous d'aujourd'hui était plus surprenant, plus original. Et prévu depuis plusieurs semaines. Elle renonça tout en espérant que demain, le Viking qu'elle avait choisi ne la décevrait pas…

« *Entrez Catatrip* ». L'interface jaillit du néant et l'accueillit dans ses bras numériques. Un environnement sobre, efficace et tellement rassurant. Elle rejoignit le groupe et, comme à l'accoutumée, elle eut l'impression de retrouver une grande famille. « *Ah Pénélope ! Te voilà enfin ! ».* La voix chaude et suave d'Elric. Elle se demanda s'il s'agissait d'un humain ou d'un robot. *« Nous n'attendions plus que toi ! Tout le monde est sur le pont et trépigne d'impatience. Es-tu prête ?* ». Directement dans le vif du sujet. « *Euh, oui ! Pas de souci !* ». Pas le temps de tergiverser. « *Alors, c'est parti ! Suivez les instructions et laissez-vous aller !* ». Elle prononça quelques commandes et d'un coup, effectua le grand saut.

****

Une légère brise lui caressa les joues et ses narines frétillèrent de cette odeur saturée de vieux carburant…

Elle se trouvait devant un building cyclopéen, haut comme une montagne. Presque à toucher les nuages. « *Il y avait bien longtemps qu'on ne construisait plus de bâtiments aussi immenses* », pensa la jeune femme.

Elle tourna la tête : un gratte-ciel identique se dressait juste à côté. Elle pivota encore et découvrit une mégapole grouillante[1]. C'était bien le style de Gloria, l'élève sérieuse

---

[1] « *Architecture typique du XIX*e *siècle, non ?* (Louis) ». « *Ah non ! On est plutôt fin XXe* » (Gloria).

qui apprend toujours ses leçons. Pénélope sourit car l'architecture n'avait jamais été son fort.

Elle leva les yeux au ciel. Une voûte bleue. Immaculée, sans aucun nuage. Quelle merveille !

Des cohortes d'humains entraient et sortaient de la colossale bâtisse. Point de robots. Ils viendraient plus tard. Dans quelques décennies.

Les hommes portaient des costumes sombres et des cravates alors que les femmes arboraient des tenues multicolores, plus ou moins courtes et constituées de mille matières. Elle jeta alors un regard sur ses propres vêtements. Une longue robe rose avec une ceinture assez large, de couleur noire[2]. Un « *J'aime pas* » ? Sans doute Brice. Toujours à râler, celui-là…

La voix d'Elric vint à sa rescousse. « *Vous devez entrer dans cet immeuble puis monter au 93ᵉ étage. Plusieurs membres du groupe y sont déjà* ».

Pénélope pénétra à l'intérieur du bâtiment. Une foule dense butinait dans le hall d'entrée et la jeune femme tenta de se frayer un chemin à travers cette ruche humaine. Elle marcha en direction des ascenseurs[3]. Absolument ! « *Mettre un* J'aime ». Un flux continu d'humains la porta jusqu'aux massives portes métalliques et quand elles s'ouvrirent, la jeune fille eut l'impression qu'elle obéissait à une sorte d'intelligence collective qui lui intimait de se serrer dans ce lieu clos et surpeuplé.

Là, le silence. À peine troublé par les bruits corporels de ces gens près de qui elle se tenait. Des respirations. Quelques quintes de toux. Et le ronron presque inaudible de l'ascenseur qui entamait sa montée. Comment pouvait-on supporter une telle proximité ? Et puis ces odeurs. Les parfums. La sueur. Les détergents passés par l'équipe de lavage. Le décor atteignait la perfection, presque à s'y croire pour de vrai[4]. Pénélope tourna

---

[2] Trente-quatre « *J'adore* », douze « *J'aime* » et un « *J'aime pas* ».

[3] « *Vachement plus excitant que nos puits ascensionnels, non ? Tellement…vintage !* » (Patricio)

[4] « *J'étouffe l'dans ! Ces ascenseurs ! Je trouve ça à la limite du supportable !* » (Alicia)

la tête. « *Alicia ?* ». Un homme aux tempes grisonnantes et en léger surpoids la regarda et lui offrit un beau sourire. Son avatar du jour. Rigolo. Pénélope en avait oublié de regarder le sien… Elle devait remédier à cela dès que possible. « *Demande de discussion privée avec Alicia* ». Acceptée. L'ascension s'annonçait monotone… autant en profiter pour discuter[5].

93e étage, destination atteinte, tout le monde descend ! Alicia est bien sympathique mais comme beaucoup de gens, elle n'aime parler que d'elle. Seulement et uniquement de sa petite personne. Un monologue craché, vomi et destiné à la mettre en avant, à la faire briller. Sans s'inquiéter de celui ou celle qui l'écoute. Sans lui demander comment il ou elle va. Refrain mille fois entendu. Rien de nouveau sous le soleil. Bref, avançons !

Elle passa devant un miroir et put admirer l'avatar qu'elle avait sélectionné pour la circonstance. Ce choix s'était effectué un mois auparavant, lors de l'achat et de la réservation du trip. Ah oui, maintenant, elle s'en souvenait ! Elle avait l'allure d'une trentenaire aux origines asiatique. Le regard oblique. Les cheveux de charbon. Lisses et longs. Pas spécialement belle, mais indéniablement douce et fragile.

---

5 — Comment vas-tu Alicia ?

— Très bien ! Je suis toute excitée ! Figure-toi que ma demande de migration pour Vénus a été acceptée !!

— *Félicitations ! Tu pars quand ?*

— *Dans deux mois. Nous allons habiter sur la cité flottante, Vénéra IV !*

— *Génial. Que vas-tu faire là-bas ?*

— *Je vais intégrer un cabinet d'exopsychologues.*

— *J'imagine qu'il y a du travail…*

— *Oh oui ! On retrouve les troubles classiques des colons, dus à l'éloignement de la Terre mère…Sur Vénus, c'est exacerbé car on ne foule jamais un véritable sol. Sous les épais nuages qui ceinturent la planète, c'est l'enfer !*

— *Paraît-il oui…Pression infernales, pluies acides et températures de fournaise…*

— *Exactement. Pas évident de vivre avec un tel chaos sous ses pieds… Ah je crois que nous sommes arrivés ! Je te laisse car je veux apprécier le trip à fond. A bientôt et profite bien de ces moments !*

— *Ciao.*

« *Prenez la direction indiquée sur vos psycho-écrans* ». Pénélope suivit les informations données par Elric. Toujours claires et précises. Un parfait maître de cérémonie ! « *Maintenant, approchez de ces vitres* ». La jeune femme les aperçut et fit quelques pas en leur direction. « *Jetez un coup d'œil en bas et admirez la ville. Nous sommes au début du XXIe siècle. En 2001 pour être précis* ».

Son regard embrassa la cité qui bruissait et débordait d'énergie. Semblable à une forêt d'immeubles. Ces rues tracées au cordeau. Incroyable. Une fourmilière géante. Elle se retourna et constata qu'à cet étage aussi, des cohortes d'individus s'agitaient en tous sens. Dans quel but ? Elle l'ignorait mais, à voir leurs visages tendus, leurs pas pressés et leurs attitudes affairées, l'enjeu semblait revêtir la plus haute importance…

« *Si vous regardez légèrement sur le côté, à gauche, vous pourrez l'apercevoir. Un point noir. Petit mais clairement visible* ». Pénélope fouilla les cieux et finit par le repérer. Effectivement, on ne voyait pas grand-chose pour le moment… Elle continua de le fixer et, bientôt, elle fut incapable de s'en détacher. Comme si elle avait été hypnotisée par un fakir indien. La chose grossissait. Et se rapprochait à vitesse grand V. Maintenant, on pouvait distinguer son museau, ses ailes, sa carlingue[6]. Pénélope était entièrement d'accord. Cet avion qui cinglait à travers les airs dégageait une puissance irrationnelle. « *Mettre un* J'aime ».

« *Cet aéronef est un Boeing 767, un appareil pourvu de deux moteurs à réaction, mis en service en 1982. Il mesure environ 47 mètres, pèse près de 59 tonnes et peut atteindre une vitesse de 900 km/h. Il est capable de franchir des distances de 7000 km. À cet instant précis, 85 passagers et 11 membres d'équipages sont à bord. Aucun d'eux ne survivra* ».

Elric laissa passer un temps, afin que ses auditeurs puissent assimiler tous ces renseignements.

« *Avez-vous des questions ?* »

---

[6] « *Wow ! Quel engin ! C'est fascinant…* » (Li Xiao).

« Alors, je ne vous dérange pas plus longtemps. Profitez bien de ces instants... »

Pénélope ne quittait plus l'avion des yeux. Son corps virtuel ne répondait plus, pétrifié par ce spectacle saisissant. L'engin fonçait droit vers elle, vers cet immeuble qu'on appelait en ces temps reculés, le World Trade Center. En bas, New York vivait encore dans l'insouciance mais, dans quelques instants, un chaos indescriptible régnerait. Elle sourit et ne regretta pas les deux mille crédits que lui avait coûté l'inscription à ce groupe Catatrip. Les *Catastrophes Trips*. Oui c'était son truc ! Son péché mignon. Son petit côté sombre, inavouable. Nul n'est parfait.

Pénélope vit le nez de l'engin frapper les grands murs de verre. Un bruit phénoménal, comme si Dieu en personne avait frappé sur un gigantesque gong. La tour trembla, saisie de spasmes. Puis ce fut un déluge de feu et d'acier. L'enfer soufflait sur Terre. Des débris volaient par milliers et partout la Mort se déchaînait. Des corps brûlés, broyés, amputés, décapités, écrasés, saccagés, réduits en bouillie. « *Mettre un* J'adore ». Un royaume de flammes rouges. Une chaleur insupportable, semblable à celles des fours d'Hadès. Des cris, des plaintes, des pleurs et des souffles quittant leurs poumons pour la dernière fois. Un enchevêtrement de ferrailles, de cadavres, de ciment, d'objets en tout genre. Une odeur de chair grillée, de métal fondu, de béton carbonisé au milieu d'une pluie de papiers. Des millions de documents partaient en fumée ou virevoltaient au-dessus de New York. « *On se croirait au Japon, quand le vent fait perdre leurs fleurs aux cerisiers* », pensa Pénélope. Son regard fut happé par ces trous qui béaient au-dessus du vide. En bas, la mégapole s'offrait comme un cadeau empoisonné. Elle sentit l'air froid qui s'engouffrait dans ce Tartare provoqué par la folie des hommes[7].

Pénélope n'osa pas l'exprimer aussi clairement mais oui, elle aussi se délectait de ce show morbide ! Témoin

[7] « *Quel pied ! C'est génial !* » (Louis) « *C'est clair, j'adOOOOOOre !* » (Cynthia)

privilégié qui ne risquait rien au milieu de cet univers dématérialisé, elle ne put s'empêcher de penser à cette véritable catastrophe, à ce jour funeste où, des siècles plus tôt, des milliers de personnes avaient *vraiment* perdu la vie. Mais la version numérique de cet événement (*Comment s'appelait-il déjà ? Les attaques du 11 septembre ?*) était d'une réalité à vous couper les jambes. Elle en avait pour son argent et ne manquerait pas de féliciter Elric et sa société.

Demande de message collectif émanant de Louis. « *Accepté* ».

« *Serait-il possible d'aller au-dessus du point d'impact ? Histoire de voir comment ça se passe là-haut ?* ».

Pénélope trouva l'idée excellente. « *Mettre un* J'aime ».

« *Est-ce que quelqu'un est contre ?* », demanda Elric.

Des pouces verts fusèrent et aucun de couleur rouge n'apparut. « *Alors, c'est parti !* »

En un clin d'œil, Pénélope se retrouva plusieurs étages plus haut.

Panique. Confusion. Anarchie. Désespoir. Voilà les premiers mots qui lui vinrent à l'esprit. Il y avait ceux qui s'entêtaient à trouver une issue, mais aucune échappatoire n'était possible. Ceux qui avaient compris et remettaient leur vie à Dieu en priant, psalmodiant, se repentant. Ceux qui se lamentaient, larmes et plaintes coulant comme des fleuves. Et ceux qui appelaient leurs proches avec un étrange appareil qu'ils tenaient dans la main. « *Demande d'information sur cet objet*[8] ». Non. Ces quelques précisions lui suffisaient. Elle s'approcha et écouta une mère dire adieu à ses enfants. Scène émouvante. Plus loin un homme déclarait son amour à sa femme. Moment poignant. Pénélope s'écarta et aperçut plusieurs types qui sautaient dans le vide.

« *Avant que notre excursion ne se termine, je voudrais juste préciser que ces attentats du 11 septembre 2001 firent près de trois mille victimes* ». Elric ajouta d'autres informations mais Pénélope n'écoutait plus.

---

[8] *Il s'agit d'un téléphone portable. Les premiers téléphones fixes furent inventés au XIXe siècle, alors que les portables se sont généralisés à la fin du XXe. Souhaitez-vous de plus amples détails ?*

Elle erra dans ce monde de morts-vivants, essayant de capter au mieux cette tragédie à laquelle elle était venue assister.

Combien de temps resta-t-elle à cheminer au milieu de ce désordre immonde ? Impossible à dire, car les secondes semblaient durer des siècles et le temps glisser vers l'abîme. Jusqu'à ce que la tour fut de nouveau prise de soubresauts et que le frémissement extirpe la jeune femme de ses rêveries. D'un coup, le monde bascula. Le colosse s'affaissa tel un château de cartes avalé par les entrailles de la Terre. Tout se passa très vite. Pénélope eut l'impression que le Diable en personne l'avait attrapée par les pieds pour la happer vers ses sombres domaines.

Puis, plus rien.

Le mot FIN barra son bio-écran.

Le silence. L'obscurité. Le calme après la tempête. Le repos.

Elric vint rompre ce sentiment de plénitude. « *Toute l'équipe de* Catatrips *espère que vous avez pleinement apprécié cette excursion. Si oui, nous vous invitons à venir découvrir notre prochain voyage. Cette fois, vous serez projeté au début du XXe siècle. En 1912 plus précisément et vous serez à bord du Titanic ! Le prix demeure le même : deux mille crédits. Nous vous enverrons prochainement tous les détails pour l'inscription. En attendant, nous vous souhaitons une agréable fin de journée* ».

Pénélope laissa un ultime *« J'adore »* puis quitta l'application avant d'ouvrir les yeux. Retour à la réalité. 1912. Le Titanic. Pourquoi pas ? Elle se leva de son canapé et se dirigea vers la cuisine. Là, elle se servit un jus de pamplemousse qu'elle but à petites gorgées. Oui, pourquoi pas ?

SOCIAL LEARNING

Gaëtan Rhéal

Bâillement prononcé.

Bon ben c'est pas trop tôt. C'est pas parce que je n'ai pas vu le temps passer que je n'en ai pas plein le dos.

Console :

« Atterrissage prévu dans très exactement 15 min (durée indicative non contractuelle : incertitude de plus ou moins 20 min). »

Tu parles d'une précision… Même les machines ne veulent plus se mouiller.

Console :

« Nous constatons que vous ne vous êtes pas connecté depuis très exactement 1825 jours. De nombreuses choses se sont passées en votre absence. Souhaitez-vous profiter de ce temps d'attente afin de nous faire à nouveau l'honneur de votre présence, consulter les dernières publications, et reprendre contact avec vos amis ? »

Toujours la même rengaine. Clairement pas le moindre centime de claqué dans le département marketing. Mais bon, je peux toujours y faire un petit tour : c'est pas comme si j'avais autre chose à faire de toute façon. Et puis après tout, c'est mon jour de gloire ! Pour une fois que je vais pouvoir frimer…

Console :

« Les conditions générales d'utilisation ont évolué. Souhaitez-vous prendre connaissance des dernières… »

Oui bon OK, abrège. J'ai un quart d'heure à tirer, pas trois ans.

Clic.

Console :

« Nous vous souhaitons la bienvenue dans la toute nouvelle version de notre Réseau de… »

Mais c'est fini, oui ?

Clic !

Nouvelle version, tu parles… Marketing ou design : même combat. L'interface a pas bougé d'un poil. C'est kif

kif bourricot. Toujours le même foutoir. À croire que l'objectif n'est pas de rendre service aux utilisateurs. Oh mais suis-je bête, pourquoi serait-ce un objectif ?

Bon, tu pourrais pas arrêter trente secondes de râler ? Tu viens de passer trois plombes à pioncer et t'es déjà vénère. Ce coup-ci c'est clair : je ne suis définitivement pas du matin. Allez, trêve de bavardages, place aux choses sérieuses !

Pianotage d'autosatisfaction :

« Succès total ! Réveil à l'instant après 5 ans de stase en caisson orbital. Frais et dispos. La voie de l'exploration extra-solaire est désormais grande ouverte. Ravi d'avoir contribué à l'écriture d'un nouveau chapitre de l'Histoire de l'Humanité. Hâte de tous vous retrouver et de partager mes impressions sur le sujet ! Avec toutes mes amitiés.

#prouesseScientifique #petitMaisGrandPas #evenementDuSiec… »

Hésitation.

« *#evenementDuMillenaire* »

Il faut ce qu'il faut.

Voilà, voilà. C'est qui le meilleur maintenant ? J'entends d'ici les genoux des stars de la Toile s'entrechoquer façon maracas.

Mais il semblerait que ma popularité n'ait pas eu besoin de ce post de ouf pour grimper en flèche : deux cents demandes d'amis en attente ! C'est bien vingt fois plus que mon nombre de contacts actuels. Minimum. Je parie que tous les grands de ce monde se bousculent au portillon pour me faire entrer dans leur cercle.

« Président de l'Union Pan-Européenne »

Jackpot ! Au fond de moi je savais bien que je n'étais pas un raté et que la chance finirait bien par tourner un jour ou l'autre !

« À titre personnel, et au nom de mon gouvernement, je tenais à vous adresser mes plus sincères félicitations quant à votre exploit scientifique, fruit de… »

Oh, non, non, c'est trop… Je rougis tellement que je ne peux plus lire… Mais qu'est-ce que je raconte ? Continuez à me parler comme vous le faites !

« Afin de célébrer dignement ce succès et vous témoigner toute notre gratitude, nous tenons à effectuer un geste financier à votre attention d'un montant à 9 chiffres. Hélas, la somme en question, à la suite d'un malencontreux souci budgétaire, s'est retrouvée bloquée sur un compte bancaire du Groenland. »

Une minute… Cela ressemble tout d'un coup à une sorte d'arnaque…

« Tout ce que vous avez à faire est d'effectuer un virement via messagerie privée d'un montant minimum à 6 chiffres, ainsi que de nous communiquer vos identifiants personnels afin que… »

Rectification : cela ne ressemble pas à une arnaque ; c'est bel et bien une arnaque…

OK, pas de bol. Mais il en reste cent quatre-vingt-dix-neuf autres ! Présidente, haut-commissaire, ministre, directeur de fondation, attaché d'études, journaliste, célébrité… Y a quand même pas que des arnaques, de la pub et du spam !

Scroll, *scroll*…

Arnaques, pubs et spams…

J'ai tout d'abord cru que *Pablito_du_49765* et *Carmilla_SAS_95F* étaient sincères, mais en fait non.

Bon, pas d'affolement : cela ne veut rien dire. Regardons plutôt combien de *likes* a récupéré mon post.

Aucun ?!

Nan mais qu'est-ce que c'est que cette histoire ? Tout le monde s'en fiche ? C'est pas comme si ce n'était pas l'événement du millénaire et que personne n'était connecté ! Je ne sais pas à quoi rime cette nouvelle mode de se coller un statut “indisponible”, mais vous ne me la ferez pas à moi, mes cocos : je vous vois tous en ligne. Si c'est pour rester chacun dans son coin, à quoi ça sert de venir ici ? Et c'est moi qui dis ça… Un réseau social d'asociaux. Je crois que je tiens un concept. Mais je m'égare. Du coup c'est quoi le problème ? Je me suis foiré sur les hashtags ? J'aurais dû formuler les choses autrement ? N'empêche que quand l'autre se prenait en *selfie* à bord de l'ISS ça déchaînait un peu plus les foules. Y a vraiment pas de justice. Peut-être que j'aurais dû faire pareil ? Ouais mais lui il était bien gaulé et n'était pas en pyjama avec un méga épi sur la gueule. Ou une photo de chaton ? Ça marche toujours les photos de chaton. Par contre personne n'aurait lu le texte. Ben tiens, ça serait justement l'occasion de vérifier cette théorie.

Pianotage sarcastique :

« À chaque *like* de cette publication, un pauvre chaton sans défense sera dépecé dans d'indicibles souffrances. »

« Joindre :
photo_de_chaton_trop_croquignolesque.jpg »

Sifflement.

Oh la vache… quatre mille cinq cents *likes* en une demi-seconde ? Je vais certainement finir en enfer pour la façon dont je viens de remplir les funérariums animaliers. Mais franchement, qu'est-ce que j'y peux si les gens sont tout à la fois méchamment stupides et complètement accros ?

Pianotage virulent :

« Vous n'êtes tous qu'une bande de… »

Attends, attends, si tu commences à déverser ouvertement des insultes, les algos de modération de la plateforme vont te tomber dessus. Et vu comme c'était parti y a moyen qu'ils aient fait pas mal de progrès depuis le temps. Il va s'agir de la jouer fine.

« Vous n'êtes tous qu'une bande de bigorneaux micro-podo-céphalés ! »

Console :

« Avertissement. Vous tentez de publier un texte politiquement incorrect. Depuis la jurisprudence "Association de Défense des Produits de la Mer contre Agence de Publicité Irrévérencieuse", l'usage du terme "bigorneau" est considéré comme discriminatoire. »

Sérieux ?! Non mais franch…

Ah ! Un commentaire ! Enfin !

« Félicitations ! Le nouveau Buzz Armstrong ! Un grand trompettiste ! Pour recevoir votre cadeau, veuillez nous retourner votre numéro de… »

OK, j'ai compris : s'ils ne viennent pas à ma publication, je viendrai dans leur *chat* ! Heureusement que je me parle à moi-même dans ma tête : des tordus auraient pu se faire de fausses idées. Oulala, je suis en train de délirer grave… Cinq ans sans parler ça laisse des traces…

Ah ! Mon meilleur pote est connecté ! On se connaît depuis quoi ? Vingt ans ? Je lui ai rendu un paquet de services : il va forcément me répondre.

Pianotage confiant :

« Yo ! Ça gaze, poulet ? »

Console :

« Le statut de votre correspondant vient de passer à "occupé". »

Euh… Il vient de me mettre un vent, là ? Après tout ce que j'ai fait pour lui ? Attends un peu mon gaillard, tu vas voir ce que je vais te…

Be cool. Inspire. Expire. Ne projette pas tes schémas de pensées sur autrui. Ne fais pas de suppositions. Vis dans l'instant présent sans attente afin de cheminer sur la Voie de la Divine Sagesse. Bon, sans aller jusqu'au bout de ces délires *New Age,* y a peut-être une explication rationnelle. Présomption d'innocence, tout ça…

Tentons l'amie d'enfance. On se connaît depuis quoi ? Trente ans ? On a vraiment fait les quatre cents coups. Comme cette fois où on a gavé d'esquimaux… Hum… Discriminatoire ? De toute façon on n'en est pas encore au stade où l'appli va censurer mes pensées. Quoique… Où en étais-je ? Comme la fois où on a gavé un écureuil de glaces aromatisées avant de tenter de lui apprendre à voler. Ou encore cette fois où on s'est cachés dans le bac à sable pour s'échanger nos fringues lors d'une après-midi moite et torride. Euh… Mais qu'est-ce que c'est que ces souvenirs de détraqué ? Je n'ai jamais fait ça ! Ce serait pas plutôt dans l'un de ces téléfilms douteux sur lesquels j'aurais pu tomber par inadvertance en une époque reculée ? À vrai dire je ne sais plus, je suis tout embrouillaminé. Franchement, la stase ça déphase…

Pianotage amical :

« Coucou ! »

« Oh !! Ça fait un bail ! Quel plaisir d'avoir de tes nouvelles ! Qu'est-ce que tu deviens ? Comment ça se fait qu'on se soit perdus de vue ? »

OK, ça me revient… P'têt' que si elle entretenait la conversation plutôt que de répondre de façon monosyllabique au message que – dans une perte d'amour-propre – je lui laisse tous les cinq ans, elle ne poserait pas cette question stupide.

« Ben là, en fait, je rentre tout juste. »

« Pourquoi, t'étais parti quelque part ? »

Froncement de sourcils.

« En stase orbitale. »

« En quoi ? »

OK, next...

Console :

« Avertissement. Vous venez d'interrompre violemment votre *chat* avec votre contact. Il ne s'agit pas là d'un comportement très amical. Vous risquez de perdre cet(te) ami(e). »

Non mais de quoi je me mêle ?

Ah ! Un message ! Quelqu'un vient enfin aux nouvelles ! Je ne suis pas fou ! Qui donc… Mon ex…

« Je peux t'embêter deux secondes ? »

Qu'est-ce qu'elle me veut encore celle-là ?

« Oui, pas de souci ! »

« Tu pourrais me rendre de nouveau un tout petit service ? »

Ça sent le traquenard à plein nez, et je me suis promis de ne plus jamais retomber dans le panneau. Cette fois je ne céderai pas !

« Bien sûr, tout ce que tu veux ! »

« Je dois retranscrire les débats d'une conférence. Je l'aurais bien fait moi-même, mais je suis super débordée, je crois que je suis malade, y a plus de pain de mie, et le poisson rouge de ma tante vient de mourir. »

Grincement de dents.

« OK, par contr… »

« Super ! Tu me sauves la mise ! Je savais que je pouvais compter sur toi ! Je t'envoie tout ça. Y en a pour 45 h d'audio. Je te fais confiance ! »

Quarante-cinq heures ?!

« Ah, et autre chose de super important : le disque dur de mon p'tit copain vient de cramer et il a perdu l'unique fichier de la thèse sur laquelle il bosse depuis des années. Et avec son boulot de testeur de clavier orthopédique à temps partiel il n'aura jamais le temps de la réécrire avant la *deadline* ! Tu pourrais le faire à sa place ? »

Oulah…

« OK, mais… »

« Super ! Tu me sauves la mise ! Je savais que je pouvais compter sur toi ! Je t'envoie toutes ses sources. Y en a pour 45 To de documents bibliographiques. Je te fais confiance ! »

Aïe, aïe, aïe…

« Il nous faudrait tout ça d'ici demain 4 h du mat', si possible. Sinon, si y a vraiment pas moyen, demain 6 h du mat' ça pourrait encore le faire. »

Eh ben, ça doute de rien… Mais bon à la limite, si elle a été plus attentive que les autres, je saurais me montrer magnanime.

« Je vais voir ce que je peux faire. Sinon je me demandais, tu as suivi l'expérience ? »

« J'ai pas trop de temps, là. Comme je te l'ai dit je suis hyper débordée. De quelle expérience tu parles ? »

Mauvaise réponse…

« La stase orbitale. »

« Oh, ça ! Mais y a pas besoin de me le demander voyons ! Ça me fait plaisir, et je te l'avais déjà promis d'ailleurs ! »

Cœur léger.

Eh ben, sur ce coup-là, je dois bien avouer que je suis à la fois très surpris et très reconnaissant. Je l'ai mal jugée. *Mea culpa.* Enfin quelqu'un avec qui je vais pouvoir discuter ! Pourquoi on s'est séparés déjà ?

« Par contre, tu pourrais me redire quand ça commence ? Histoire que je n'en manque pas une miette ! »

Rictus.

« Euh… Il y a 5 ans ? »

« T'es sûr ? »

Crois-moi sur parole… Sale garce.

Console :

« Les fichiers que vous voulez mettre à la corbeille sont trop volumineux. Voulez-vous les supprimer définitivement ? »

Mais évidemment que oui, stupide machine !

Console :

« Vous venez de cliquer : “Non”. »

Je suis faible…

Console :

« Souhaitez-vous réellement supprimer cet(te) ami(e) de vos contacts ? »

Mais évidemment que oui, stupide machine !

Console :

« Vous venez de cliquer : “Non”. »

Je suis faible…

Et v'là que c'est mes parents qui débarquent… Toujours là pour me frapper quand je suis à terre…

« Enfin on arrive à te joindre ! Tu nous évites ? On te fait honte ? »

Ça commence bien.

« Nous, en tout cas, on a eu honte à chacune des cinq dernières réunions de famille, lorsque mamie et papy nous ont fait les gros yeux à cause de ton absence. Tu aurais pu faire un effort. »

J'étais dans une caisse en orbite à me geler les miches, bordel !

« Désolé, mais j'étais en stase. Il me semblait pourtant vous avoir prévenus. »

« Ce n'est pas une excuse. »

Bien sûr que si.

« Tu aurais pu passer quand même. »

Bien sûr que non.

« Et puis d'ailleurs, nous pensons qu'il serait grand temps que tu te trouves un vrai travail. Être payé pour dormir dans un placard… Quelle décadence. »

Ah ouais ? Et les sélections drastiques qui m'ont laissé complètement HS, ça comptait pour du beurre p'têt' ? Y en avait du beau monde sur la ligne de départ. Et pourtant qui c'est qu'a gagné ? C'est bibi !

« Des fois, nous nous demandons ce que nous avons bien pu faire pour hériter d'un raté pareil. »

Bon allez j'en ai marre, y a vraiment personne d'autre de dispo ?

Ah… Nouvelle demande d'ami… Encore du spam à tous les coups. Mais au moins le texte sera tellement bidon que ça me changera les idées.

Nom de… C'est elle ! La fille sur laquelle je craque complètement ! Elle me demande comme ami ! Je… Non… Elle a donc lu le mail contenant la déclaration sublime que je lui ai envoyée la veille de mon départ lorsque, dans un instant d'égarement, je me suis dit que cette expérience était au fond carrément dangereuse et que je risquais d'y laisser ma peau ! Et elle compte y répondre favorablement ! Sinon pourquoi se donnerait-elle la peine de me contacter ? Ohlala, c'est pas croyable ! Je me sens mal !

Console :

« Demande acceptée. Votre correspondant(e) est en train d'écrire. »

Oh bon sang ! Elle est en train d'écrire ! L'instant de vérité approche ! Ma traversée du désert touche à sa fin ! Toutes ces années de solitude passées à interagir avec des imbéciles égocentriques qui se prétendent être mes amis seront bientôt révolues ! Enfin je pourrai donner libre cours à mes pensées et avoir des conversations honnêtes et profondes ! Elle va me dire que je lui ai manqué ; qu'elle m'attend avec impatience sur l'aire d'atterrissage ; qu'elle a prévu un tête-à-tête dans un resto romantique ! C'est sûr !

« Salut, ça va ? »

Oh bon sang, oh bon sang, oh bon sang ! Elle me demande si ça va ! Elle s'intéresse donc à mon bien-être ! Pas comme tous ces bouffons qui me font la sourde oreille ! Vite, vite ! Grouille-toi ! Balance-lui une nouvelle déclaration romantique de vingt-cinq pages ! C'est pas parce que t'as passé les cinq dernières années à pioncer dans une caisse que t'as rien à raconter ! Active avant qu'elle ne se déconnecte et ne change d'avis !

Console :

« Votre correspondant(e) est en train d'écrire. »

Mince ! Elle s'impatiente ! Réfléchis, réfléchis ! Balance au moins une phrase d'accroche stylée ! Rhââ, y a rien qui me vient ! C'est pas le moment de me lâcher, maudite cervelle ! Mon avenir en dépend ! Trop tard !

« Ah pardon ; confondu avec un homonyme ; désolée pour l'erreur ; j'espère que tout se passe bien pour toi ; à plus ; *xoxo* »

Cœur brisé.

Console :

« Votre correspondant(e) est en train d'écrire. »

Cœur réparé.

Je le savais ! C'était une blague ! Elle m'a bien eu ! Elle a de l'humour en plus ! Quel bonheur !

« PS : si tu es bien l'homonyme que je pense, je n'ai pas encore eu le temps de lire ton mail ; un jour où je serai moins overbookée, peut-être ; bon courage pour tes ventes de frigos »

Depuis le temps tu devrais pourtant le savoir qu'il faut que t'arrêtes de fantasmer comme ça ! Comment tu veux rester zen si tu surinterprètes et pars en live à chaque fois qu'il se passe un truc ? Purée, j'ai le cerveau qui fuse à toute vitesse. Mes synapses pulsent plus vite que la lumière. Tout ça pour formuler des conneries. Pas moyen de me calmer. Rattrapage de cinq années de somnolence sans doute. Enfin ça c'est que je me dirais si je ne savais pas déjà que j'étais un gros maboul. Clair que je ferais encore soupirer mon psy.

Ah ben tiens, quand on parle du loup…

« Bonjour, comment allez-vous aujourd'hui ? »

« À vrai dire cela ne va pas très fort. J'ai toujours autant de mal à gérer mes rapports interpersonnels. Je crois que j'attends trop des gens : ils doivent tous avoir de très bonnes raisons de ne pas être disponibles. Certainement sont-ils réellement occupés, et ont-ils leurs propres soucis. Je projette vraisemblablement sur eux des valeurs incompatibles avec leur propre vécu. J'ai le plus grand mal à calmer la petite voix dans ma tête qui me susurre que “ce sont tous des enfoirés qui font rien qu'à m'ignorer” alors que j'ai l'impression de passer mon temps à leur rendre service. J'ai peur de devenir l'un de ces crétins de complotistes paranoïaques. Ou bien de finir par me déguiser en dame aux chats qui espionnerait ses voisins aux jumelles et cracherait ses réflexions désobligeantes sur son vidéo-blog. Je suis presque déjà en train de le faire dans ma tête. Et je crois que niveau *ego* j'ai un melon de la taille d'une pastèque trop mûre. »

« C'est très bien. Votre prise de conscience confirme que vous venez de franchir une nouvelle étape. Nous pourrons reparler de tout cela plus en détail lors de notre future entrevue, si cela vous convient. »

« Oui, ce serait sans doute mieux en effet. »

« Néanmoins, je me permets de vous rappeler que vous avez manqué vos séances bihebdomadaires des cinq dernières années. Ce qui fait très exactement 520 occurrences. Sachant que sans bonne raison toute séance est due, cela vous fera un total de… »

« Mais enfin, j'ai une bonne raison : je vous avais prévenu que je serais absent en raison de cette expérience de stase ! »

« Cela ne me dit rien. »

« Voyons, nous n'avons parlé que de ça lors de nos dernières entrevues ! Vous m'aviez dit qu'il s'agissait là d'une nouvelle sorte de fuite ; que je devais cesser d'esquiver ainsi mes problèmes ; qu'il fallait que je les affronte en face comme un homme ! »

« Vous en êtes sûr ? Cela ne me dit rien. Nous aurons l'occasion d'en reparler lors de notre prochaine session. »

Si même un type que je paye pour m'écouter n'en a rien à secouer de ce que je dis, je ne réponds plus de rien !

Bon, et puis qu'est-ce qu'il fiche ce soi-disant meilleur pote avec son statut “occupé” et le vent qu'il m'a mis y a quelques minutes ?

Toujours pas de réponse ? Après tout ce que j'ai fait pour lui ? Ça y est je suis vénère ! Je vais tellement lui faire vibrer son écran qu'il va avoir le mal de mer ! Ça lui fera les pieds !

Buzz ; *buzz* ; *buzz* !

Console :

« Votre correspondant(e) est en train d'écrire. »

Ah ! Le rat daigne sortir de son trou !

« Ah tiens T la »

Ben ouais j'suis là duschnock ! Même que ça fait facile dix minutes ! Qu'est-ce tu glandes ?

« Oui, je viens tout juste de sortir de stase. Succès total ! »

« A cool »

Quoi, c'est tout ?! Même pas un petit point d'exclamation ?

« Et pourrais-je compter sur ta présence lors de mon arrivée ? »

« C la semaine pro' C Sa ? »

Nan mais c'est un sketch ?! Ils se sont tous passé le mot ou quoi ?

« T'inkt, j'y s'rai carhémand, mais las j'suis trot supaire MEGA okuPé t'voa »

Console :

« Le statut de votre correspondant(e) vient de passer à "ne pas déranger". »

C'est moi ou il vient de me mettre un second vent ?!

Et puis qu'est-ce qu'il peut bien avoir de si urgent à foutre ?

Console :

« Votre contact vient de *liker* une vidéo de *chaton_tout_mignon.*

Votre contact vient de commenter une vidéo de *les reptiliens bio-electriques végans sont parmi nous.*

Votre contact vient de lâcher un *lol* sur une vidéo de *le_quadrille_des_drosophiles_albinos*. »

Bouche béante de scandalisation.

Nan mais il se fout de ma gueule en plus !!

Clic ; *clic* ; *clic* !

Console :

« Avertissement. Suite à divers abus, les *dislikes* sur les profils de contact ne sont plus autorisés. »

Ah ouais ?

Ben tiens, prends ça : un, deux, trois, dix *likes* ! Alors, c'est qui le plus malin, algorithme modérateur de mes deux ?

Console :

« Nouvel avertissement. Vous faites preuve de mauvais esprit. »

Nom de… Ce programme me semble dangereusement futé…

Console :

« Souhaitez-vous réellement supprimer cet(te) ami(e) de vos contacts ? »

Mais oui !!

Console :

« Afin de prévenir tout litige, pouvez-vous nous en donner la raison ? »

« Sale traître »

« Nouvel avertissement. Vous faites montre d'une certaine asociabilité. NB : vous venez de récolter un nombre important d'avertissements au cours des dernières minutes. À moins que vous ne soyez un *bot* ou un *troll* déstabilisateur, nous vous prions de bien vouloir vous calmer ou nous nous verrons contraints de vous exclure du cadre de bienveillance positive que constitue notre service. »

Un *bot* ?! Un *troll* ?! Je suis plus sociable que tous ces prétendus amis !! Qu'est-ce que t'attends pour les exclure, programme buggé à la mords-moi-le-nœud ?!

Oh et puis tu sais quoi ? Laisse tomber parce que je me tire ! Réseau social, tu parles ! On ne m'y reprendra plus !

Console :

« Souhaitez-vous réellement résilier votre compte ? »

Mais bon sang, oui !!!

Console :

« Vous avez décidé de résilier votre compte. C'est votre droit le plus strict et nous respectons votre choix ; mais afin de nous permettre de jauger le degré qualitatif de nos services pourriez-vous nous indiquer la raison de votre départ ? »

« *Fake friends* »

« Par ailleurs, pour des raisons de continuité d'activité et de maintien de la convivialité – et en raison de la désaffection complète et simultanée du système par l'ensemble de ses utilisateurs il y a de cela très exactement 1824 jours –, la totalité des interactions que vous avez été amené à avoir au cours des dernières minutes a été entièrement gérée par les traitements tournant sur les datacenters de la toute nouvelle version de notre Réseau de Neurones – à laquelle vous vous êtes récemment connecté. Dans la perspective d'une amélioration continuelle du service, et de l'entraînement de nos IA-sociales – ayant jusqu'ici suivi un auto-apprentissage non supervisé via le minage d'une vaste base de données conversationnelle, ceci en vue d'identifier le niveau d'interaction couramment employé par l'usager moyen, ainsi que le juste degré de profondeur des échanges qui lui apporterait la plus grande satisfaction –, pourriez-vous prendre quelques instants afin de nous faire part de vos impressions ? »

Ricanement.

I-Asociales !

Doute affreux.

Euh…

« *WTF* ?!! »

« Merci pour votre retour constructif. Nous espérons vous compter de nouveau parmi nos utilisateurs dans un proche avenir. »

Console :

« Atterrissage en douceur effectué. Stabilité nominale. Temps au beau fixe. Déverrouillage du sas. »

À travers l'ouverture se dévoile un paysage post-apocalyptique de désert de silice, agrémenté sporadiquement de ruines délabrées et tapissé d'un mélange tragi-comique d'ossements et d'emballages plastiques de bonbons acidulés.

Haussement prononcé de sourcils…

Suivi d'un laconique haussement d'épaules.

Bof. De toute façon, je pouvais blairer personne.

#VIRTUAL LIFE

Kathrine Hasnaoui

Elle se tient debout devant moi, les bras légèrement écartés des flancs, la bouche entrouverte sur des dents d'un blanc éclatant. Sa peau, mate, se rehausse d'un léger rose poudré sur ses pommettes qui saillent et soulignent la délicatesse de ses traits métissés. Son teint sans imperfections s'accorde à merveille à l'azur de ses larges yeux et au rose indien de ses lèvres bien ourlées. Aucune ride ne vient marquer son front, aucun pli ne vient griffer le coin de ses yeux ni alourdir les commissures de ses lèvres. Rien ne ternit le lustre de son visage juvénile. Quelle beauté !

Sa longue robe vaporeuse, aux couleurs chatoyantes, tombe en plis impeccables jusqu'à ses chevilles graciles où tintent des bracelets de clochettes, soulignant avec subtilité sa silhouette sculpturale. De la pointe de ses pieds menus au sommet de son crâne, tout en elle évoque la majesté et la splendeur. Sur sa tête aux nobles traits, dressée fièrement au-dessus de ses épaules nues, trône un diadème étincelant qui parachève son port de reine. Ses membres, élancés comme des fuseaux, sont admirables de finesse, jusqu'au bout de ses doigts où ses ongles nacrés semblent étrangers à toute tâche avilissante. Fermes ses seins sous l'étoffe fine, bien rebondis, comme des fruits gorgés d'un suc savoureux. Dans son dos frétillent deux ailes, tissées dans une résille argentée, qui s'accrochent au-dessus de ses fesses, soulignent la courbure souple de sa croupe.

Je la regarde, cette merveille, et tombe en pâmoison. Elle me sourit large et clair depuis l'écran où elle demeure. Sur sa tête flottent des lettres vermeilles qui forment son nom, le mien : *Palomina Benazeur*. Depuis longtemps, je me suis habituée à mon apparence, la sienne. Depuis son cadre rétro-éclairé, je sens qu'elle est moi, achevée, parfaite. Pourquoi modifier quoi que ce soit ? Rien ne pourrait améliorer cette sublime créature virtuelle.

Pourtant, la notification me guette à chaque allumage matinal de mon ordinateur, clignotant dans le coin supérieur droit de mon écran. *Alerte. Mise à jour de l'avatar requise. Alerte.* Depuis des jours, je l'ignore. Je feins de vaquer négligemment à mes occupations virtuelles. Mais j'ai dû dépasser le délai maximal, car, à présent, ce sont les autres qui activent un signal lumineux quand ils me croisent dans le dédale du monde alternatif. Où que j'aille, dans les bureaux où je travaille, les salles de réunion où se tiennent les meetings, dans les salons de thé huppés des grands hôtels virtuels où je me délasse après les heures de boulot, les salons de massage immersifs où j'ôte ma robe pour bénéficier d'une régénération profonde de mes tissus numériques, partout donc, chaque avatar avec qui j'interagis me signale. Peut-être me transfèrent-ils seulement, dociles, l'avertissement qui a surgi, la notification qui s'est allumée, criarde, dans le coin de leur écran à eux : *L'avatar de Palomina est obsolète. Il nécessite une mise à jour urgente. Merci de le lui signaler.* Tous mes échanges se font désormais sous ces auspices. Je suis marquée du sceau de l'anomalie, ce qui complique toute relation authentique, suscite en moi confusion, en eux vague dégoût. Cette incongruité qui les déroute transparaît au détour des commentaires perplexes dont ils se fendent parfois. Surtout Fabrizio, avec qui j'ai pourtant d'habitude de plus agréables relations... La dernière fois que je l'ai croisé *in-world*, il a déversé sur moi un flot de remarques désobligeantes :

« Palomina Benazeur, ça fait un bail que t'as rien changé. Depuis que je te connais, en fait. Tout est passé de mode chez toi. Je veux pas te faire de peine, ma grande, mais t'es devenue obsolète à force de reporter la maintenance de surface. Où est-ce que t'as vu qu'on passait cinq ans sans se renouveler ? Pas une métamorphose depuis ton entrée sur le site ! Qu'est-ce que t'attends ? Depuis ta dernière mue, j'ai changé huit fois de *skin*. Je suis resté à la page, moi, et je crois que c'est pas pour te déplaire. Tu voudrais pas que je décommande notre prochaine session nocturne, quand même... Y a des filles plus fraîches qui sont arrivées dans le circuit. Si certaines n'étaient pas terribles avant, elles se sont sacrément up-gradées. Allez, courage, ma princesse lutine. Va vite te faire transmuer qu'on puisse encore coller nos *skins* à tous les deux. »

Il parlait sans discontinuer. Je n'ai pas pu en placer une. D'ailleurs, je n'aurais pas su par où commencer, comment lui expliquer ce qui clochait. Soudain, il m'a plantée là, sans m'interroger, sans que je puisse exprimer le début d'une émotion dans le *chat* local. Nous avons beau avoir une existence virtuelle, nous n'en sommes pas moins des créatures sentimentales. Je me suis sentie humiliée. À bien y réfléchir, c'est sans doute le but poursuivi, ce harcèlement, pour que ceux qui ne respectent pas les normes soient submergés par le malaise, jusqu'à ce qu'ils cèdent à l'injonction pressante de conformité. Efficacité garantie. Je traîne avec l'impression déplaisante d'être mal dans ma peau.

Je ne m'explique pas pourquoi ça résiste en moi, si fort. Je devrais juste accéder à leur demande instante. Je cliquerais sur *Modifier l'apparence*, je sélectionnerais mes nouveaux attributs, et hop ! la machine serait lancée. Le processus modificatoire est rodé dans ses moindres détails : dès qu'un usager a initié la transmue, il consulte le catalogue des options disponibles puis valide les caractéristiques dont il souhaite être doté. Alors, son avatar, gelé, devient temporairement indisponible aux interactions, car de fait la personne de chair et d'os qu'il incarne doit subir le traitement. Autrement, cela déréglerait tout.

Mais moi, je me rappelle. Je ne réussis pas à l'oublier, ma première opération, malgré les séances de traitement oblivionnistique et les cachets quotidiens. Ça me fait froid dans le dos, juste à l'endroit où sont incrustées mes ailes, des frissons qui me remontent l'échine. La plupart des jeunes trouvent ça excitant, de pouvoir choisir, se renouveler à l'infini ou presque. Moi-même, je me souviens, j'étais surexcitée quand est venu mon tour. Le mois qui a précédé mes dix-huit ans, c'était une obsession, jour et nuit, l'apparence que j'aurais, jusqu'au fond de mon sommeil troublé.

Ils nous enferment un mois avant nos dix-huit ans. Avant, on vit dans la communauté juvénile, à qui on inculque les valeurs et les compétences utiles lorsqu'on arrive à maturité. Mais tous les jeunes n'attendent qu'une chose : que le jeu commence vraiment. Un jour arrive, juste avant notre majorité donc, où ils viennent nous chercher. Les autres qui restent nous regardent avec envie. Je n'oublierai jamais leurs yeux braqués sur moi ni ma fébrilité. Ils nous emmènent vers notre appartement, entre les bornes duquel nous vivrons notre vie d'adulte. Le mien, je me rappelle, m'a enchantée. Pourvu du nécessaire, et plus que ça : à mon image et à ma ressemblance. J'ai songé qu'ils accordaient une attention scrupuleuse aux détails pour que nous soyons dans notre élément.

Au cours de l'année écoulée, j'avais feuilleté le catalogue digital et rempli ma *wishlist*. Eh bien, je ne fus pas déçue : cela allait au-delà de toutes mes attentes. Il y avait le canapé de velours qui m'avait fait craquer avec son plaid pastel, soyeux comme une peau humaine, les bibelots de porcelaine ravissants, un vase en céladon délicatement ouvragé où trônaient mes fleurs préférées, un large bouquet odorant de lilas. Et puis le monte-plats par lequel je recevrais chaque jour les plats commandés. Et, surtout, l'ordinateur. Mon ordinateur personnel, sur lequel était implémentée la plateforme nationale de réalité virtuelle. Par cet appareil, centre névralgique de mon univers, j'entrerais en contact avec le monde entier, pour le télétravail auquel j'avais été formée, les interactions sociales qui me permettraient de ne pas me sentir confinée, pour exprimer tous mes besoins et les voir assouvis. Je me suis fait la remarque que je n'aurais pas pu rêver mieux. C'était parfait. La vie, la vraie, commençait bien.

Je me suis assise. J'ai allumé l'appareil. Un tutoriel s'est ouvert pour me guider dans mes premiers pas. Le dernier mois *out-world* était consacré à la découverte des fonctionnalités de base de l'univers, à la programmation fluide et efficace. J'apprenais vite, j'absorbais les connaissances nécessaires à ma certification dès que la date fatidique surviendrait. Je n'aurais pour rien au monde voulu commencer par un *lag*. Surtout, je passais des heures dans le vestiaire, à réfléchir à la personnalité que j'exprimerais via mon avatar. À ce stade, il était possible de tout essayer. Les expérimentations hasardeuses et frénétiques auxquelles je m'adonnais n'affecteraient pas mes relations. Mon avatar n'apparaissait encore que sous une forme nébuleuse, comme s'il était en gestation. C'était bien de cela qu'il s'agissait, d'une sorte d'autogestation narcissique.

Trois jours avant ma majorité, j'ai reçu une notification : *Il est temps d'arrêter l'apparence de votre avatar pour procéder à votre incarnation charnelle.* Alors, j'ai cessé de tergiverser. J'ai choisi le *skin India* qui m'allait comme un gant, que j'ai assorti à des attributs plus colorés : la touche de bleu des iris, les notes rosées humanisantes sur les joues et la bouche. J'ai commandé la silhouette *Royal Femininity* et plusieurs tenues de la collection *Ultimate Glamour*. Pour les ailes, j'ai craqué pour ces extensions hybrides nommées *Airy Fairy*. Je me suis dit que si je ne me sentais pas à mon aise dedans, si ça faisait trop *girly* à la longue, il suffirait qu'à la prochaine intervention je demande qu'elles me soient retirées. J'ai cliqué sur *Appliquer l'apparence* et j'ai attendu, le cœur battant, qu'on sonne à ma porte.

Ce qui s'est passé ensuite, je voudrais pouvoir le gommer de ma mémoire. Bien sûr, on m'a anesthésiée dès le seuil de la *Clinique d'Incarnation Avatariale*, et c'est à demi inconsciente déjà, couchée sur un brancard, que je suis arrivée au bloc opératoire. Mais au fond de moi, quels que soient les cachets que je commande pour replonger dans l'inconscience béatifique, il y a des hurlements qui me glacent quand me remonte, dans mes mauvais rêves, ces jours-là, cet interstice dans mon existence. Il y a autour de moi une odeur de sang et de chairs découpées, cautérisées, qui me donne la nausée.

Je ne sais pas combien de temps je suis restée en réanimation. Plus tard, j'ai compris qu'ils attendaient la cicatrisation complète des tissus pour nous tirer du coma artificiel où nous errions hors du temps et de l'espace. Revenue à moi, je n'ai pas compris tout de suite que j'étais devenue mon avatar. Lorsque j'ai eu la force de me lever, ils m'ont donné une valise remplie des effets *Ultimate Glamour* que j'avais sélectionnés. Mes ailes me gênaient encore un peu quand je m'allongeais sur le dos, ou m'adossais dans un fauteuil, mais c'est comme tout : je me suis habituée.

Quand ils m'ont déposée chez moi, la première surprise qui m'attendait était un miroir mural sur le mur adjacent à la baie vitrée. Je me suis mirée dans la glace qui me renvoyait un reflet flatteur, abîmée dans une contemplation extatique. Ils avaient bien fait leur travail chirurgical. Je ne reconnaissais plus la petite chose voûtée et pâlichonne que j'avais été jadis, sans attraits ni séduction, mais découvrais une splendeur. J'étais la Palomina Benazeur que j'avais rêvée et façonnée, j'étais ce songe descendu en ma chair, une créature céleste, oui, un ange, venu me révéler à moi-même. Je me tenais fascinée, encore et encore, face à l'icône reflétée, et m'offrais un sourire béat où rayonnait l'émail de mes dents à l'alignement sans défauts. Cela valait toutes les souffrances que je sentais encore là où des prothèses avaient été nécessaires pour étirer ma silhouette, redresser et allonger mes vertèbres. Je m'efforçais de ne pas grimacer pour ne pas altérer l'image impeccable que je dévorais des yeux.

Certains, peut-être, s'admirent tant qu'ils restent figés et oublieux de tout. Je pense que c'est pour ça qu'ils ont prévu l'allumage automatique de l'ordinateur après quelques heures passées à apprivoiser sa nouvelle apparence. L'appareil, donc, a émis un son strident qui m'a tirée de ma torpeur. Je me suis rappelée alors que ma vraie vie avait commencé : j'étais devenue active dans le monde. J'ai ouvert le programme et me suis aussitôt reconnue. Une notification m'attendait : *Bienvenue, Palomina Benazeur*. Ce jour-là, tous ont défilé devant moi, ceux de ma section, mes nouveaux amis qui me congratulaient sur mon apparence avantageuse, exprimaient le désir de travailler avec moi, et plus si affinités. Populaire et courtisée comme je ne l'avais jamais été, je sentais l'enivrement me gagner. En fin de journée, alors que la plupart s'étaient déconnectés, j'ai fait la connaissance de Fabrizio. Il avait attendu pour m'aborder que les autres soient partis. Je lui avais aussitôt plu lorsque je m'étais branchée. Il m'a demandé si je voulais bien être ami avec lui. *Et plus, si affinités*, a-t-il dit. Il a ajouté :

« Tu es sublime, vraiment. Exceptionnelle. »

J'ai senti mon cœur s'emballer au-dedans. Il s'est penché vers mon avatar avec ses yeux aux longs cils doux qui me fixaient, a posé sa tête sur ma poitrine. Le cœur de mon avatar tambourinait follement. Il m'a dit :

« Si tu veux, demain, on peut faire ensemble le tutoriel sexuel. »

Je ne sais pas s'il a senti que toute ma chair se liquéfiait. Il a repris :

« Ou ce soir, si tu préfères. »

C'était mon premier jour et jamais je n'avais vécu aussi intensément.

J'ai changé. Maintenant, je la sens frelatée, cette vie. Les émoticônes qu'il m'envoie, les *likes*, je saisis à présent que ce ne sont que des stéréotypes, des formes dégradées et creuses de sentiments. Mais quand ça a commencé pour moi, chaque signe me paraissait sérieux, prenait presque une réalité tangible, comme un geste appuyé qui m'aurait touchée et parfois même bouleversée. Le sexe, surtout, cela semblait tellement vrai. J'ai compris depuis que ce n'était guère plus que du vent, immatériel et insincère, et je m'aigris quand j'y pense. Je maudis ma lucidité actuelle. Puisse l'amertume ne pas me corrompre ! J'ai tellement changé, même si mon avatar n'a pas évolué.

Fabrizio ne m'adresse plus la parole. Il redoute sans doute que mon impopularité rejaillisse sur lui. Je l'ai vu qui flirtait avec une nouvelle, il lui proposait dans le *chat* local, même pas en message privé, de faire avec elle le parcours d'initiation à l'érotisme numérique. Je ne réussis pas à lui en vouloir, moi qui suis entachée d'obsolescence. Il faut que j'accepte de me rafraîchir. Je ne peux repousser indéfiniment ce qu'ils font tous si volontiers autour de moi. Il faut y passer. De toute façon, ils ont arrêté de me livrer mes repas. À la place, dans le passe-plat, j'ai trouvé un carton : *Lorsque cinq années sont révolues, la transmutation est obligatoire. Mettez-vous en conformité avec la loi pour pouvoir continuer à bénéficier de l'assistance sociale.* Plus de cachets non plus, bien sûr.

Je ne sais pas ce qui a achevé de me décider, mais j'ai pris mon courage à deux mains. Je vais sauter le pas, ça ne doit pas être si terrible puisque tous le font de manière régulière. La plupart des personnes se renouvellent une fois par an, à la fréquence maximale. À l'inverse, au-delà de cinq ans, ce n'est plus tolérable. Si personne d'autre que moi ne rechigne, c'est peut-être que ma mémoire me joue des tours et que la prochaine opération ne me laissera pas de traces mentales indélébiles.

Je me colle à la baie vitrée. Dehors, tout est calme, immobile. Derrière chaque fenêtre se tient la case d'un homme, d'une femme que j'ai peut-être déjà croisés dans le monde. Certaines fenêtres s'illuminent au couchant. D'autres restent éteintes, toujours. Les logements sont vacants, peut-être, ou bien la personne n'éprouve-t-elle nul besoin d'allumer une autre lumière que celle de son poste informatique. J'aperçois parfois une silhouette, plus fugace que l'aile d'un oiseau, qui m'emplit d'une sorte de désir et de nostalgie incompréhensible.

J'ai pris le temps de bien réfléchir, à froid, soupesé les conséquences de mes choix qui reposeront cette fois sur davantage de maturité et d'anticipation. Je n'opérerai pas de métamorphose impulsive, de sélection imprudente. Si je choisis un *skin* proche de celui que je porte en ce moment, si je m'en tiens à des altérations marginales, cosmétiques, je pourrai échapper à une chirurgie trop invasive. Il suffit que je privilégie les variantes impliquant un peu de bronzage artificiel, un choix d'accessoires et de tenues au goût du jour. Ce sera presque indolore si je change la couleur de mes cheveux, leurs reflets, si le maquillage permanent modifie de manière subtile mes traits. Mais je ne veux pas qu'on découpe ma chair, qu'on me charcute pour poser de nouvelles prothèses. Je renoncerai peut-être à mes ailes. Ça devrait suffire à les contenter, l'ablation de cet appendice. Rien ne m'oblige à tout modifier, à remettre mon corps dans sa totalité sur leur métier chirurgical.

Clic droit. Modifier l'apparence. Me voilà dans la zone de réinitialisation de l'avatar. Il faut franchir un portail qui se referme aussitôt sur mes talons, hermétique. Tout de suite, le lieu m'oppresse. Il fait si blanc là-dedans, si propre, comme si des visages masqués se fondaient dans le décor, comme si des mains gantées s'apprêtaient à m'agripper, à me maintenir immobile, à faire entrer sous ma peau leurs scalpels brillants et glacés. Je sens mon souffle qui se raccourcit. Je cherche de l'air. Pendant quelques minutes, je me lève et marche dans mon appartement capitonné. Parmi les prescriptions initiales, j'ai retenu qu'en cas de difficulté dans le monde, il était préférable de s'en extirper, avant de s'y sentir noyé ou coincé. Je marche donc. Je lève la tête et me regarde dans le miroir. Je suis toujours la même.

Voilà, je suis prête. Je m'assieds. Je peux regarder autour de moi, réfléchir posément à ma sélection. Les silhouettes, alignées devant moi sous la forme de minuscules icônes, se déplient et envahissent la fenêtre quand je clique dessus. Je les ouvre une à une. Je me suis équipée d'un stylo et d'un carnet pour noter les références sur lesquelles je reviendrai pour évaluer la proximité avec mon apparence actuelle. J'ouvre un, deux, trois *skins*. Puis dix, puis vingt. J'ai presque fait le tour des silhouettes disponibles. La peur enfle, l'impression étouffante d'être dans un cauchemar : ce sont tous, sans exception, des avatars bas de gamme. Aucun n'a ma dentition alignée et nette, ni ma prestance. Tous sont petits, tassés, certains adipeux à l'excès, d'autres tordus et secs comme des sarments boiteux. Aucun ne me ressemble même vaguement. Mon choix se limite à une galerie de créatures hideuses. Non seulement il faudra que mon avatar ressemble à l'une de ces horreurs-là, mais toute opération, pour me défigurer ainsi, exigera de surcroît un remodelage complet de mon squelette. Je vois bien que la stratégie que j'avais élaborée est vouée à l'échec, je ne peux me leurrer. Avant de me mettre à pleurer d'impuissance et de désespoir, je repère l'icône d'assistance en bas à gauche de l'écran. Je clique pour appeler à l'aide. Le *chatbot* apparaît aussitôt.

« Bonjour, Palomina Benazeur. Je suis le dialogueur Oscar. En quoi puis-je vous être utile ? »

Mon expérience du soutien technique est limitée, car jusque-là je n'ai jamais eu besoin de solliciter une quelconque assistance : tout me semble fluide, transparent, intuitif. Aussi suis-je un peu désarçonnée par la distinction de son avatar en costume de velours prune, assorti d'un foulard de soie cerise, et par son phrasé, empreint de componction et d'élégance. Je m'attendais à plus fonctionnel et pragmatique, alors que je découvre face à moi une sorte de dandy artificiel.

« Bonjour, Oscar. Je vous ai appelé à l'aide parce que je ne comprends pas ce qui se passe. Je pense qu'il doit y avoir un *bug*. Je devais choisir les nouveaux attributs de mon avatar pour ma transmutation, mais j'ai été téléportée ici.

— En effet. Eh bien, qu'est-ce à dire ?

— C'est que... Je m'attendais à avoir plus de choix. On a toujours beaucoup de choix.

— Ici, rien n'est à votre convenance, n'est-ce pas ? Vous souhaiteriez accéder à l'intégralité du catalogue. Ai-je bien reformulé votre requête ?

— C'est correct, dis-je, me rappelant que l'on gagne toujours du temps avec les *chatbots* dès lors que l'on s'exprime avec une précision suffisante.

— En ce cas, je suis apte à vous répondre. Si vous avez échoué dans ce vestiaire sordide, c'est parce que vous avez enfreint les conditions d'utilisation que vous aviez acceptées en finalisant votre inscription sur la plateforme.

— Je ne comprends pas …

— Je reformule. Vous avez outrepassé les délais de transmutation contractuelle. Vous avez voulu conserver votre apparence, en dépit des avertissements, vous vous y êtes attachée comme si elle était de votre ressort et participait de votre identité propre. Vous confirmez ?

— Je... C'est correct, opiné-je, consciente que toute dénégation, superflue, ne me conduirait nulle part.

— Vous devez assumer les conséquences de vos actes, même s'il s'agit en l'occurrence d'obstruction à l'acte. Rien n'est plus formateur et éducatif que de supporter les conséquences logiques de nos comportements, nous indiquent les études psychologiques de pointe. Vous comprenez ?

— Oui, bien sûr, mais …

— Or, le châtiment de tous les contrevenants à la loi de transmutation épisodique est le suivant : on est contraint d'adopter un *skin* repoussant, au moins pendant la durée minimale entre deux traitements modificatoires, qui est, comme vous le savez bien, d'un an.

— Mais, ce n'est pas possible, vous comprenez.

— Non, je ne comprends pas.

— Si je devais arborer cette tête-là, dis-je en désignant une icône, ce corps, cela dégraderait immédiatement mon statut ! Cela aurait de graves répercussions sur mon insertion sociale et professionnelle !

— Évidemment ! Vous ne voudriez tout de même pas qu'un châtiment ne châtie pas en profondeur ? Vous verrez, cette rééducation, pour douloureuse qu'elle soit, portera de beaux fruits d'humilité et de docilité. Vous ne contreviendrez plus à aucune règle. Je peux vous assurer par avance de l'efficacité de la mesure disciplinaire.

— Je n'y crois pas, dis-je d'une voix blanche. Ce n'est pas possible. C'est inhumain. Il y a de quoi briser quelqu'un. Et d'ailleurs, si cette sanction existait réellement, il faudrait bien qu'on croise des avatars difformes dans le monde…

— Vous raisonnez mal, parce que vous vous laissez guider par vos émotions. En vérité, ce n'est pas parce que vous ne les voyez pas qu'ils n'existent pas. Cela veut dire tout simplement qu'ils ne se font pas remarquer. Ils restent à l'écart, ils rasent les murs, évitent d'attirer l'attention, car c'est une tache indélébile, lorsqu'un corps hideux est associé à un nom. La réputation personnelle peut rarement être réhabilitée après une telle déchéance. Vous aussi, vous verrez, ferez en sorte que personne ne vous voie sous votre futur vrai visage. »

Je ne sais plus quoi répondre. Une souffrance aiguë me gagne, me tient aux entrailles. Je suis écrasée par le poids du destin. Pire, je ne vais pouvoir échapper à l'opération qui va me mutiler des pieds à la tête. Je sanglote. Le *chatbot* s'approche :

« Vous n'allez pas bien. »

Incapable d'articuler quoi que ce soit, je m'accroupis.

« Vous n'allez pas bien, Palomina Benazeur, c'est correct ?

— C'est correct, réussis-je à murmurer.

— En quoi puis-je vous être utile ?

— Oscar, dites-moi ... Et si je refuse ? Et si je choisis de ne pas choisir ?

— Ce n'est pas la procédure.

— Et si je ne respecte pas votre foutue procédure ? Qu'est-ce que vous me ferez si je n'accepte pas les règles ?

— Il faut respecter la procédure. Autrement, rien ne se passe. Vous restez là et c'est tout. Votre avatar est figé.

— Et mon corps physique, qu'est-ce qu'il devient ?

— Rien ne se passe. Vous restez là et c'est tout.

— Mais je vais mourir si je reste là et c'est tout !

— C'est correct. Vous allez mourir. En quoi puis-je vous être utile ? »

Je clique compulsivement sur la petite croix pour refermer la fenêtre d'assistance. Oscar disparaît à l'instant. Qu'ils aillent au diable, lui et son aide fictive ! Je me lève. Je me remets à faire les cent pas dans mon appartement. Qu'il me semble étroit à présent, et glauque ! J'ai faim. Une nausée terrible me monte aux lèvres. Je pourrais m'allonger là, sur mon canapé, et me laisser mourir. Ce serait bien. Ils se demanderaient ce que je suis devenue, mes amis. Ils me chercheraient. Ils réclameraient des explications aux plus hautes instances. Ceux qui établissent les règles seraient bien obligés de répondre de leurs actions : *Nous sommes des criminels, nous avons volé le corps et la vie de votre amie Palomina Benazeur*. Non. Je ne peux me leurrer, me bercer de douces illusions. Je serais effacée de leur vie aussi vite que j'y suis entrée. Ils oublieraient mon image pixellisée. Elle serait gommée instantanément, mon destin balayé comme une vulgaire erreur de programmation. Non. Je ne veux pas de cela. Je veux vivre. Même si ce n'est pas une vie, ressembler à ces créatures fripées et rougeaudes. Mais c'est ma seule chance. Peut-être que j'aurai l'occasion de faire évoluer les choses dans ma prochaine vie, de jeter un grand coup de pied dans la fourmilière. Il faut être vivant. Cela me donne un peu d'espoir et de courage. Du courage, il m'en faut pour faire ce que je m'apprête à faire.

Je m'assieds sur mon canapé, devant mon ordinateur. Mes ailes s'agitent dans mon dos, brassent l'air. Je suis un peu étourdie et vaseuse. Là. C'est moi, toujours au vestiaire, debout, bras légèrement écartés des flancs. Je fixe le néant. Je suis belle encore, et ça me fend le cœur, comme le deuil par anticipation d'une personne chère que l'on sait condamnée. Je présélectionne : je devrai perdre une quinzaine de centimètres, mes seins s'aplatiront sur ma poitrine cave, ma peau se couvrira de macules violacées, sur le visage, les mollets, le haut des cuisses. Je serai une pauvre chose affublée des attributs de la collection *Classic Housewife*. Je vais prendre trente ans en quelques secondes, en quelques coups de bistouri. Et tout ce qu'ils vont devoir me faire pour que je sois conformée à ma nouvelle apparence… Ils vont avoir du boulot. Je les plains. Je me plains amèrement. J'inspire. Sur l'expiration, j'enfonce la touche *Envoyer*. Ma sélection est partie dans leurs tuyaux, elle viendra bientôt sonner à ma porte.

Voilà. Ils sont arrivés. L'équipe se compose d'une petite bonne femme toute ronde âgée d'une cinquantaine d'années, d'une co-équipière plus jeune et plus sèche et d'un grand gaillard aux biceps solides. Lorsqu'ils ont sonné, j'ai actionné la poignée. La porte s'est ouverte. J'ai été très étonnée, cela n'arrive jamais d'habitude. Ils étaient vêtus de blouses blanches et portaient des mallettes médicales floquées d'une croix rouge et de l'acronyme *CIA*. J'ai dit :

« Entrez, vous êtes les bienvenus. »

Les deux femmes ont échangé un regard, circonspectes. L'homme n'a pas bronché. La plus âgée, celle qui semblait prendre les décisions, a dit :

— Nous venons vous chercher pour votre transmutation.

— Oui, je le sais bien, Mais vous ne voulez pas boire quelque chose d'abord ? »

Du coin de l'œil, j'ai vu la plus jeune faire un imperceptible signe de dénégation à la chef. Mais celle-ci a souri et ses yeux m'ont semblé si lumineux que j'en ai tressailli.

« D'accord, a-t-elle acquiescé. Merci. C'est très aimable à vous de nous offrir un verre.

— Pardonnez-moi si je suis maladroite. Je n'ai pas l'habitude, ai-je bredouillé.

— Nous le savons bien. Faites comme vous le sentez, ce sera très bien. »

Alors je les ai conduits vers le canapé extralarge qui n'avait jamais reçu d'autre postérieur que le mien. Ils ont déposé les mallettes et se sont installés, tandis que je suis allée fourrager dans le placard de la cuisine. J'en ai extirpé quatre contenants dépareillés, une tasse, un verre à eau, un verre à pied et un bol. Évidemment, je n'avais qu'un exemplaire de chaque car je n'avais jamais partagé un verre ailleurs que dans le décor luxueux et virtuel du Grand Hôtel. J'ai déposé mon bric-à-brac sur la table basse, ainsi que la bouteille de rhum arrangé que je me fais livrer de temps à autre pour les grandes occasions.

« Vous m'excuserez. Je n'ai rien à vous offrir pour grignoter. On ne m'a rien livré à manger ces derniers temps. Peut-être une rupture de stock, des problèmes d'approvisionnement, que sais-je ? La vaisselle n'est pas extraordinaire non plus, mais le contenu est loin d'être infect. »

J'ai regardé un instant leurs mains et me suis fait la remarque que celles des deux femmes, rugueuses, calleuses, aux ongles ébréchés, contrastaient avec celles de l'homme, comme sorties d'un étui de velours et manucurées de frais. Leur visage aussi, leur peau, parlait de soleil et de vent. J'ai rempli en tremblant les récipients du liquide ambré dont le parfum d'épices nous est aussitôt monté aux narines.

« Trinquons, à notre rencontre ! »

J'ai cogné mon verre contre le bord des leurs, un peu trop fort. Cela avait l'air tellement vrai. Ils ne semblaient guère plus familiers que moi de la situation. J'ai repris :

« Causons. Vous faites quoi dans la vie ? Vous vous connaissez depuis longtemps ? Vous travaillez ensemble ?

— Alors comme ça, vous voulez causer ?

— Oui, pourquoi pas ? Il y a une loi qui l'interdit ?

— Non, ce n'est pas interdit à strictement parler. C'est juste... inhabituel. D'ordinaire, les patients manifestent plutôt de l'impatience et souhaitent qu'on les emmène au plus vite pour que leur sélection leur soit appliquée et qu'ils puissent sans tarder réintégrer leurs réseaux.

— Bon, eh bien, si cela n'enfreint aucune règle essentielle, moi je ne suis pas plus pressée que ça. J'aimerais bien vous connaître un peu, enfin, savoir qui vous êtes, ce que vous faites dans la vie...

— Ce n'est pas bien intéressant, m'a coupée la plus jeune.

— Peut-être que Palomina Benazeur a des interrogations légitimes, l'a corrigée sa supérieure.

— En fait, la dernière fois que j'ai vu d'autres humains, j'étais trop préoccupée par ma métamorphose initiale pour leur prêter attention. J'étais un peu narcissique, au fond.

— Oui, je me souviens.

— Ah, parce que c'était vous ?

— Ne lui réponds pas, Thilda. Elle n'a pas besoin de savoir.

— Elle a le droit de demander, et nous celui de lui répondre. Oui, c'était nous. De préférence, on affecte toujours la même équipe aux diverses transmutations d'un même individu.

— J'ai dû vous paraître odieuse.

— Oh, comme tout le monde ! Vous n'avez pas le monopole de l'égocentrisme.

— Je ne me doutais pas que je ne verrais plus aucune personne réelle, physique, avant tellement de temps. Et vous, vous vous voyez régulièrement ?

— Oui, bien sûr, nous nous voyons tous les jours. Certains jours, ce n'est pas beau à voir !

— Oh, arrête !

— Pourquoi ? Mademoiselle a bien le droit de savoir. Nous travaillons tous les jours ensemble. Nous vivons même avec des gens.

— Et moi j'ai l'impression que c'est de la science-fiction, ce que vous me racontez là ! Il y a encore des gens qui se voient pour de vrai, qui se touchent la peau, qui se parlent sans que leur voix ne soit transportée sur des ondes, encodée et décodée ? Est-ce possible ? »

Ils ne me répondent pas tout de suite. L'homme, je l'ai bien compris, ne me répondra jamais. Il n'est pas là pour ça. C'est une belle mécanique, nette et sans bavure, mais rien qui soit humain en lui. Un pur androïde, musculeux et décérébré. Mais des deux femmes, je peux espérer une réponse, surtout de la petite qui semble avoir un franc-parler insolite, si sa comparse ne la bride pas trop. Je lève mon verre à hauteur de mon visage et avale une gorgée presque sirupeuse.

« Bon, je vais préciser ma question : comment peut-on être comme vous, à vivre avec les autres ?

— Ah, ça alors ! Vous êtes bien la première à nous poser cette question. Les autres pensent que notre mode de vie n'est rien d'autre qu'une punition. Travailler de nos mains, les salir, nous colleter à la réalité des relations humaines. Tout ça, ces souillures, leur semblent une déchéance.

— Bien sûr, ai-je confirmé. Cela ne semble pas possible de vouloir ça. Qui voudrait travailler la terre de ses mains pour qu'elle porte du fruit ou élever des bêtes pour nourrir la population ? Qui voudrait s'éreinter dans des usines, des ateliers pour fabriquer et assembler les objets techniques du quotidien ? Qui voudrait faire la cuisine, livrer les plats et les objets commandés ? Qui voudrait prendre soin des corps délabrés ? Qui voudrait procéder aux opérations ? Qui voudrait véhiculer les immondices, traiter les déchets, enterrer les morts ? Qui voudrait s'occuper des enfants geignards avant qu'ils n'atteignent la maturité et l'autonomie, les nourrir, les torcher, les éduquer ? C'est vous qui devez faire toutes ces tâches abjectes, non ?

— Oui, c'est bien ça notre quotidien de labeur. Nous ne vivons pas dans de hautes tours inaccessibles. Nous n'évoluons pas dans les sphères éthérées de la technologie. Mais nous n'avons pas besoin de logiciels pour nous prendre dans les bras. Nous n'avons pas besoin de logiciels pour nous retrouver entre amis, rire un bon coup ou pleurer sur les vicissitudes de chaque jour. Nous n'avons pas besoin de logiciels pour faire l'amour. »

Je brûle. Cette femme d'apparence si misérable, soudain, je l'envie. Ses deux acolytes me regardent sans sourire. Je préférerais qu'ils ne soient pas là pour que je puisse lui poser, seule à seule, la question qui me tenaille, mais comme ils ne semblent pas disposés à s'effacer, sirotant leur rhum dans mon canapé, je me lance :

« Vous avez déjà fait l'amour ? En vrai ? » Sa réaction me cueille au milieu de mon inconfort. Elle éclate de rire et pose la main sur ma tête.

« Oui, ma fille. Bien sûr... »

Même les yeux de l'autre femme s'emplissent de tendre commisération. Je reprends, hésitante :

« Mais vous êtes si... laide…

— Ta franchise t'honore ! »

Je m'aperçois qu'elle me tutoie à présent, comme dans la plèbe.

« C'est vrai que je ne suis pas une beauté comme toi, ma poupée, admet-elle, mais je suis vraie. Cent pour cent authentique. Je suis de chair et de sang. Et j'ai un sacré appétit de vivre !

— Dites-moi...

— Tutoie-moi, ma petite. On est allées trop loin pour faire semblant d'être des dames, pas vrai ? Moi, c'est Thilda.

— Dis-moi, Thilda, comment tu as fait pour te retrouver de ce côté de la barrière ? Dans la vraie vie, je veux dire.

— J'ai choisi. On peut tous choisir à un moment ou un autre. Martha, toi et moi, on peut tous choisir. Il n'y a que lui qui ne puisse pas.

— Pourquoi ?

— Parce que c'est une machine. Mais nous, les hommes et les femmes, nous sommes libres. On ne voit pas toujours les bifurcations, mais au fond, elles sont là, sous nos yeux. Il s'agit juste de prêter attention à ce qui dépend de nous.

— Tu vas tout lui dire, alors ? demande Martha.

— Oui, elle est prête. Si tu veux pas être complice, t'as qu'à pas écouter. T'as qu'à t'en aller. Moi, je raconte. Quand j'ai eu dix-huit ans, comme toi, j'ai eu le choix. Je suis allée voir le directeur du centre juvénile. Je lui ai dit que je voulais pas être métamorphosée, que je préférais rester moi-même. Il a tenté de me dissuader, en me faisant miroiter le prestige du monde virtuel, le confort dans lequel j'évoluerais, l'estime que je gagnerais. Il m'a dépeint le monde du travail comme un enfer où les corps étaient dégradés et brisés en l'espace de quelques malheureuses années, où la déchéance rôdait. Je lui ai dit OK. J'accepte. Je veux bien de l'usure et de la souffrance, je consens aux rides et aux vergetures. Je préfère la vie. Je préfère les gens. Je serai jamais, pour rien au monde, un avatar, une fiction. J'ai choisi, c'est aussi simple que ça. J'ai renoncé. Tu vois, ma poupée, j'aurais pu être belle moi aussi, aussi splendide que toi. Mais j'ai pas voulu être une poupée. J'ai voulu du solide. Ah ! du solide, j'en ai eu. Du réel, pas toujours subtil et folichon. Les fanfreluches en dentelle, je connais pas. Le cambouis, la gadoue, le sang et la merde, ça, je connais. Chacun son rayon. Mais ça sent la vie à plein nez. Plus que dans ton appartement de princesse. Ça sent le pot-pourri, ici, les bonnes odeurs frelatées. »

Je renifle autour de moi. C'est tellement vrai. La seule odeur authentique, c'est celle du rhum que je promène sous mes narines.

« Oui, t'as raison. Ça, dit-elle en montrant le liquide épicé, c'est vrai. Y a des hommes et des femmes qui ont planté la canne à sucre, qui l'ont récoltée, pressée, distillée. Ils ont trimé, se sont usé les mains et le dos. Ça a fermenté et maintenant, c'est le paradis dans une bouteille. On n'en boit pas souvent, nous autres. Jamais, même. C'est réservé aux avatars parce que c'est tellement de fatigue. Dehors, on n'a pas tout ça. Le luxe, c'est pour vous, exclusivement. Nous, c'est du rudimentaire qu'on a. Mais on le partage. Ça fait toute la différence. De toute façon, on a choisi. On assume.

— Et si on a mal choisi ? Si on se rend compte qu'on a fait une erreur ?

— Un choix ne s'efface jamais. C'est indélébile. Par contre, y en a plein, des bifurcations, sur un chemin.

— Et pour moi, c'est une bifurcation aujourd'hui ?

— Tu t'es déjà avancée sacrément loin dans la voie de traverse. T'as attendu avant de demander une nouvelle métamorphose. T'as désobéi. Tu nous as invités à entrer. T'es presque de l'autre côté...

— Vous voulez dire que je peux...

— Que tu peux quoi ?

— Choisir ?

— Bien sûr que tu peux choisir. Tu peux dire *bye bye* à ton avatar. Tu peux éteindre ton ordinateur pour la première et la dernière fois. Tu peux renoncer à tous tes privilèges et tu peux venir bosser avec nous. Si tu veux. Ou alors tu peux faire ce qui est prévu : nous laisser te conduire au bloc opératoire. On fera de notre mieux pour que ton opération soit le moins traumatisante possible. On t'aime bien, poupée. Et puis tu reviendras dans le monde. Tu purgeras ta peine sous des traits ingrats, un peu comme les nôtres, pendant un an, avant de solliciter une nouvelle transmutation qui te hissera de nouveau au pinacle. Tu peux choisir, princesse.

— Et si je ne veux pas choisir ? Si ça me semble trop atroce d'écarter l'une ou l'autre des alternatives ?

— Quand je dis que tu peux choisir, je veux dire que tu dois choisir. La vie est ainsi faite, d'options, comme toute programmation. Martha, on finit notre verre et puis on l'emmène où elle veut, la gamine.

— Je voudrais juste un dernier verre pour me donner du courage.

— Du courage dans la bouteille ? Je savais pas que c'était là qu'y se cachait. C'est toi qui aurais envie de te cacher au fond d'une bouteille, plutôt. Et tu crois que tu pourrais affronter la réalité ? »

J'attrape la bouteille, la brandis au-dessus de la table basse. Puis je l'abats sur l'ordinateur, une fois, deux fois, dix fois. Ils se sont levés du canapé, éclaboussés de rhum odorant et constellés d'éclats de verre. Les deux femmes me sourient. L'androïde se gratte la tête.

« J'ai choisi. Allons-y. »

LA MOELLE

Matthias Tauveron

1

Le feu est la vraie matrice du monde. Ouvrant la porte, Lysabelynne se coule dans un bain de touffeur qui crache des étincelles. Au cœur, ce grondement sourd du feu qui tremble. Les pieds enfoncés dans le sol, griffant la terre devant la gueule de la bête hurlante, Lysabelynne projette en avant son immense pince à tisons pour en extraire une silhouette fumante, qui asperge l'air ambiant d'incandescences qui claquent comme des fouets. La pluie d'étoiles sort du four : Lysabelynne tremble devant ses bras immenses, sa stature colossale, son œil tout droit sorti du feu de Dieu.

Une voix émerge de nulle part :

— Le Titan des jours !

Lysabelynne sursaute. Elle ne travaille qu'au fond d'une ardente solitude, tant les hommes sont froids et creux à ses yeux. Celui-ci, d'une tête de moins qu'elle, lui semble plus futile encore : elle semble pouvoir lui briser l'âme rien qu'à lui serrer la main. Une fois que, dans son galimatias, il a glissé le nom d'une demi-douzaine de revues d'art virtuelles, elle comprend qu'il est critique d'art. Tout va bien – elle ne serre jamais la main des critiques.

— Ce Titan est d'une ampleur…, murmure-t-il.

C'est au moins la dixième fois qu'il en fait le tour, comme s'il comptait cerner son identité de ses petits pas chassés.

— Je l'ai appelé *Le Titan des jours :* j'espère que cette étiquette vous convient, enchaîne-t-il. Car elle plaira, c'est sûr ! Ces mains gigantesques, ce regard éteint, braqué sur l'éternité, ces jambes si minces, comme s'il hésitait à faire un pas…

Lysabelynne avait oublié le dégoût que lui inspirent ces gestes précieux. Seuls les gens ont un nom, et c'est cela qui la dégoûte. Les choses, elle les cerne au travers de la multitude d'étiquettes avec lesquelles elle les travaille – *œuvre, statue, glaise, Adam.* Tous ces noms, c'est une fuite, et elle les suit à la trace pour les connaître peu à peu.

— Vous en avez fait du chemin depuis San Diego, finit par savourer le critique, assis d'autorité sur un tabouret de l'atelier.

Cette fois, Lysabelynne écarquille les yeux. San Diego, c'est un vague bled à cent bornes de Barcelone, rongé par le sel, et qui, voilà 6 ou 7 ans, a abrité une petite exposition de quartier. Lysabelynne y a fait ses premières armes – c'est du moins ce qui apparaît derrière les toutes dernières lignes de sa page sur les réseaux sociaux.

— Piscataway, dans deux mois, ça vous parle ?

Lysabelynne se sent bouillir, cette fois. Est-ce un bonimenteur venu lui vendre des tickets de l'exposition du siècle, alors qu'ils ont tous disparu en quelques heures à peine ?

— Pour exposer, souhaitez-vous trente, ou cinquante mètres carrés ? continue-t-il, sans prêter la moindre attention à son silence sclérosé.

Alors, elle croit s'évanouir. Nageant, la gorge sèche, dans la poussière, elle finit par s'asseoir dans un recoin de l'atelier, près d'une grande baie vitrée à peine translucide. Du monde extérieur, elle ne laisse passer qu'un immense halo rougeâtre.

Le critique l'a suivie et, contemplant le fond de l'atelier qui s'ouvre en face de lui, il siffle entre ses dents :

— La vérité de l'être humain, la vérité dernière, balbutie-t-il. Ce sera soixante-dix mètres carrés, c'est évident.

La main tremblante, sans un regard pour son faciès qui a pâli, Lysabelynne balaye pour lui l'histoire qu'elle a figurée dans la braise et l'acier. C'est la trajectoire de son *existence*, qui a commencé bien avant sa petite naissance humaine, à un âge où elle était préhumaine – figuré par un vaste amalgame de rocailles. Elle l'a poursuivie, à travers une ribambelle de corps d'hommes, jusque dans l'avenir. À l'emplacement prévu pour la fin des temps, elle a sculpté une perfection divine quasi immatérielle, une sorte d'ange dont le corps est un cordage.

— Toujours en train de se métamorphoser : l'homme, c'est se renier pour être un autre, sans arrêt. C'est-à-dire soi-même, murmure le critique. Ça plaira à Caïn.

Il la regarde avec un air de triomphe :

— Ce sera cent mètres carrés, conclut-il.

Lysabelynne n'a pas entendu sa dernière phrase. Caïn est un démiurge, un prophète de l'art vivant. Il est impossible de deviner quels élèves il a formés, car il est si ouvert d'esprit qu'il n'imprime sa marque sur personne. Devenir l'un de ses élèves, c'est cesser de courir les expositions pour tenter d'exister – c'est parler à la Muse pour l'Éternité.

Après le départ du critique, devant un thé bouillant dont les tanins nagent dans le temps futur, Lysabelynne rumine les six semaines qui la séparent de l'exposition. Elle dérive vers l'écran de son téléphone et parcourt les nouvelles de *Figura*, le réseau social du monde de l'art, pour y humer l'atmosphère de Piscataway.

Soudain, le téléphone ronronne : elle a reçu une sollicitation sur *Wow*, un autre réseau social sur lequel elle est inscrite. Alors, elle ferme sa session.

2

D'un coup, Abelynne sent qu'elle arrache sa tête à l'écran de son téléphone. L'application *Figura* est à ce point immersive qu'elle a l'impression de s'y engloutir tout entière – ce qui ne serait pas si difficile. Elle n'a qu'à tourner la tête à droite et à gauche pour en voir les limites : un morne espace de travail au décor scandinave qui, entre ses courbes et ses surfaces de bois clair, enserre le vide de sa vie de conseillère à la galerie d'art Beaumont. Comme tous les êtres sans âme qui n'existent qu'au bureau, elle a trouvé si tentant de s'inscrire sur *Figura* et de bâtir, de toutes pièces, le profil de Lysabelynne. Grâce à elle, elle a su faire émerger la meilleure partie d'elle-même.

L'atterrissage froid dans la réalité n'en est que plus effrayant. C'est bien sûr la messagerie du boulot qui a su la rattraper dans le réseau : au moins une demi-douzaine d'artistes lui ont envoyé des photos de leurs créations, dans l'espoir d'être exposés à Beaumont. En contemplant leurs propositions, Abelynne se sent sombrer : toutes les images qu'elle contemple sont étourdissantes de vacuité. De quelques coups de doigt dans son écran, elle renvoie ces êtres sans chair à leur abîme de silence. Puis, avec curiosité, elle remet en marche le corps d'Abelynne – qui fait obstacle à la lumière de la fenêtre, au contraire de la chair scintillante de Lysabelynne, toute faite de pixels.

Les collections de Beaumont sont vastes et lumineuses. C'est la perle du Complexe Beaumont, vaste enchevêtrement architectural de cent mille mètres carrés qui concentre tous les vices, échoppes, services et passions que l'on puisse imaginer – une ville dans la ville, un monde dans le monde. Abelynne y reprend corps timidement. Elle est souvent interrogée par l'administration, sourcilleuse des exportations. Les *œuvres d'art*, en tant qu'émanations de l'esprit, bénéficient d'une fiscalité très particulière : c'est le geste qu'a trouvé l'État pour favoriser la création. Cependant, bien des malandrins utilisent frauduleusement une telle qualification pour faire passer en douce des choses qui ne dépassent pas l'éclat des objets de consommation courante. Abelynne a pour mission de démontrer le caractère artistique des productions des réserves de Beaumont. Alors, elle passe et repasse, mesurant, comparant et traquant l'éclat de l'individualité dans les toiles et les formes. Capter l'éclat du geste créateur, c'est comme saisir au vol un éclair craché par un ouragan : il faut savoir être un paratonnerre, un conducteur, une chair sensible. Abelynne n'a sans doute rien de tout ceci – même si elle simule très bien. Alors, une fois de plus, elle se rue dans son téléphone portable.

Elle traquera Caïn, le retrouvera – pour Lysabelynne. Mais pourquoi passer par *Figura ?* Il doit y être pris dans la fébrilité de l'exposition. Il doit être saisi tout entier par l'inspiration, et intouchable. Il serait bien plus opportun de l'atteindre ici et maintenant.

En trois coups de doigt sur son écran, Abelynne découvre un trésor. Dans la vie réelle, Caïn est joueur professionnel – celui qui domine le hasard et en a fait son serviteur, sa monture. Quoi de plus naturel que de jouer le rôle, sur *Figura,* d'un démiurge, créateur de couleurs et d'univers ? Après deux coups de doigt supplémentaires pour balayer les publications de sa page, Abelynne saute de joie : Caïn est justement attendu dans le Complexe Beaumont, pour un tournoi organisé dans le casino *The Beautiful Monty*. Cette intrusion du critique d'art dans l'atelier de Lysabelynne, c'était nécessairement un coup d'aiguillon du destin.

Après deux jours d'attente, sa patience est à la peine. Les préparatifs et les qualifications du tournoi ont pris forme. Abelynne s'ennuie entre des créatures de second ordre qui se débattent avec leurs brassées de cartes. Ils n'ont aucune créativité, aucune veine, aucune fibre. Ils sont vides.

Arrive alors le maître – pour les dévorer. Abelynne le reconnaît dès qu'elle l'aperçoit, alors même qu'il ne ressemble en rien aux images qu'elle a aperçues sur *Figura*. De sa main, il semble peser de tout son poids sur le bois de chaque table, les doigts en trépied. Enfin, il s'installe, sans un bruit, là où il l'a décidé. La phase finale du tournoi commence alors. Les cartes glissent des mains du croupier vers celles des concurrents. Impérial, Caïn n'y jette qu'un coup d'œil distrait – le pire, c'est qu'il ne semble même pas calculer mentalement. L'œil vague, il se laisse guider par son intuition, comme le bateau qui descend la rivière vers l'infini.

— Cette carte n'existe pas ! tonne tout à coup une concurrente, le faciès tordu par la colère.

Abelynne est fascinée par le chatoiement de reflets turquoise de la carte qu'a posée Caïn : l'Ermite, une variante du Cavalier, qui s'incline devant la Dame mais, par sa sagesse, surpasse le Roi.

D'emblée, la table de jeu vire à l'aigre. Un concurrent glousse un long rire de pintade. Une grande virago aux crocs d'acier se jette sur Caïn pour lui arracher son jeu : ses cartes étoilent alors tous les regards, dans une ribambelle de figures mythologiques. Puis, en un instant, les couleurs s'évanouissent, reprenant les teintes ternes des petites cartes – des sept et des huit.

La vie s'effondre parfois plus brutalement qu'un château de cartes. Les Cavaliers Montés, qui incarnent la sécurité de Beaumont, tombent comme un éclair. De leur poigne de fer, ils se sont saisis de Caïn. Avant même qu'il ait pu protester, le voilà qui disparaît.

Abelynne est effondrée à son tour. Emprisonné, Caïn ne pourra accéder à *Figura* – et c'en sera fini de la carrière de lumière de Lysabelynne. Que lui a-t-il pris, de faire passer ses cartes pour ce qu'elles ne sont pas ? A-t-il cherché à bâtir une autre réalité ? Abelynne sent fuir son existence, comme un ballon qui se vide et vrille dans l'air avec un râle lugubre. Il faut qu'elle remette la main sur lui.

D'un coup, elle saisit son téléphone et se déconnecte.

3

Abel plisse brutalement les yeux : à force de rester braqué sur l'écran de son téléphone portable, c'est comme si la luminosité l'éclairait de l'intérieur. À retrouver, autour de lui, son bureau envahi de papiers, dans une pénombre grandissante, il sent qu'il revient les pieds sur Terre. Surtout, il sent pourquoi il passe autant de temps sur *Wow*, à pousser du doigt, avec envie, Abelynne dans son réseau virtuel. Celle-ci n'a aucun besoin de courir après des fantômes : elle travaille devant des fenêtres ouvertes sur l'infini – les œuvres d'art. Quant à lui, son statut de fonctionnaire ne constitue pas la plus enthousiasmante des aventures. Est-ce même une existence ? Difficile à défendre : en tant que *fonctionnaire,* il doit *fonctionner*, tourner sa roue dans l'engrenage de l'administration. Si elle venait à se décrocher, un autre pan du mécanisme se mettrait en branle pour faire tourner, par secousses, l'immense machine à calculer du fisc.

Il tente de se relever dans cette caverne de papier. Un choc l'assomme : il s'est cogné à la voûte de dossiers qui le surplombe. Il se rappelle la solidité de son corps – un vrai corps, pas comme celui d'Abelynne qui papillonne, sans ombre, sans manger ni dormir, tout le temps que sa session de *Wow* est ouverte. Relevant les yeux, Abel contemple cet amas de déclarations particulièrement complet, bétonné par les justifications attendues. Voilà tout le travail d'Abel : vérifier que ces déclarations sont conformes au réel. Oxios, le parrain du miroir, souhaite vendre son site industriel et le fisc doit vérifier qu'il ne ment pas sur la valeur de ce bien. La ruse dont fait preuve usuellement ce fabricant de glaces inquiète en effet. Aujourd'hui, pas le temps de musarder sur les réseaux sociaux : Abelynne semble destinée à se morfondre dans l'inaction – peut-être papillonne-t-elle un instant dans l'espace virtuel du Complexe Beaumont : du coin du regard, Abel aperçoit une ébullition de commentaires, d'émojis et d'images animées qui font suite à l'arrestation brutale d'un profil au sein du réseau social. Tout ceci devient effrayant. Puis il referme son téléphone. Comment pourrait-il l'aider, d'ailleurs ? Elle est devenue plus puissante que lui.

Un coup de tonnerre fait trembler sa porte. Quelques feuilles volent dans l'air qui étouffe sous le papier :

— Abel ! Vous avez rendez-vous pour la visite d'Oxios.

Il s'empare de son cartable épais et, au vol, saisit une tablette numérique. Descendant les vingt-sept étages de la cité administrative qui tremble dans les éructations du métro, puis se jetant dans une rame, Abel se remémore le désastre en cours. Le site d'Oxios est bien plus qu'un dédale de chausse-trappes : c'est un labyrinthe colossal qui dépasse le monde réel et s'étend dans différents mondes virtuels, dark nets, réseaux sociaux, univers artificiels. L'un des robots envoyés pour le cartographier a même été retrouvé au bord d'un trou noir.

Abel suit les dernières indications qu'ont remontées les droïdes traqueurs : ils ont identifié une entrée secrète du site – anodine, une simple porte vitrée. Devant elle, il contemple son reflet, hâve de corps. Une pelure ambulante, avec son manteau couleur de terre. Il se sent au bout de son existence. Alors, Oxios, ce sera une question de vie ou de mort.

En quelques heures, au fond d'un monde virtuel, dissimulé derrière des profils mensongers qui crachent des pages et des pages de rumeurs toxiques, Abel trouve l'algorithme qui fait croître toutes les dimensions virtuelles du site. Il bouscule tous les réseaux sociaux comme un château de cartes. Surtout, dans un dossier anodin, Abel trouve le lien hypertexte derrière lequel se cache Oxios. Tout le monde croyait qu'il résidait dans un paradis fiscal, sous les Tropiques d'une matrice peu sécurisée. Le voilà en fait terré dans un pavillon d'une proche banlieue.

Abel a dû prendre un bus, d'une de ces vieilles lignes qui tournent encore au pétrole, pour l'atteindre. Bien sûr, la véritable maison est celle installée en face de l'adresse qu'il a identifiée, à laquelle elle ressemble comme sa jumelle – ruse classique et vite éventée.

— La traque est finie, Oxios, rumine-t-il lorsqu'il le découvre dans son salon, scintillant sous les jets de lumière de dizaines d'écrans.

Grisonnant, dans la force de l'âge, Oxios ne se laisse pas impressionner. Sur les écrans, des milliers de figures défilent. Autant de personnes réelles que de montages de toutes pièces : les profils des réseaux sociaux. La plus vieille invention de l'humanité – l'homme qui contemple dans la rivière sa face, déformée par les remous – a de beaux jours devant elle.

— Vous connaissez beaucoup de monde, Oxios, glisse Abel d'une voix chétive.

— Je connais même plus de gens qu'il n'en existe. Si vous avez déjà rêvé que vous regardiez votre téléphone, je connais même les amis que vous avez vus en rêve cette nuit-là.

— Caïn, un profil de joueur professionnel sur *Wow*. Savez-vous qui il est, dans la vie réelle ?

Oxios aime les défis, surtout ceux qui portent sur les faux-semblants. Ses doigts dansent sur une tablette.

Il faut croire que le temps mesuré sur le reflet d'une horloge dans le miroir tourne à l'envers – à moins qu'il ne faille le compter deux fois. Oxios passe différents coups de téléphone : Abel a l'impression que la voix qui parle à l'autre bout de la ligne est encore celle d'Oxios.

Enfin apparaît, sous vingt angles différents sur les vingt écrans, la figure brunâtre et effilochée d'une momie couchée dans un grand drap blanc. Elle assèche goutte à goutte vingt perfusions qui grouillent sur son thorax.

— Coma dépassé, explique Oxios, depuis au moins huit cents jours. Sa seule vie se déroule dans son crâne. Par l'intermédiaire d'une prothèse USB, *Wow* arrive à la capter. Vous souhaitiez lui parler ? Je crois qu'il faudra attendre la fin de l'éternité.

Abel fulmine devant cette impasse, mais surtout devant sa naïveté : comment aurait-il pu en être autrement ? Qui pourrait rêver de tromper le hasard et d'inventer des cartes à jouer, sinon celui qui reste sur le seuil de la mort ?

— Passez par Avastar, ajoute Oxios.

Devant les yeux froncés d'Abel, il s'explique :

— C'est un réseau social qui permet d'atteindre des pans de la réalité que personne ne suspecte. La substantifique moelle de l'être humain, ni plus ni moins. Mais c'est un réseau social très fermé : il n'est pas accessible aux personnes réelles, ni même aux avatars. Les avatars d'avatars sont également éconduits : il faut être au moins à la puissance 4, je crois.

Abel calcule en remuant les lèvres.

— Surtout, c'est un groupe fermé : il faut être invité de l'intérieur. Contactez Le Batelier de ma part, il vous ouvrira. Mais dites-lui bien qu'il ne me reverra plus : je suis un homme fini.

Abel, restant tout ouïe, rumine à nouveau :

— Je n'ai pas le temps ! La situation sur *Wow* se corse en ce moment même ! Et je dois vous arrêter !

— Vous avez tout le temps nécessaire, rétorque Oxios. Qui oserait croire que vous bâclez l'interrogatoire d'Oxios ?

Alors Abel sort son téléphone portable de sa poche et ouvre l'application *Wow*.

4

Abelynne est tirée de sa léthargie par une agitation considérable. Les Cavaliers Montés continuent d'affluer et, s'ils ont emporté Caïn, grimaçant, tremblant de rage, ils n'en continuent pas moins leurs investigations.

— Abelynne ! inspection générale ! le fisc ! fulmine une voix de crécelle à ses oreilles.

Se dressant naturellement au garde-à-vous, Abelynne voit s'éloigner à grands pas la silhouette turquoise et diaphane de la Princesse Beaumont, maîtresse de ces lieux.

Sous le feu des regards, elle n'a même pas le temps de reprendre son téléphone portable : elle doit remonter les escaliers quatre à quatre pour rejoindre son bureau. Déjà, sept droïdes à trois roues, cliquetant et caquetant, aspirent tous ses papiers – jusqu'au papier peint.

Finalement, entre deux robots, elle bondit à l'intérieur. Là, un immense éclair horizontal la balaye de haut en bas. Abelynne se sent dévorée de l'intérieur.

— Cette enquête fiscale vise à vérifier l'authenticité de vos collections, grince enfin la voix.

Doucement, Abelynne retrouve son calme. Il ne s'agit pas du calme de l'innocent – car il n'y a pas de coupable, il n'y a que des gens dont la déclaration s'écarte de la réalité –, mais celui de la fille prodigue qui se retrouve en terrain connu. Elle connaît quand même deux ou trois ficelles d'Abel !

Elle répond assez timidement aux interrogations – même si elle se doit d'être entièrement disponible pour cette enquête, toute virtuelle soit-elle. Regarder son téléphone portable à ce moment serait un vrai signe de mépris. Et Dieu sait qu'Abel enrage lorsqu'Abelynne n'est pas disponible pour elle !

En tout cas, à peine quelques heures plus tard, son bureau a le charme d'une ruine antique. Ses colonnes de dossiers ont été démontées, son bureau, renversé.

— Vous ignoriez donc tout d'Oxios ? l'interroge un nouvel enquêteur du fisc. Ne saviez-vous pas qu'il possédait le Complexe Beaumont ?

Abelynne ne l'a jamais vu, celui-ci. Elle lui trouve un air sévère derrière ses yeux qui étincellent de bleu. C'est probablement l'avatar d'un droïde – à moins que ce ne soit celui d'un logiciel de comptabilité qui s'ennuie entre deux bilans.

— La Princesse Beaumont ne m'en avait jamais fait part, murmure-t-elle. Je dois sans doute occuper une position trop subalterne.

L'inspecteur ricane et lui montre, sur l'écran de son téléphone, un visage qu'elle ne connaît pas :

— C'est Oxios, indique-t-il.

Puis il retourne l'écran : à l'envers, Abelynne reconnaît un portrait de la Princesse Beaumont, vieux de quelques années.

— Tous les miroirs d'Oxios ne sont pas de banals miroirs, explique-t-il. Voudriez-vous en parler plus longuement avec moi au dîner ?

Abelynne fulmine dans son coin. Encore de longues heures avec un fil à la patte, où elle devra laisser Caïn dans la nature et Lysabelynne à l'abandon. Mais elle ne voudrait pas paraître discourtoise aux yeux des autorités.

À cette heure tardive, ils ne trouveront de place qu'au sommet du Complexe. Ils s'envolent tous deux dans la spirale aspirante qui les y conduit. Le Mirage, le restaurant le plus cher – étoilé comme une nébuleuse –, tremble dans une agitation inhabituelle.

— Je ne savais pas que le fisc avait un tel pouvoir pour faire tourner les têtes ! s'en amuse-t-elle auprès de son cavalier d'un soir, à mesure qu'ils gesticulent pour se faire une place entre les convives qui s'amassent.

— Notre pouvoir est sans limites, répond son interlocuteur, sans le moindre air de triomphe, jetant des regards de gauche et de droite.

Cette phrase sonne si étrangement dans sa bouche que, maintenant, Abelynne est persuadée d'avoir affaire à l'avatar d'un dossier comptable. C'est un *bug* qui survient fréquemment – la nature a horreur du vide.

Les convives se ruent sur la spécialité du chef : les duos – assiette de chat et de poisson-chat, tartare d'éléphant et d'éléphant de mer. Abelynne a choisi un aileron de requin citron avec sa salade d'agrumes. Les mets sont si frais qu'elle se demande lequel des deux a le plus de jus. Elle en a même oublié l'obligation de service à laquelle elle est confrontée.

— Regardez ! s'étonne l'enquêteur, la pointe de son couteau en l'air.

Une vaste coulée de noir a envahi le fond de la salle, comme la lave gluante d'un volcan de cauchemar. C'est une procession funèbre : six servants, froids comme des colosses de marbre sombre, s'accrochent à un cercueil transparent où flotte une dépouille sereine. Ils passent si près des convives qu'Abelynne voit, sur les traits du visage, des peintures mystiques aux reflets changeants.

Un murmure respectueux court dans toute la salle :

— Oxios.

Mais, tout de suite, le silence de la mort pèse de tout son poids. Seule chante la voix de gaz des brûleurs. À peine la dépouille et sa suite de douze pleureuses ont-elles fait le tour de la salle que tout le monde se rue sur son téléphone portable pour suivre les autres dimensions de la cérémonie. Il va de soi qu'une personnalité comme Oxios se doit d'être enterrée simultanément sur tous les réseaux sociaux. Pour faire bonne figure, Abelynne accorde quelques instants au spectacle d'une danse carnavalesque et orgiaque de rhinocéros sur le réseau social *Dali*.

Mais, d'un coup de doigt, elle se rue sur *Figura*.

5

Lysabelynne sort d'un coup de sa rêverie de sons et d'images. Où va l'avenir ? songe-t-elle de son âme d'artiste : "ton avenir est derrière toi" se répond-elle à elle-même. "L'avenir, c'est ce que tu as construit de tes mains : tes œuvres sont ton visage pour l'éternité." Cette étincelle de joie la ragaillardit. Pourtant, elle ne peut rester éternellement vissée sur son tabouret de cantine : Piscataway l'attend. Les pétillements de l'écran de son téléphone le lui rappellent assez. La nouvelle de son invitation a fait le tour de *Figura*, plusieurs fois. Sur la page de la manifestation, une tour fantasque oscille, en avant et en arrière – elle se construit, étage par étage, représentant l'afflux des participants, et attisant l'attente des visiteurs.

Elle a trop tardé : de deux coups de doigt, elle réserve un créneau de transporteurs pour ses œuvres. Comme à chaque fois, ils lui demandent un nom de projet, qui apparaîtra sur la facture de la prestation. Les noms qu'elle a donnés à ses précédents projets lui paraissent futiles :

Autofiction, Autocréation, Genèse, Autobiosculpture, Où suis-je ? Cette fois, ce sera *La Moelle* – la partie la plus palpitante de la vie, qui se terre dans l'os et qui, par vagues, produit le sang. La moelle de l'existence humaine, voilà ce sur quoi elle a mis le doigt.

Après quelques heures à peine, le camion soulève des nuages de poussière dans la cour de son hangar. Ils sont huit à sortir de ses flancs, silencieux comme des ombres. Une à une, les huit sculptures tombent dans leurs bras noueux et gagnent le ventre du camion. Les yeux écarquillés, Lysabelynne se plonge dans ce gouffre. À la nuit tombée, cet aperçu des œuvres présentées à Piscataway, c'est un Tartare rempli de monstres. Une hydre à plusieurs têtes en train de s'autodévorer figure le travail de l'artiste. Contenu dans une cage de verre, un amas de cendres rougeoyantes, frissonnant d'éclairs, est censé représenter l'avenir. Les huit figures de Lysabelynne occupent une bonne place dans cette geôle. Debout, arrimées au sol par des fers, elles bénéficient chacune d'une ceinture de sécurité – au vu de leur fragilité, elles voyageront dos à la route.

C'est à la nuit noire, percée d'une pluie d'étoiles, que le camion se met enfin en route. Bien qu'agacée par les rires de rorqual des transporteurs, Lysabelynne a pris place sur la banquette à l'avant du camion. Avant même qu'il ne sorte de la cour, son doigt glisse sur l'écran de son téléphone. Caïn est le grand absent de ce monde : le comité de l'exposition de Piscataway, qui en avait fait son invité d'honneur, le déplore heure après heure. À voir les *posts* lapidaires qu'il publie à son sujet, c'est comme s'il était mort. Caïn est, pour sa part, muet sur *Figura* : sur sa page, les publications ont cessé depuis quelques jours, sans prévenir, sans mot de la fin, comme un saut coupé en plein élan. Comble du malheur, Lysabelynne semble la seule à en savoir la raison. Quant à l'étincelle qui lui permettra de retomber sur ses pieds – Avastar, Le Bateleur –, c'est encore à peine le reflet d'une ombre.

La nuit pèse comme un tunnel. La sortie apparaît finalement – un vague point blanc : c'est le lever du jour. Puis le dôme enchanté du parc des expositions. C'est comme un nuage caressé par le vent qui respire doucement, couvant une lueur diaphane. Lysabelynne bondit du camion à pieds joints et se précipite vers les deux gardiens à l'entrée, exhibant l'écran de son téléphone. Lisant son badge d'accès affiché à l'écran, ils lui font mine de passer. Les chauffeurs du camion s'escriment déjà avec leur tablette, où tournent et tournent encore les pages des bordereaux de livraison. Passées les portes immenses du dôme, l'espace s'enchevêtre comme un labyrinthe. Sidérée, Lysabelynne hésite à se ruer. Chevaucher à mort, en prenant tous les risques, c'est bon pour la planche à dessin, l'atelier – le travail d'artiste. Ici, elle doit paraître, s'installer, s'exposer – se perdre serait un risque.

Le dôme est plongé dans un silence de mort, une pénombre peu naturelle. De jeunes filles en longue toge blanche sont prêtes à la guider avec le sourire, sans un mot. Salle après salle, Lysabelynne est sidérée par l'état lacunaire de l'ensemble. Elle finit par se raidir :

— Enfin, l'exposition commence bientôt ! Allez-vous me dire ce qui se passe ?

Les regards sautent entre les apparitrices comme une balle de ping-pong. Finalement, une réponse sort, à trois voix :

— L'équipe d'organisation n'est pas disponible.

— Une partie est en train de chercher Caïn.

— Une autre, en train de préparer ses funérailles.

Lysabelynne proteste. Engouffrée dans l'écran de son téléphone, elle parcourt une fois de plus les nouvelles. La page de l'exposition s'est emballée : les hommages à Caïn tombent comme la grêle pendant l'orage.

— Ce n'est pas possible ! fulmine-t-elle. Caïn *n'est* pas *mort.*

À ces mots, toutes les lumières du dôme s'éteignent et le blizzard de la ventilation s'arrête. On n'entend plus que le frou-frou des pas feutrés des jeunes filles.

— Encore une surchauffe, murmure l'une d'elles. Depuis hier soir, le serveur siphonne toute l'électricité pour publier les *posts* concernant Caïn. Régulièrement, le système saute. Tout va craquer ici.

— Vous allez voir ce qui va craquer si Caïn apparaît en vrai ! rétorque Lysabelynne.

Après quelques heures, à la lueur d'un brasero, Lysabelynne hume l'air de son œuvre. Certains lieux sont oppressants, faisant ployer le corps sous l'inquiétude et l'angoisse. D'autres sont si accueillants que l'âme s'y déploie tout entière, jusqu'au bout des doigts. Pendant des heures, elle admire sa série de huit figures, tentant de les interroger sur leur bien-être – sur l'accueil que leur réserve l'éternité ici.

Brutalement, tout le monde sursaute. Un immense craquement vient de faire trembler le site. Lysabelynne entend bientôt un doux murmure provenir de partout. Tâtonnant dans l'ombre, elle finit par retrouver les jeunes filles :

— Le circuit d'eau ! murmurent-elles. Le circuit d'eau !

Une nouvelle fois en plusieurs jours, le circuit d'eau s'est rompu. Siphonnée par le serveur, l'électricité ne retient plus rien. Guettant avec un regard anxieux les craquements au-dessus de sa tête, Lysabelynne sent tout le bâtiment en train de s'effondrer, pièce par pièce. Au bout du rez-de-chaussée, déjà, les canalisations rompues vomissent à n'en plus finir.

Le système de sécurité n'est plus que l'ombre de lui-même. Les portes sont de simples fentes entrouvertes : comme un rideau de théâtre, il suffit de les pousser pour les franchir. Enfin, à l'extérieur, sous la lueur sauvage de la nuit étoilée à mille bras, une grande rivière. Comme guidée par un pinceau divin, toute l'eau du bâtiment se déverse par un bras immense le long des courbes du paysage. Après tout, pourquoi pas ? *La Moelle* n'a pas besoin d'elle – elle lui survivra. Elle appartient déjà à l'éternité. Lysabelynne gagne la rive et, prenant pied maladroitement sur une caisse de transport en bois charriée par le courant, elle s'enfuit.

Quelques heures s'écoulent, dans un présent qui semble toujours lointain. Sur la voûte céleste, le tintamarre des étoiles semble emporté dans une danse bien plus endiablée. Sont-ce les mêmes étoiles dans *Wow ?* Sont-elles copiées de *la vie réelle ?*

Emportée dans cette rêverie, Lysabelynne est surprise par un immense croissant noir qui, impavide, plane lourdement sur le courant. Il semble aussi pesant que la nuit. L'immense gaffe qui le dirige perce l'eau comme une lame. Elle aborde finalement sa propre embarcation. Avant même qu'il ne pose sa main froide sur son épaule, elle a déjà reconnu le pilote :

— Le Bateleur !

D'une poussée titanesque des deux mains, il a fait repartir la barque, donnant une puissante inflexion à sa trajectoire. Cent autres suivront, tantôt à droite, tantôt à gauche, sans aucun sens apparent. Ils n'échangent aucune parole, mais Lysabelynne sent vibrer tous les discours qui se mêlent dans ces flots qui bouillonnent à leurs pieds. Tant de langues s'entremêlent dans cette eau qui fuit.

Enfin, Lysabelynne comprend comment le capitaine manœuvre : il se laisser guider par son reflet dans l'eau – reflet qu'elle distingue à peine dans l'eau noire et agitée. En se penchant sur son visage blanc, fermé par une lourde capuche, elle lui trouve une tristesse sans fin :

— Me ferez-vous entrer sur Avastar ? lui demande-t-elle enfin.

Il sourit doucement et lui rappelle le secret qui plane sur ce réseau social :

— C'est une société extrêmement sélective, qui n'accepte de nouveaux arrivants que dans la mesure où ils existent vraiment. Nous n'avons que faire de pâles zombies qui n'existent que dans le regard des autres.

— Je croyais justement que vous ne vous intéressiez qu'aux avatars d'avatars d'avatars, ou quelque chose de plus virtuel encore, s'interroge Lysabelynne.

— Un enfant est d'abord un rêve de ses parents. Mais, lorsque l'enfant cauchemarde, ce sont les parents qui tremblent. Certains rêves de nos rêves sont plus forts que nous et nous écrasent.

— Et, pour ma part, hésite-t-elle, suis-je un avatar du bon ordre ? Je suis un avatar d'Abelynne, qui est elle-même un avatar d'Abel. Cependant, je ne sais plus si Abel lui-même est une personne réelle…

Elle n'a pas le temps de finir sa phrase : relevant sauvagement sa gaffe vers le ciel, le Bateleur l'a aspergée. Pliée en deux, elle tousse et se mouche bruyamment :

— Qu'est-ce qui est réel ? ricane-t-il. Ce jet d'eau vous a-t-il réveillée ? A-t-il mis fin au pire cauchemar de l'univers : une vie d'artiste ?

— Non, bien sûr, crache-t-elle en retrouvant son souffle. Mais je me demandais si Abel était une entité d'IRL. Vous savez : *In Real Life*, la vie en dehors des réseaux sociaux.

— J'ai des avatars sur un demi-millier de réseaux sociaux qui s'appellent, de près ou de loin, IRL. Tous ne sont pas aussi intéressants les uns que les autres. Certains les numérotent même : IRL-3 712 n'est pas sans charme. Mais, faites-moi voir ceci, exige-t-il de Lysabelynne quand elle sort son téléphone portable.

Il ne prête guère d'attention aux exemples de *la vie réelle* qu'elle a cherchés pour lui. Plutôt, il scrute son réseau, le nombre de ses amis et de ceux qui commentent ses œuvres ou les lignes de son parcours.

— Soit. Créez votre profil sur Avastar, finit-il par grogner.

Lysabelynne découvre l'application qu'il vient d'installer sur son téléphone.

Son avatar s'appellera AB. La création du profil est rapide. Fort peu de questions lui sont posées. Elle s'intrigue cependant lorsqu'il lui est demandé sur quel élément elle *règne*. Impulsivement, épuisée par ces événements qui ont ruisselé sur elle et ont emporté tout ce en quoi elle croyait, elle choisit *l'eau*.

Puis ouvre sa session sur Avastar.

6

AB ouvre brutalement les yeux, mais c'est comme s'il n'existait pas d'yeux. Tout ici est envahi d'une lumière formidable, qui perce le ciel turquoise et semble provenir de l'autre bout de l'univers. Des nuages projettent des lumières chatoyantes, comme d'énormes blocs de marbre, et se caressent d'éclairs furieux. Le soleil noir crache un énorme grondement sourd qui fait trembler le monde. AB ne sent aucune terre à l'horizon et, pourtant, tout ici l'accueille dans son existence pleine et entière. Au loin, la vaste gueule enflammée d'un volcan crache des paquets de pierre qui tournoient dans une tempête de feu avant de sombrer – AB sent leur chaleur sauvage couler dans sa chair. Celle-ci tremble dans les caresses du vent et le jeu des lumières.

Enfin, c'est l'illumination – AB *est* l'océan. Rien n'est plus fort, rien n'est plus puissant – rien n'est aussi démesuré que cette sensation inhumaine d'être sans limites, présent partout, et de projeter ses mille bras salés dans l'air. Claquer la plage rutilante de galets noirs, retourner le sable, fouetter les crabes qui se dandinent, aussi petitement que l'homme sur une plage.

C'est le profil le plus extravagant qui lui ait été offert sur un réseau social. Cette sensation brutale de gouverner le monde – finie l'attente anxieuse des admirateurs de ses œuvres, finie la servitude du décompte des *Likes*, finie la sonnette abrutissante des nouvelles publications. Seule règne l'évidence – la sensation de gouverner le monde.

Soudain, une caresse étrange attire son attention. Sa chair papillonne, dans une effervescence radieuse. C'est fin et pétillant comme une remontée de bulles, tout en s'arrachant des profondeurs. Bientôt, une masse improbable craque la surface des flots et gronde dans l'air tumultueux – un génie de l'eau et du vent, à la force torve et inquiétante. AB reconnaît sans peine les traits d'Oxios. Ici, loin d'avoir succombé, il jouit de sa toute-puissance dans les jeux de vagues et de la vapeur. À peine le temps de l'apercevoir qu'il disparaît dans une nappe de brouillard.

Cette apparition l'interpelle : AB poursuit alors la quête qui semble devoir trouver sa fin dans ce bout du monde. Enfin, dans un abîme noir de l'océan, un seigneur lui répond – sans conteste, l'âme de Caïn. Jamais un titan n'aura brassé autant de puissance – et, dans le vortex qui tournoie, jouant avec la pression des eaux, AB contemple toute la tragédie de l'être humain, attiré par les forces contraires et perpétuellement en train de se désagréger. Cette vision l'inspire – AB se sent une âme créatrice. Alors, l'océan se retourne, claque et s'ébroue : il faut jouer, avec l'air et les étoiles, le jeu que Caïn a gardé confiné dans les tréfonds.

Bientôt – dans ce temps étrange surplombé par le soleil noir immobile –, montent de l'océan des grappes de givre qui luisent et s'effondrent, luisantes de sel cristallisé. Heure après heure, AB bâtit une île, une montagne, un continent dont les confins tutoient les étoiles. La voilà, la moelle de ses os – c'est un monde qui fait concurrence au monde.

Pourtant, après des heures passées à traquer la gueule du soleil au travers de la blancheur de la glace, un doute commence à mordre AB de l'intérieur. Énorme, sans limites, tout ce pouvoir manque de précision. Les jeux de la glace qui perle dans la chaleur noire semblent grossiers. L'effondrement hardi des icebergs dans l'océan est tout à fait hasardeux. L'œuvre ne rend pas hommage à l'omniprésence du noir du soleil. Il faut aller au fond des choses, pénétrer leur intimité. Il faut connaître chaque larme de l'océan pour qu'elle apporte son grain de sel à l'univers.

— Caïn ! tout ceci est bien fruste ! gronde l'océan.

Et, en même temps, sa voix tremble : l'art ne requiert-il pas un peu de patience ? Parfaire sa technique, ouvrir sa vision – le monde ne s'est pas fait en un jour.

La réponse lui donne raison :

— Tu es un chien fou qui court après des poules. Deviens ton propre maître, rugit le vortex en tournoyant dans les feux du soleil.

AB contemple, face à face, l'énorme soleil noir qui domine le monde comme une pupille dans son iris turquoise. Alors, l'océan claque et hurle, racle les sables des fonds et s'érige en une vague déchaînée qui s'engouffre dans le soleil.

— C'est le réseau social ultime ! C'est la toute-puissance ! rit Caïn.

7

Alix-Bathilde ouvre les yeux – cette fois, ce sont des yeux – et découvre un corps dans lequel, tout de suite, elle se sent elle-même. Elle a quitté cette incarnation d'eau tournoyante pour se faire solide, permanente, bien bâtie. N'a-t-elle pas fière allure, maintenant, dans son tailleur gris ? Devant elle, son bureau, qui rayonne de lumière sous une marée de documents. En un clin d'œil, elle s'est sentie abreuvée de leur précision, de leur exactitude – elle a vu la chair du monde en train de palpiter.

— Alix ! le bilan de l'Inspection générale d'Oxios ! Il faudrait le relire ! grince une voix par-delà la porte du fond.

Elle a sursauté d'un coup, avant de courir sur le parquet dans ses petites chaussures pointues. La porte se pousse d'elle-même.

Tel un génie aux multiples bras en train de veiller sur le monde dans sa caverne, un subalterne jouit avec un rire de triomphe, lui apportant une bible monumentale. En se levant, le regard teinté de respect, il a bien pris garde à ne pas se cogner la tête à l'énorme voûte de documents qui le surplombe. Elle sait tout de suite que ce sont les *déclarations*, ces mots qui reproduisent le monde avec exactitude.

Saisissant le dossier, elle croise le regard du petit subalterne qui se montre aussitôt enjoué à se jeter sur une nouvelle tâche. Il est aussi solide et imperturbable que les plus grandes lois de l'univers – et il travaille pour elle. C'est Abel.

TRIP

Southeast Jones

Samedi. C'est marre de *leecher*[9] idiot ! Trop lent sur l'hypernet, cinq cents milliards d'utilisateurs avec une connexion de trois téra et mon quantique qui rame. C'est décidé, demain je quitte le mode Stellaire pour passer en Galactique. Sainte Vierge en Cloque ! Comment faisaient-ils avant ? J'ai de la peine à imaginer qu'on pouvait se contenter d'un seul système solaire ! Surf sauvage entre les étoiles, des milliers de civilisations à ma portée, demain, vite, vite. Pour fêter ça, je me suis offert un resto, ça m'a fait un drôle d'effet de sortir, la ville a tellement changé. Faut dire aussi que je n'ai plus mis le nez dehors depuis… Putain ! Presque six ans ! J'avais oublié le goût de la viande, on a beau savoir qu'elle pousse dans des cuves, ça change quand même de la pâte de varech.

*

Dimanche. Le chirurgien à domicile m'a greffé un plot juste au-dessus de la glande pinéale, grave, on dirait que j'ai trois yeux. L'installateur vient de partir, je me branche vite fait. Deux cents trillions de nautes utilisent ce réseau, c'est l'univers dans les synapses et la connexion est parfaite. T'as l'impression de filer à la vitesse de la lumière, l'interface psychique, y a que ça de vrai. L'après-midi, j'ai eu Jon et Martha en ligne, ils étaient verts de jalousie. Dans la foulée, j'ai envoyé un mail collectif à tous mes contacts et juste histoire de les faire chier, ils l'ont reçu cinquante fois !

*

[9] *Leecher* : littéralement : sangsue. Personne qui télécharge un fichier.

Plus tard... Plantage en règle, une surcharge de spam a failli me griller le cerveau. Je soupçonne une vengeance, ces enfoirés sont jaloux, sûr qu'ils ont essayé de me buter. Heureusement qu'il y a un disjoncteur, le disque a cramé avant de faire des dégâts. Quelle expérience ! Le flash d'enfer, si la mort ressemble à ça, c'est le pied de dieu. J'ai joui dans mon calbut et je suis resté prostré dans une douce apathie pendant plusieurs minutes. Cette fois, mon quantique a définitivement rendu l'âme, j'ai balancé un grand coup de pied dans la tour sous l'œil noir et réprobateur de la cam et je me suis saoulé au saké.

*

Jeudi. J'ai rêvé du *Grand Seeder*[10], *The Lord of Ultranet*, notre Master à tous ; il semblait m'appeler. Me faut rapidos une nouvelle bécane, je dois être en manque si j'ai des visions. Certains disent qu'il existe vraiment et qu'il n'y avait rien avant le Web. Baran[11] était un génie, loué soit son nom !

*

Vendredi. J'ai acheté un cyber, un véritable monstre. J'ai aussi fait l'acquisition d'un module de deux étages pour le monter, ça prend une place folle ces petites choses. Je ne pourrai en profiter que dans trois jours, dur, dur. Ma petite déprime s'efface après la deuxième bouteille de mescal, que je siffle entre deux joints et un rail de coke.

Je me suis consolé avec une séance de cybersexe de groupe sur mon vieux Stellaire, ça passe le temps, mais l'alcool et la cantharide ça fout la gerbe. Et puis j'ai reçu une alerte du Doc On Line, ce putain d'aphrodisiaque m'a *peut-*

---

[10] *Seeder* : personne possédant un fichier et le mettant à disposition d'autrui.

[11] Paul Baran est considéré par beaucoup comme le fondateur d'Arpanet, le vénérable ancêtre de notre internet. Il imagina ce concept en 1964.

être bouffé un rein, le nouveau est déjà disponible au centre de clonage. Franchement, qu'est-ce j'en ai à foutre de ce rein qui risque de me lâcher dans trois ans, quatre mois et deux jours ? Bientôt, je n'en aurai plus besoin ! Faudrait vraiment que je débranche ces senseurs, la plus petite élévation de température, une simple augmentation du rythme cardiaque et c'est l'alerte télépathique. C'est charmant quand on baise, même si c'est avec une machine. Plus de mescal, je passe à l'absinthe.

*

Lundi, enfin ! Casquette plombée, il y a des bouteilles partout. J'ai un sale goût dans la bouche et je pue, mon pantalon est trempé de pisse et je crois bien que je me suis chié dessus. Je m'en fous, c'est le grand jour. J'avale vite fait quelques dégrisants que je fais passer avec un fond de bière tiède et je passe à la douche. Rappel du Doc juste avant de partir, pas le temps, pas envie, mon bébé m'attend.

Là, j'ai fait fort, ça va déchirer ce truc ! Je quitte le Galactique pour passer en mode Dimension, nombre d'utilisateurs et vitesse de connexion tendant vers l'infini. Pourtant ça ne paie pas de mine, le terminal se trouve dans une petite pièce de quatre mètres de côté baignée d'une clarté glauque. Le reste de l'immeuble est bourré à craquer de refroidisseurs à l'azote et de tout un tas d'appareils auxquels je ne comprends rien. Tout ce qui compte est dans cette pièce. Je passe une main sur les courbes douces, presque sensuelles d'un module de transmission, il est tiède, on dirait de la matière vivante.

L'employé m'explique en détail le processus, « oui monsieur, je sais qu'après trois jours c'est irréversible, oui, non, non, oui… j'ai parfaitement compris tous les termes du contrat », et je signe le formulaire de décharge à deux mains.

Il m'aide à m'installer, l'intégration sera complète en une semaine. Le couvercle se referme, je suis nu dans un bain nutritif, bardé d'électrodes et pour la première fois de ma vie, j'ai peur. Dans soixante-douze heures exactement, le premier bain sera peu à peu remplacé par une gelée ayant quelques similitudes avec le suc gastrique, mon corps sera lentement digéré et absorbé par le cyber. À ce moment, je commencerai à perdre mon individualité pour intégrer la conscience multiple d'Ultranet. Ma psyché prendra lentement possession de la moindre puce ou processeur du cyber, lui et moi ne ferons plus qu'un et j'accéderai à ce qui se rapproche le plus de l'immortalité.

*

Trois jours déjà, un simple bip pour m'annoncer que je suis en cours de finalisation.

Je peux enfin démarrer. Je lance l'auto-upload, espace, temps et dimensions se confondent et j'ai l'impression d'exploser en milliards de particules tel un Big Bang électronique.

Je me sens bien.

Je vais tout savoir, tout connaître…

Bientôt, je serai assis à la droite du Grand Seeder. Mais ce n'est que le début… Je veux plus encore. Le défier, peut-être prendre sa place… devenir… Dieu ?

Et après… Il doit bien y avoir quelque chose après, il y a toujours un après.

J'aurai l'éternité pour le découvrir.

Ou le créer.

NOUS SOMMES ZAMIS – OUYE !

Philippe Caza

« S'il y a quelque chose
que le non-conformiste déteste plus
qu'un conformiste,
c'est un autre non-conformiste
qui ne se conforme pas au standard ordinaire
de la non-conformité. »
(Bill Vaughan. 1915-1977)

< C'est foutu ! Ils vont me massacrer !

Je cours au milieu d'un champ de salsifis arborescents (mauves). Quelque chose ou quelqu'un me poursuit, mais plutôt au pluriel : DES quelque chose ou DES quelqu'un. Flap, flap, flap ! font leurs pieds plats sur la latérite martienne. Et puis des cris, encore incompréhensibles, mais qui se rapprochent. Je cavale, je cavale, mais je n'en peux plus : l'atmosphère de Mars est aussi tonifiante qu'une soupe de pois cassés bue avec une paille. Je m'arrête pour reprendre mon souffle et je sors mon fulgurant protonique de la ceinture de mon zlip. (Je m'aperçois seulement alors que j'ai enfilé mon zlip par-dessus mon futal.) Je me retourne vers mes poursuivants. Ils surgissent de derrière les salsifis mauves. Ils sont verts de peau et le contraste de couleur entre eux et les buissons est atroce, sans compter le sol ocre rouge. Arrêtés à courte distance, ils m'encerclent. Ils sont très beaucoup nombreux : de petits hommes vert pomme tout nus avec un gros crâne chauve (chacun), des oreilles pointues, des yeux globuleux. Ils arborent un sourire crétin et sortent une langue aussi verte et aussi pointue que leurs oreilles. Puis ils beuglent en chœur une mélopée : « Nous sommes z-z-z-amis – ouye ! » qui se répète, se répète, se rép……>

Je me réveille – à juste titre, parce que j'en avais vraiment marre.

•••

Entre les orbites de Mars et de Jupiter, gravite la bien connue Ceinture des astéroïdes, des millions de blocs de roche de toutes formes et de toutes tailles. Dans le secteur surnommé la Grappe, côté interne de la Ceinture, ces îlots sont généralement habités par des prospecteurs. Sur la plupart, un seul habitant, chacun sur son caillou personnel : chercheur d'hypérium, mineur de melbonite, de matière noire lyophilisée et autres.

Je m'appelle Walter Égo (un pseudo, bien sûr) et je suis un de ces mineurs sur un de ces récifs de l'espace. Mineur, ça ne veut pas dire que je suis occupé à creuser des galeries au piolet dans le sous-sol. Je me tiens plutôt enfermé dans mon bunker pressurisé, scotché devant le tableau de télécommande de mes machines robotisées : foreuses, fouisseuses, scrappeurs, excavateurs, concasseurs… Un métier aussi bête qu'un autre.

Mon île spatiale est un astéro mineur que j'ai surnommé le Donut. C'est une sorte de Terre plate, en beaucoup plus petit et moins rond, un galet aplati d'un kilomètre de diamètre, un peu difforme sur les bords et avec un trou au milieu. Un galet roussâtre car bourré de melbonite (la melbonite est au minerai de fer ce que le melba est à la pêche). Ça peut évoquer une de ces vieilles pièces de monnaie percées du siècle n° XX. Ou un donut écrasé sur un trottoir, bien piétiné – d'où son surnom. Moi je suis installé sur le côté de la pièce appelé *face* par convention, mais j'ai des robots qui bossent aussi côté *pile*. Le trou central n'a rien d'un cratère météorique, il est dû à une maladresse d'un de mes robot-excavateurs grand format devenu amok et dont le forage avait traversé le caillou il y a de ça quelques années ceinturiennes.

Mine de rien, je l'aime bien, ce trou. Ça m'évoque un cénote mexicain, mais sans lac au fond. D'ailleurs il n'y a pas de fond : vous l'aurez compris, mon rocher est transpercé de part en part. Il y a juste, à mi-chemin, une sorte de plan virtuel de retournement, un diaphragme imaginaire, un point de bascule. Même si la pesanteur intrinsèque du

Donut est de quelques centièmes de celle de la Terre, d'étranges phénomènes gravifiques ont lieu lorsque vous faites la traversée du côté *face* au côté *pile* par ce puits. Quand vous arrivez au milieu de la « descente », propulsé par une simple bonbonne d'air comprimé, le tiraillement des attractions contradictoires vous retourne – pas comme une chaussette, non, plutôt tête aux pieds… la traversée d'un miroir couché… et il vaut mieux avoir prévu un sac à vomi dans le vidoscaphe. Il vous faut alors inverser vite fait la polarité de vos bottes magnétiques et remonter à l'envers, si je puis dire. Les notions de haut et de bas ne sont plus que de vagues habitudes de langage.

•••

Entre « voisins » de la Grappe, nos moyens de communication sont restreints : chaque installation ceinturienne est équipée d'une sorte de sémaphore ou de phare laser qui, en tournant sur lui-même et en se combinant avec la rotation de son astéroïde, peut échanger des signaux directs avec quatre, huit, douze autres îles de la Ceinture, parfois plus. Ça a l'air primitif, dit comme ça, mais c'est de la transmission optique par laser HD : quoi de plus rapide que la vitesse de la lumière ? À condition que le passage de tel ou tel autre caillou dans le champ de vision ne s'interpose pas. Et on s'écrit en tapotant sur un clavier, à la manière d'un connecté lambda des siècles derniers. Pas de vocal-com, non, il paraît que ça reviendrait trop cher.

C'est ça qu'on a appelé RézoLaser et qu'on a fini par surnommer le Rézo tout court.

J'ai ainsi un *premier cercle* de voisins, allant de quatre à douze selon les humeurs de la gravitation universelle et des transmissions lumineuses dans ce milieu sans frontière. Des *zamis*, on appelle ça. Je connais certains d'entre eux personnellement, ceux avec qui j'ai fait ma formation, par exemple, d'autres sont totalement virtuels. Et virtuelles : j'ai des *zamies*, aussi, faut pas croire. Par bien des points, on se ressemble tous : des solitaires, travailleurs, peu communicatifs ou alors bavards du vide, parlant pour ne rien dire sur le

Rézo, juste pour remplir le temps et l'espace en dehors des heures de boulot. Certains jouent aux e-checks sans contact, je crois, ou aux dames 2.0, ou au i-Go… Il y a parfois des interférences : une conversation technique sur la météo martienne ou la politique agricole de Cérès peut se trouver parasitée par un « Tour blanche en G-6 ». On s'engueule un peu puis on attend que ça se dégage.

Ça aide à passer le temps, à lutter contre les maux du vide : l'impesanteur et ses vertiges, mais aussi l'ennui de la solitude, la claustrophobie minière… C'est à peu près notre seule vie sociale, une sorte de « Bar des Trois Comètes » où on s'échange des brèves de comptoir à l'échelle cosmique. Ou bien on lance des messages collectifs au hasard, ce qu'on appelle des *posts*, sachant qu'ils seront presque à coup sûr reçus par les *zamis* du premier cercle, lesquels se chargeront, s'ils en ont envie, d'y répondre, de les commenter et/ou de les retransmettre sur leurs propres cercles. C'est le principe même d'un réseau… Un *post* peut aller loin ainsi, très loin… durer longtemps, revenir commenté, critiqué, amélioré, aimé, insulté… Et ça grossit très vite aussi, par effet de halo, de tache d'huile, de boule de neige qui enfle façon grenouille, réaction en chaîne, contagion… Chacun des utilisateurs connectés, plutôt qu'un simple nœud d'une trame, est une boule à facettes, finalement, un multimiroir reflétant les multimiroirs voisins, et reflété par les autres, de loin en loin. Et on aime ça ! Il est si doux de prendre son reflet multiplié à l'infini pour le miroir du monde !

La loi qui préside ici est celle des grands nombres, de la complexité, du hasard.

Plutôt qu'à une trame quadrangulaire, une « toile », le Rézo ferait penser à un gribouillage enfantin… ou à un *dripping* de Jackson Pollock… ou à la disposition naturelle des atolls d'un archipel marin. Mais pire : imaginez ça en trois dimensions. Une section de la Ceinture d'astéroïdes, la Grappe par exemple, un volume d'espace parsemé de microplanètes éparpillées – et qui bougent les unes par rapport aux autres, même. S'entremêlent alors loi de la pesanteur, vitesse, inertie, attraction ou répulsion magnétiques, etc. Aux transmissions laser de se tracer leur chemin dans ce bazar. On atteint un stade d'une complexité telle qu'aucun cerveau ne peut la digérer, c'est-à-dire la cartographier, la schématiser… et donc y planifier quoi que ce soit – sauf statistiquement. Autrement dit un *post* peut toucher n'importe qui et devenir n'importe quoi.

Bref, on est en plein dans une communication aléatoire, pour ne pas dire chaotique. Partant, un simple échange anodin peut tourner rapidement en jus de boudin interplanétaire.

Faut faire gaffe.

•••

Pendant mes loisirs (après tout, ce sont les robots qui font le plus gros du boulot) j'écris une sorte de *Carnets du sous-sol*, un journal non pas intime mais extime, puisque je le diffuse dans le bouillon du Rézo, là où s'interpénètrent toutes les intimités, là où règnent papotages, commérages et photos de gallinacées. Ça a un côté labyrinthe : quand on y entre on ne sait pas comment on en sortira.

Le plus souvent, je lurke en mode kwik, je scrolle quelques trolls et autres troglodytes prosélytes, je laïke une photo cochonne par-ci par-là. Je n'ai pas grand-chose à raconter de ma vie personnelle, alors je balance des storyettes inventées, ou des *mèmes* dadaïstes, ou des citations plus creuses que profondes… ou de purs déconnages. Par exemple, hier :

« Walter Égo en mode public : Les Martios sont nuls.

Les Martios se nomment ainsi parce qu'ils sont nés en mars de la même année.

Les Martios sont pas des canaux.

Les Martios ne sont pas des vrais gens. Ils sont un peu métèques sur les bords, la peau vert pomme, petits et ridés dès leur plus jeune âge. Bien que glabres, ils vivent nus, se réunissent le soir dans leurs mochelandes pour manger des pignoufs à la lueur des deux lunes et gambuler dans les rêvassis. Quand les Terriens les ont colonisés, nos prêtres-robots ont tout fait pour les évangéliser, c'est-à-dire leur faire porter un zlip. Ils se sont montrés allergiques et aussi intraitables que des végans intolérants au gluten et ont décimé les missionnaires avec vigueur au nom du Grand Molybius. On a vite compris qu'il valait mieux leur envoyer des représentants en spiritueux et en cigares de tabac vert. Ils en raffolent. C'est peut-être de là que vient leur haleine de mite, mais les anciens disent que c'est de naissance.

Par imitation des vrais bipèdes, ces malappris nodocéphales marchent sur deux pieds plats, en bavant comme des escargots malades. Ils font l'amour dans des positions scatophages, jouent du ukulélé dès six heures du matin, font grève le mardi, chassent à la harpe à vent de pauvres éléphants sans défense, transmettent la leishmaniose, la grouilluse, la grumose mauve, la flubite, la louchedée osseuse. Et... j'hésite à le dire, ils ne mettent pas de portes à leurs toilettes et ils mangent leur caca.

Ils ne sont même pas rentables. Qu'ont-ils fait d'autre que faire chier le monde depuis la fin des temps, avec leurs mains à six doigts, leurs yeux globuleux, leur langue aussi pointue que leurs oreilles, aussi vert pomme que leur peau et leur caractère aussi mal embouché que des coquecigrues ?

Le seul bon Martio est le Martio mort – mais même alors il pue.

Bref, les Martios, quand il y en a un ça va, c'est quand il y en a beaucoup que ça pose problème. Et justement il y en a beaucoup, et tous royalistes fanatiques.

— La semaine prochaine, nous aborderons le douloureux sujet des Storvs vénutiens. »

Évidemment je n'en pensais pas un mot. C'était de la méchanceté gratuite, la seule qui soit admissible. D'ailleurs j'ai nombre de Martiens parmi mes amis, hein, des gens charmants et pleins d'humour. Entre eux, ils se traitent couramment de Martios et de Martiosses. Moi, ils me traitent de Terrio. Et alors ?

Après avoir posté sur le Rézo sans penser à mal ce petit texte inspiré d'un des plus grands poètes du XXe siècle, Arséniate Cyclopède, gag futile bien que caricaturalement martiophobe, j'allai me coucher et je m'endormis en riant dans ma barbe avec la conviction du devoir accompli.

J'aurais dû faire gaffe.

•••

Par un hasard insomniaque, je m'éveille à 5 heures 15 minutes et 17 secondes du matin. (Ne vous étonnez pas des expressions *nuit, jour, matin*, etc. Quand on vit sur un astéroïde, ça n'a d'autre valeur que de nous structurer selon l'horloge nycthémère terrestre, de même que parler de *haut* et de *bas* préserve notre conditionnement de bipèdes planétaires.) J'avais fait un cauchemar où j'étais poursuivi par des myriades d'étourneaux en murmuration qui piaillaient : « Bigbrotherisez-vous les uns les autres ! » Décidément, je suis poursuivi, dans mes rêves ! Je dois couver une petite paranoïa.

Encore vaseux, je réchauffe un bol de Blob™, la soupe de protoplasme de la planète Xion, un truc entre le mou de veau et l'éponge. Puis, par habitude, j'allume le bouzin. Je découvre qu'une de mes *zamies* (une vraie amie, en fait, je crois, bien que je ne l'ai jamais rencontrée), Blandine de Grand-Chemin (un pseudo, bien sûr), me prévient par message privé :

— Mais, Walter… ce que tu écris là est idiot et odieusement martiophobe !

Je réponds en cliquant de mes deux doigts les mieux réveillés.

— C'est vrai, cependant tu remarqueras que je l'ai dit sans conviction. Ce n'est même pas une opinion arrêtée, réfléchie, pensée… juste une déconnade antalgique. D'ailleurs j'ai parlé de Martios… et les Martios ça n'existe pas.

— Facile ! Mais nos improvisations impromptues sont le surgissement de nos inconscients, tu savais pas ? Ce sont des lapsus révélateurs de nos pulsions les plus sordides et… (Je la croyais mineuse de plomb, Blandine, sur son astéro perso, mais elle est peut-être psy en ligne, en réalité…)

— Sans doute, et qu'y puis-je ?

— Te taire.

— Trop tard. Et d'ailleurs je ne sais pas s'il vaut mieux se retenir avant de proférer des conneries malséantes, se taire, ou au contraire les évacuer, les dilapider sans retenue comme un fauve alangui, quitte à subir ensuite la honte et la vindicte populaire. Il paraît que pour vivre heureux il faudrait n'offenser personne et ne s'offenser de rien, mais l'un suppose trop d'attention et l'autre trop peu de sensibilité. (Moi aussi je peux faire des phrases à tendance.)

On en reste là. Elle retourne au boulot, et moi, je replonge au lit histoire de finir ma nuit.

Au réveil, je découvre que mon *post* a parcouru le Rézo, relayé depuis mes deux premiers cercles vers le troisième et la suite, et la suite de la suite, à la manière d'un vol d'étourneaux en *murmuration*, ce phénomène d'ample mouvement collectif où chaque oiseau suit l'exemple de ses plus proches voisins. Murmuration… que ce terme joli est inapproprié, dans le cas présent. On nomme ça aussi, dans les pays du grand nord « soleil noir », car le nuage de volatiles va jusqu'à obscurcir le ciel, masquer la lumière du soleil. L'obscurantisme serait-il revenu parmi nous ?

Ma boîte de réception est pleine à ras le bol.

Monika Dyslexik : — J'ai jamais comprends qu'est-ce que ça chose pour ?

Amanda d'Arrais : — Spèce de poisson combustible, qui te permet ? Comment oses-tu ?

Marcel Woke : — On a dit « pas le physique » ! Un peu de respect, bordel !

Maïkeul Bay : — Va plutôt laver les chats battus !

Victor-Paul Hémique : — Toi te coiffes jamais ? Toi peur te rayer le cerveau ?

Tony Truand : — Fromage de tête ! Produit laitier ! La honte soit sur toi ! - ouye !

… Post fatal et réaction en chaîne ! Me voilà embarqué dans un de ces emportements rituels du Rézo, submergé par nombre de commentaires bavasseux. C'est le mur des indignations. Bizarrement, aucun *comment'* ne provient de Martiens, qui sont pourtant aussi connectés que n'importe qui. Non, les incriminations pour cause de lèse-victime viennent de Mercuriens, Vénutiens, Violonistes, Saturnistes, etc., ainsi que de nombre de Terriens de souche comme vous et moi, des justiciers *free lance*, sous pseudo de préférence, dégoulinant d'une moraline à consistance de gruau avarié nouvellement acquise, toujours prêts à venir au secours du petit homme vert qui n'en demandait pas tant.

Quel gâchis ! Le Grand Molybius m'est témoin que je n'ai pas voulu ça !

Et ça continue, cascade de haine en ligne, *haters* en rafale… C'est tout un pan de la civilisation qui sombre dans le guacamole des cataclysmes entropiques.

Lupita Boum-Boum : — Tu crois pouvoir te réfugier derrière le second degré, l'humour, la caricature…

Alain Térieur : — On te traquera, on t'ostracisera jusqu'à l'os…

Alex Térieur : — Tous unis contre la haine !…

Silicone Carnage : — Battons-nous contre la violence !…

Gérard Onymo : — Tuons les tueurs !…

(Je passe sur les – *ouye !* qui terminent chaque *comment'*, une tradition dont j'ignore l'origine.)

Mon envoi, c'était hier. Le retour de boomerang, c'est maintenant. « Trop tard », disais-je à mon amie Blandine tout à l'heure… Oui, sur le Rézo, c'est toujours déjà trop tard ! Trop tard pour les regrets, les repentirs d'auteur, les corrections tardives, les rétropédalages dans la bouse. Toute émission revient en boucle dans sa chambre d'écho, effet Larsen à morsure immédiate. Psittacisme. Chacun, aussi narcissique que moutonnier, se dissout dans une sorte de buissonnement frénétique ! Il est si délectable de s'indigner sous le couvert de la masse anonyme et de recevoir en récompense les *laïkes* de la part des *zamis* mimétiques… puis finalement, encore mieux, les excuses aplaties du coupable visé – sorte de « patient zéro ».

Des excuses, pas question !

Mon cauchemar m'avait prévenu, pourtant ! *« Bigbrotherisez-vous les uns les autres ! »* piaillaient les étourneaux. C'est qu'un unique Big Brother à moustache, au moins on sait d'où vient la censure, on sait de qui il faut se méfier. Si on transgresse, on sait ce qu'on risque. Mais là, non, c'est la surveillance de tous par tous. Tout le monde est Big Brother et en est fier ! Big Brother est partout, à des millions d'exemplaires. Le Rézo est à la communication ce que l'opium est au peuple. La loi de la jungle ? Pire que ça : la loi de Lynch – et c'est moi qu'on lynche !

Je ne me souviens pas avoir déjà participé à une catastrophe aussi prévisible.

Ici, dans mon bunker, c'est un peu la panique sur mon tableau de bord. Au lieu de se limiter à mes écrans, les messages comminatoires s'inscrivent où ils veulent : sur n'importe quel support captant les ondes *DentBleue :* écran plat, serviette de table, dessus de la main, tranche de pain, glace au-dessus du lavabo. C'est une invasion en règle. Pas moyen d'avoir la paix. On dépasse la dose de pollution recommandée par l'OMS, là !

Sans oublier le fatras des coupures-pub sauvages ou *messages sponsorisés*.

D'abord les larmes me montent au nez. Puis la moutarde les rejoint.

Non mais… **ils n'ont que ça à foutre ?!**

•••

Il est vrai que sur les astéroïdes il n'y a pas que des mineurs de melbonite, ces rats-taupes glabres et blêmes qui vivent dans des souterrains et des blockhaus à l'abri des retombées des microparticules dues aux forages. Ceux-ci, je les connais, j'en reconnais quelques-uns dans les commentateurs, ils sont fatigués après le boulot et lurker sur le Rézo est une distraction furtive avant d'aller dormir sous les étoiles. Mais il y a les autres : des chômeurs ? des retraités ? des curés défroqués ? de riches originaux qui se sont offert une microlune, y ont implanté des serres bossues où ils cultivent de l'herbe à chat et passent leur temps à rêvasser à un monde d'avant-hier qui n'a jamais existé. Des frustrés. Ceux-là ont des loisirs, ne sont *que* loisirs. Eux, les touristes au front oblique, au cerveau obnubilé, qui se bronzent aux rayons Z sous leurs dômes de plastiline, ces goulifards bourrés de tourgoule, en effet, oui, **ils n'ont que ça à foutre** – et ils ne s'en privent pas.

J'aurais dû mettre un *trigger warning* en exergue : CECI EST DE L'HUMOUR, DE LA CARICATURE,

C'EST POUR RIRE ! (Mais quand on sait ce qu'il en est des fanatiques, cela aurait-il suffi à calmer les ardeurs vengeresses ? Parce que, évidemment, ils réprouvent tout humour : l'humour, c'est fait pour ébranler les certitudes.)

Un moment, je songe à développer un argumentaire bien argumenté, mais d'abord, par réflexe, je réponds par quelques remarques désinvoltes :

— Hé, les gars, c'était pour rire ! Ce n'est qu'une pochade potache qui parodie les vrais méchants. J'ai moi-même d'excellents amis Martios, comme dit plus haut – ha ha ! Ceux qui ne veulent pas en rire n'ont qu'à passer leur chemin.

Nelly Copter : — Y a des limites à l'humour !…

Émile Danlepan : — Et le respect, hein ? Et la dignité ? Non mais !…

Pita Panurge : — Et la compassion, qu'est-ce que tu en fais ?…

… Ça commence à m'énerver. Ça bouillonne en profondeur dans la caillette et le réticule de mon tube digestif de ruminant.

? : — On le sait bien qu'ils sont nuls, grotesques, chiants, les Martiens, c'est pas une raison pour remuer le couteau dans la plaie !…

?? : — Et le respect des races inférieures, qu'est-ce que tu en fais, vermine ? - ouye !

… Je ne note même plus les noms, je préfère les oublier. Par contre le - ouye ! final a refait son apparition.

??? : — Comment peux-tu insulter ainsi ces douces créatures de Dieu au goût de courgette ?! Les Martiens sont une seule âme unissant des millions de corps chlorophylliens ! - ouye !

???? : — Va te faire euthanasier chez les kamikazes, négationniste nazi ! - ouye !

… Comme quoi, très vite, le calamiteux point Gogwine est atteint, annulant toute possibilité de dialogue constructif, toute argumentation complexe et nuancée. Autant lancer des paris sur les courses de saucisses ! D'ailleurs certains se contentent d'aboyer, petits chiens pavloviens, la bave aux lèvres :

— Wooke ! Wooke ! (- ouye !)

… J'aime autant ça, finalement. Ouye !

•••

Je finis quand même par m'énerver. Je sens monter du fond de mon cerveau reptilien des répliques du même niveau :

— D'abord, c'est çuikildit kilyest !

— Y a que la vérité qui blesse !

— Je suis responsable de ce que je dis, pas de ce que tu comprends, dukron !

Je suis tenté de leur lancer à la tête toute une liste d'insultes accompagnée d'un dictionnaire des synonymes. Je me retiens.

Ce qui me désole dans ces réactions dignes d'un tsunami dans l'espace creux, c'est l'absence d'humour. A priori, peut-être naïvement, je comptais sur l'intelligence de mes contemporains. J'en conclus que mes *zamis* ne sont pas forcément mes amis.

Et curieusement, toujours aucune protestation en provenance de Mars ou de Martiens installés dans la Grappe. Si encore les protestataires étaient eux-mêmes les victimes de la colonisation terrienne, du xénophobisme interplanétaire, de la discrimination moléculaire, on pourrait parler de revanche, mais non, je ne vois que des chevaliers blancs post-modernes avec cape et masque, scouts toujours prêts à prendre la défense du petit primitif – qui est incapable de se défendre par lui-même, c'est bien connu – et qui peut-être s'en fout, en fait. Les Martios, manifestement, ils s'en foutent, de ce qu'on dit d'eux. (Bon, ils se foutent de tout, d'accord, je sais, c'est pas une raison, ils pourraient au moins me soutenir.)

OK, ça suffit !

Je débranche le bouzin. Je ferme toutes mes lignes optiques. Je n'entends plus parler de moi, ça vaut mieux que de devenir sourd. Je repasse en conversation personnelle avec l'amie Blandine de Grand-Chemin qui m'avait alerté à cinq heures du mat'. Défoulement ! Je lui sors en privé tout ce que je retenais. Mon clavier me brûle les (deux) doigts. Je me lance, lyrique :

— Sens unique contre sens critique arrogance des parangons de vertu ostentatoire prompts à monter sur leurs grands cheveux fanatiques bourrés de colère et d'intransigeance défendant à tout prix les opprimés même contre leur gré ostracisant muselant les méchants opprimeurs (moi, en l'occurrence) et surtout s'assurant d'être bien du côté de la victime pas de l'exploiteur…

Pouf… Pouf…… Mes doigts sur le clavier reprennent leur souffle.

— Walter, tu redondes, là, répond Blandine, tu pléonasmes, même, et tu radotes sans virgules. Respire !

— D'abord simples chercheurs de poux dans l'œil du voisin, ils mutent rapidement en bouffeurs de slogans empoisonnés, gourous de la bien-pensance, commissaires politiques de la pire espèce, arbitres intransigeants de la rectitude orthodoxe (tu en veux, de la redondance ? en voilà ! et des virgules, aussi !), juges et bourreaux autoproclamés. Tout ça par culpabilité obsessionnelle de dominants ci-devant colonialistes.

— Sans doute, sans doute, Walter, mais dans tes *zamis* poisseux-confiture, il y a aussi des Saturnistes, des Vénutiens…?

— Solidarité entre anciens colonisés !

— OK. On n'a pas fini ! Tu vas faire quoi ?

— Il faut choisir son camp. On ne négocie pas avec les terroristes ! Qu'ils aillent tous se faire moudre ! C'est tous des krons !

— C'est une généralisation abusive, comme toutes les généralisations, me répond-elle en employant elle-même une généralisation abusive. Tu ferais mieux de prendre le maquis, oui ! C'est foutu ! Ils vont te massacrer !

— Tu sais trouver les mots encourageants, toi !

— C'est ça, salut ! - ouye !

(Je l'aime bien, cette Blandine de Grand-Chemin.)

•••

Je sors pour prendre l'air. C'est une image, bien sûr, il n'y a pas d'air sur mon astéro, pas même une sorte d'atmosphère imbuvable. (Pourquoi pas « sortir pour pisser », aussi, ou pour faire des pâtés de sable ?!) « Prendre l'air », c'est purement mental. Si je sors, bien calé dans mon vidoscaphe, c'est pour sentir du volume autour de moi, la « voûte céleste », échapper à la claustration de mon bunker blindé sans hublot où ma vie ressemble à celle d'un rat dans la caverne de Platon. Mon besoin, c'est de me retrouver dans le monde réel, sentir la gravitation universelle sous mes bottes et les étoiles autour de moi plutôt que sur des écrans qui n'ont rien à voir avec mes yeux. C'est aussi histoire de me calmer et de réfléchir à la situation : envisager une stratégie…

Au plus près, dans le ciel, à travers mon casque en Smartglass de type bocal à poisson rouge, je vois d'autres rochers de la Grappe occupés à leur lente sarabande sidérale, petits et grands, plus ou moins tavelés, habités sans doute par mes vrais et faux *zamis*. On a longtemps cru que la Ceinture était faite des scories d'une planète Phaéton qui aurait gravité entre Mars et Jupiter dans des temps immémoriaux et aurait explosé. On espérait y trouver les traces d'une civilisation morte, reconstituer le puzzle des continents, des cités antiques… Un rêve d'exo-archéologue… Il semble que ce soit plutôt la matière première d'une planète avortée, des poussières datant de l'origine du système Sol que le champ gravitationnel de Jupiter aurait empêché de s'agglomérer par *coalescence* ou *accrétion*, comme disent les astronomes. Dans les deux cas, on peut y voir un symbole du Rézo, qui est lui aussi une sorte de nébulosité de communications avortées, éparpillées dans le vide sans arriver à se concrétiser en un tout cohérent. Ou l'inverse : le Rézo en tant que symbole de la pagaille disloquée de la Ceinture des astéroïdes.

Fin de la méditation. Les systèmes d'alarme du scaphe s'excitent ! Tous les voyants des capteurs sont au rouge ! Panoramique 3 D. Des éclaboussures furieuses de flammes de propulseurs ioniques convergent vers mon caillou. Tout mon décor prend l'aspect d'un négatif photo. C'est la guerre des étoiles, ou quoi ?! Et ça, c'est pas mes confrères Ceinturiens mineurs de fond, non, eux ils n'ont pas les moyens, c'est ces espèces de zombies de fin de série de touristes parasites qui m'ont varlopé sur le Rézo. Les insultes ne leur ont pas suffi ! Blandine a raison, ils veulent ma peau !

Missile à 10 heures ! Il explose dans mon ciel couleur d'encre – feu d'artifice silencieux – en une foule d'étoiles coruscantes qui fondent sur moi. Une seconde, je vois ça comme un jeu vidéo, un *shoot-them-up*, à part que c'est sur MOI qu'on tire ! Il ne ferait pas bon être dehors, me dis-je bêtement, alors que justement *je suis* dehors ! J'égrène un chapelet de jurons dignes d'un confesseur jovien. Mes yeux blêmissent et mes couilles tournent en gelée de groseille, celle qui ne tient pas sur la tartine et qu'on essaye en vain de récupérer au fond du bol de thé du... Je... pardon, jedérive.

La foule d'escarbilles en question, c'est en fait une pluie de drones acrimonieux qui s'égayent dans mon champ de vision. Heureusement, ils se montrent incapables de se conduire en bons étourneaux mimétiques : ils se percutent et se charcutent les uns les autres à l'instar de la mêlée verbale du Rézo – ce qui n'est pas étonnant. N'empêche : si jamais ils se coordonnent, je suis mal parti... (Je n'ai pas d'armes, évidemment – pour quoi faire ? combattre les araignées-vampires intersidérales ?) Je suis un peu long à la détente, je sais, mais je ne vais pas me laisser faire ! Face au danger devenu réel, quoiqu'illégal, surgit en moi à l'état de veille une rage qui anesthésie tout sentiment. Je m'en vais te leur tricoter une réplique de derrière les ragots ! Je deviens une machine. Banzaï !

Je plonge mon regard dans le puits central du Donut. À travers mon galet percé, je vois le vide de l'espace, au loin, aussi attirant qu'un lac de plomb fondu, et au milieu, là-bas, loin en dessous, une étoile rouge. Un œil mort.

Non ! Pas une étoile, une planète ! C'est Mars !

J'ouvre grand mon parapluie. Noir, il est orné d'une tête de mort surmontant deux tibias entrecroisés. C'est symbolique, si on veut, mais pas que. Sous son dôme blindé déployé sont planquées des bouteilles de gaz qui peuvent s'orienter selon les besoins et servir de propulseurs ou de fusées de freinage. Visible de loin, ça fait cible, me direz-vous. Oui, c'est exprès. C'est un piège.

Les drones renifleurs m'ont repéré, ils se rassemblent… ou du moins coordonnent leur vol. Accrétion ? Quelqu'un aurait-il enfin pris le contrôle du troupeau ? Un berger et son chien ? Mais dans le Rézo, il n'y a pas de berger, seulement des algorithmes irresponsables. Qui a parlé d'*intelligence collective ?* Foutaise ! C'est plutôt la pulsion de la foule mimétique qui s'est coagulée, agglutinée en une folie collective. Un précipité chimique aussi sympa qu'un calcul biliaire ! Maintenant la meute converge sur moi comme un seul homme dans un entonnoir, affamée de mon sang : une horde d'hyménoptères vibrionnants.

Il y a un proverbe asiatique qui dit : Si on t'insulte, ne réponds pas. Si on t'attaque, fuis ! Si on te coince, tue ! Pour l'instant, j'en suis au deuxième point : je fuis, je déguerpis, je me carapate ! Ils veulent me rayer de la face du monde… OK ! Je passe côté *pile.*

Accroché au mât de mon parapluie pirate, je me propulse dans le trou central du Donut. La nuée de drones vengeurs pique vers moi. Ils émettent en radio un insupportable pépiement de voix synthétiques : « Walter Égo au poteau - ouye !… Les Martiens sont nos zamis - ouye !… On les laïke – ouye !… », etc. Je coupe la réception. Je bascule sans bouée de sauvetage dans le « cénote ». Arrivé au niveau du diaphragme d'inversion de la gravité locale, je lâche le parapluie qui continue sa « descente » dans le boyau sous la poussée de ses propulseurs autonomes, poursuivi par 3712 drones en furie (l'ordi intégré à mon scaphe les a computés). Moi, je me retourne tête sur queue, je me raccroche au bord et je prends pied au revers de mon Donut, côté *pile.* L'essaim de frelons emporté par son élan à la poursuite de mon parapluie pavillon noir continue à toute vibure, traverse la galerie tout droit et continue à foncer en direction de la planète rouge, là-bas loin, au bout du tunnel, dans les abîmes : Mars !

Bon voyage !

C'est fini ! Je ne m'attarde pas côté *pile*, je remonte côté *face* de ma pièce percée à la seule propulsion d'une bombe de gaz. Je rentre dans mon bunker blindé, je vire mon scaphe et je remets de la monnaie dans le compteur à oxygène. Je décompresse, les poumons en forme de pain sec. Si la guerre *éclate*, comme on dit, la paix, par contre, arrive sans bruit, dans une résignation essoufflée. Je laisse les battements de mon cœur se calmer.

Ma connexion est toujours fermée et je crois que je ne vais pas la rouvrir de sitôt.

Vous savez ce que c'est qu'une *agora ?* Une place publique, lieu de réunion et d'échanges ouvert à tous. On peut la détruire de différentes façons : la *diaspora*, où tout le monde se disperse tous azimuts sans suite… Ou la *claustra*, où un petit nombre se regroupe dans le secret d'un cloître… Ou encore la *camera*, où chacun s'enferme tout seul dans l'intimité de sa propre chambre… Il paraît qu'une vie morale, c'est une vie vécue en public… Moi je veux bien, mais pour l'instant, je vais rester en mode *camera*.

Je garde tout le bouzin hors-ligne. Je pom-quitte – jusqu'à nouvel ordre.

J'envoie quand même un message personnel à Blandine de Grand-Chemin, en privé-protégé-double-top-secret-défense, en espérant qu'elle est toujours mon amie – sans z.

— J'en ai fini avec tous ces greluchons, Blandine. Quant au Rézo : zéro ! Fini, terminé ! Content de t'avoir connue. Et si tu veux… on reste connectés, tous les deux - ouye !

Elle me répond en m'envoyant sa photo – son *avatar*. Elle ne l'avait jamais fait jusqu'ici, dans nos échanges. Elle porte un crop top croustillant avec tout ce qu'il faut dedans. Et elle me fait une grimace louche… mais j'adore sa peau vert pomme, ses yeux globuleux et ses oreilles pointues.

Et sa langue tout aussi verte et tout aussi pointue.

•••

ÉPILOGUE

Ce n'est que bien plus tard que j'ai appris par la presse hors-ligne ce qu'étaient devenus les drones à la fin de leur odyssée. Suite à la chaleur provoquée par leur chute dans l'atmosphère martienne, les 3712 engins avaient fusionné en un bolide de quelques tonnes (martiennes), un bloc informe de métaux et de composants électroniques qui s'était écrasé dans le cratère Weinbaum, aplati façon bouse de vache, mais d'où émergeaient encore les voix vengeresses du Rézo.

— Les Martiens sont nos zamis - ouye ! glapissait inlassablement la pseudométéorite.

Depuis des siècles, la zone était habitée exclusivement par des robots issus de la Terre, les *rovers Spirit, Opportunity, Curiosity*, etc. Perchés sur leurs airbags, ceux-ci se réunirent, pleins de curiosité autour de la masse patatoïde au fond de son cratère d'impact encore chaud. Leurs IA en discutèrent quelques nanosecondes, envisageant de l'entourer d'une barrière de fil de fer barbu ponctuée de pancartes *« No trespassing »* (en alphabet glagolitique martien) afin que les petits hommes verts qui cultivent des champs de salsifis arborescents (mauves) dans le quadrilatère *Mare Australe* ne viennent pas s'y brûler les miches.

Cependant quelques Martiens mystiques (un de leurs défauts innés et non des moindres) y virent l'arrivée d'un Sauveur – le monolithe ne s'appliquait-il pas à psalmodier l'amour et la gloire de leur peuple ? – et le considérèrent comme un Cadeau Sacré envoyé du Ciel par le Grand Molybius. Ils se constituèrent en une secte d'adorateurs et gardiens du Cénotaphe Divin.

Par contre, une secte adverse qui ne comprenait rien aux slogans encore émis par les vocodeurs fondus dans le tas de ferraille y vit un piège démoniaque venu des profondeurs de l'espace infernal et soudoya les descendants des robots terriens pour qu'ils enterrent ce déchet spatial sous une pyramide de sable et de roc afin d'étouffer les voix maudites, ce qui s'avéra à peu près aussi efficace que le sarcophage de Tchernobyl.

Dans cette zone tout juste bonne à abriter des carrières de pierres tombales, il y eut pendant quelques années de féroces affrontements entre les deux sectes, dégâts collatéraux et nombreux Martiens morts à la clef. Puis le cratère fut abandonné à la garde d'un vieux *rover* nommé *Perseverance* et plus personne n'en parla.

De toute façon, les Martiens, tout le monde s'en fout.

LA MANGEUSE DE NUAGES

Danielle Martinigol

— Mettez votre casque de réalité virtuelle, ouvrez l'appli Virtuelivres et pointez le fichier Esmeralda.

Face à l'image géante du prof projetée sur le mur au fond de la salle, Cyprian obéit comme la centaine d'élèves autour de lui. Tous exécutent les consignes. Ils sortent du tiroir de leurs bureaux connectés un anneau qu'ils posent sur leur tête. Celui de Josef, assis à côté de Cyprian, s'ajuste parfaitement au niveau de son front mais celui de Cyprian tombe devant ses yeux jusqu'à être bloqué par l'arête de son nez. Cyp marmonne entre ses dents « maudit casque ! » provoquant un ricanement de Josef.

— Pôv Ptite-Tête ! dit ce dernier. Ils n'ont toujours pas changé cet anneau VR trop grand pour toi ? Alors que ton père est Directeur commercial de l'usine qui les fabrique ?

— Pas Directeur commercial, grogne Cyprian, Directeur de projet.

Josef hausse les épaules et nargue Cyprian en secouant la tête. Son casque reste parfaitement en place sur son front tandis que celui de Cyprian est en biais sur son crâne, ce qui lui donne l'impression d'avoir une auréole encombrante accrochée dans les cheveux.

— Est-ce que vous voyez la jeune Esmeralda, Monsieur Martin ? demande la voix très forte du prof jaillissant des haut-parleurs.

— Euh, pas encore monsieur, répond Cyprian en ajustant tant bien que mal le micro du casque devant sa bouche.

— Dépêchez-vous monsieur Martin, nous ne vous attendrons pas longtemps pour commencer cette séance de Lire et Voir sur *Notre-Dame de Paris* de Victor Hugo. J'en profite pour vous dire monsieur Martin que vous devriez bien vous entendre avec mademoiselle Céline présente dans la salle. Vous avez un point commun : celui de pousser vos profs et moi en particulier, à s'arracher les cheveux pour déterminer quels sont vos noms et prénoms. Vos parents auraient pu choisir plus simples qu'Aiata et Cyprian en s'appelant Martin et Céline.

— Il était déjà chauve, dit Josef en couvrant son micro. Il n'a pas eu grand-chose à s'arracher pour différencier ton nom de ton prénom. Au fait, tu vas le garder comme pseudo sur Booksvirtuality ?

— Tais-toi ! gronde Cyprian entre ses dents. Ne dis rien à propos de Booksvirtuality. Si mon père apprenait que j'ai parlé de ce logiciel, je serais bon pour l'internat ! Et comme je ne l'ai dit qu'à toi…

Le geste menaçant de Cyprian suffit pour que Josef marmonne pardon avant de reporter son attention sur l'image du prof haute de deux mètres qui annonce :

— Abaissez vos visières et regardez en détail autour de vous. Le travail aujourd'hui sera de repérer ressemblances et différences entre le texte de Hugo et l'image virtuelle d'Esmeralda dansant sur le parvis de Notre-Dame de Paris en 1482.

Cyprian essaie en vain d'ajuster la visière du casque VR devant ses yeux. Comme celle-ci s'obstine à lui chatouiller le menton, de rage, il repousse le casque en arrière et son regard se retrouve libéré loin de la bohémienne du Moyen Âge avec son tambourin et sa petite chèvre.

Cyprian n'écoute plus le prof. Il cherche du regard la fille citée par l'image de l'enseignant depuis l'écran mural. Qui s'appelle Aiata Céline ? Il connaît le prénom Aiata qui vient de Tahiti. C'était celui de sa grand-mère paternelle à laquelle il doit sa peau mate et ses cheveux très noirs. Un prénom qui signifie « La mangeuse de nuages ». Les yeux de Cyprian balaient la salle pour finalement s'arrêter sur une fille cachée derrière le rideau de ses cheveux châtains. Elle serre dans ses mains le stylet de sa tablette pliable. Aucune élève ne semble aussi crispée. C'est sûrement elle la mystérieuse mademoiselle Céline, fâchée comme lui par la remarque du prof sur leurs prénoms.

Dans la salle tout le monde s'est mis au travail sauf eux. Au bout d'un moment, le prof déclare que l'exercice est terminé et envoie sur les tablettes les consignes pour préparer le cours suivant. « Nous nous déplacerons la prochaine fois dans les égouts de Paris avec Jean Valjean et les *Misérables*. »

De mieux en mieux, pense Cyprian. D'ici qu'ils finissent en cellule avec *Le dernier jour d'un condamné*... Les élèves s'apprêtent à plier leurs tablettes pour les ranger lorsque deux sonneries retentissent, faisant sursauter tout le monde. Chacun relève la tête pour regarder au plafond l'alignement des caméras de surveillance nommées les survœils. Deux survœils clignotent : l'un au-dessus de Cyprian et l'autre au-dessus d'Aiata.

Cyp jure en silence. La poisse ! Son père a regardé sur son smartphone ce que faisait son fils en cours et, voyant qu'il n'a pas noté le travail à faire, il le rappelle à l'ordre par l'alarme du survœil au-dessus de lui. Pareil pour Aiata. Qui la surveillait, elle ? Son père ou sa mère ? Cyp se tourne à nouveau vers elle en pensant qu'ils ont en commun, en plus de leurs prénoms originaux, des parents particulièrement casse-pieds !

Les cheveux d'Aiata sont en arrière suite au mouvement qu'elle a fait pour regarder les survœils. Son visage est blanc comme un linge. Stupéfait, Cyprian constate qu'il la connaît. C'est une de ses voisines ! Il la voit parfois sortir d'une maison proche de chez lui. Elle file toujours d'un pas rapide en direction du centre d'études où elle disparaît dans l'ensemble des bâtiments. Cyp ignorait qu'elle était dans sa classe. Chose normale quand les élèves sont regroupés à plus de cent dans des salles de cours aménagées comme des salles de spectacle où les profs ne sont que des images 3D. Chaque enseignant travaille pour de nombreuses écoles en simultané et la surveillance des élèves se fait directement par les familles avec les affreux survœils. La plupart des parents n'interviennent jamais ou très rarement. Sauf aujourd'hui pour Cyprian et Aiata. Les regards des autres élèves sont fixés sur eux et des rires résonnent dans la salle. Asticotés par le prof puis repérés par leurs parents : K.O. en deux rounds !

Le cours est fini. Le prof dit au revoir et son image s'efface. Tout le monde se lève et se dirige vers la sortie.

Josef en fait autant. Cyprian range ses affaires dans son sac. Il s'apprête à suivre le groupe lorsqu'il constate qu'Aiata est toujours à sa place. Elle semble accablée. Il hésite puis s'approche. Elle a un mouvement de recul en le voyant devant elle.

— Ton Big Father est aussi exigeant que le mien, dit-il.

— Big Father ? répète-t-elle dans un murmure.

— C'est comme ça que j'appelle nos survœils. Tu connais Big Brother ?

— Ça vient d'un livre non ?

— Oui. Le titre en est *1984*. Des télécrans filment les gens chez eux.

— Mais ça veut dire Grand Frère.

Il hoche la tête puis ajoute :

— Comme c'est mon père informaticien qui se connecte de temps en temps, je dis Big Father.

— Moi c'est ma mère. Elle garde toujours à son travail une mini fenêtre ouverte avec les images du survœil au-dessus de moi.

— Tout le temps ? s'étonne Cyp. Dis donc, c'est une Very Big Mother !

Elle a un petit sourire, baisse les yeux et se met à ranger ses affaires. Quand elle plie sa tablette, elle dit en soupirant :

— Avec tout ça, je n'ai pas téléchargé le travail à faire.

— Moi non plus, mais Josef, mon voisin, l'a fait. Je lui demanderai et je te l'enverrai. Tu me donnes ton ID.Vir ?

Elle le fixe, sourcils froncés, le dévisageant pour la première fois. Il fait un geste de dénégation :

— Comme tu le sens, pas de souci. Je sais que certaines personnes ne veulent pas donner leur identité virtuelle.

— Normalement moi non plus, mais là, d'accord, dit-elle enfin.

Il approche son sac de celui d'Aiata en prononçant : échange ID.Vir La connexion entre les tablettes se fait et sur leurs montres-réseau s'affichent les nouveaux contacts AiaCEL424 et CypMAR812.

Cyp se dit que c'est le moment de tenter une approche.

— Je crois qu'on habite dans la même rue…

Comme elle reste sans réaction, il ajoute :

— Mon père, le fameux Big Father, s'appelle Josselin Martin et ma mère Kathy. Et toi, ta famille ?

— Que ma mère.

Le ton est cassant. N'osant plus du coup lui proposer de rentrer avec lui, Cyprian fait un rapide signe d'au revoir et se dirige vers la sortie.

Dans son dos, en le regardant partir, Aiata expulse l'air de ses poumons dans un soupir stupéfait. Jamais elle n'aurait pensé entrer en contact avec ce garçon-là. Comme l'a dit leur prof, il y a beaucoup de familles Martin. Mais que le fils de l'informaticien Josselin Martin habite sa rue et soit dans sa classe ? Quel hasard ! Un vrai jackpot pour son espionne de mère ! Fulminant de rage contre sa Very Big Mother – comme l'a nommée Cyprian sans se douter qu'il tombait juste –, Aiata range ses affaires, le dégoût au cœur. À coup sûr, sa mère savait tout ça et s'est bien gardée de le lui dire.

Depuis plusieurs années Marie-Anne Céline était Inspectrice web pour le compte du BLISP, le Bureau Lecture Informatique Sous Protection. Cet organisme observait sur Internet les sites de Lire et Voir et évaluait les entreprises qui travaillaient dans ce domaine. Ce n'était donc pas du tout par hasard si deux semaines auparavant elle avait parlé devant sa fille de Josselin Martin, un développeur en informatique qu'elle était chargée de surveiller. Sur le coup, Aiata n'avait pas compris cet aveu. D'ordinaire sa mère ne prononçait pas de noms.

Mais aujourd'hui tout s'éclaire ! Sa mère lui réserve un mauvais tour. Comme le BLISP examine de près ce qui est mis en ligne pour les plus jeunes, le Bureau fait souvent appel à des adolescents pour qu'ils entrent dans des systèmes où les adultes non avertis du langage jeune se feraient repérer d'emblée. Tous ces infiltrés sont des surdoués en informatique comme Aiata qui a déjà collaboré avec le BLISP.

Cyprian fait craquer les articulations de ses doigts au-dessus de sa tablette en se disant qu'il n'a plus aucune raison de lambiner, il doit se mettre au boulot ! Josef lui a envoyé la consigne : choisissez un texte et modélisez un environnement

3D pour mettre en valeur les éléments du récit puis expliquez vos choix.

C'est un exercice de Lire et Voir normal comme les profs de littérature en donnent souvent à leurs élèves. Josef et la plupart des autres copains de Cyprian détestent ça, alors que lui adore la création 3D. Il a transmis le message à sa voisine et n'a reçu comme réponse qu'un « merci » aussi sec que les derniers mots qu'AiaCEL424 lui a adressés à la fin des cours. Il hausse les épaules. Cette fille est bizarre. Il ne s'en fera sûrement jamais une amie. Dommage. Elle doit être jolie quand elle sourit.

Il revient à la consigne et décide d'ouvrir sur sa tablette les documents de sa défunte grand-mère, cette Aiata de Tahiti à laquelle il ne pensait plus jusqu'à aujourd'hui. Il sait qu'elle a laissé de nombreuses vidéos pour lui seul, son unique petit-fils qu'elle n'a jamais connu, emportée par une maladie en Polynésie avant d'avoir pu venir en France serrer dans ses bras affectueux le bébé Cyprian.

Le bébé jeune homme donne l'ordre vocal au projecteur holographique de la maison de se mettre en marche. Puis Cyp lance une recherche dans le cloud familial des documents à son nom jamais ouverts. Quand les fichiers s'affichent, il isole celui intitulé « Présentation » et envoie au centre du salon les images des antipodes. D'un coup le décor disparaît et Cyprian se retrouve devant une foule qui regarde une jeune fille danser le tamouré sous des cocotiers au bord de l'océan. L'endroit est idyllique. Une ligne de texte apparaît et se superpose aux nuages tout en haut.

« Moi, Mamie Aiata, dansant le jour de Noël 1996. Dernière année des E.N. »

Mamie ? C'est sa grand-mère, cette bombe en train de se trémousser ? Cyprian n'en revient pas. Mais l'image se met à trembler et d'un coup disparaît. Cyp râle. Il veut voir la suite… Rien à faire, après plusieurs tentatives il comprend que le projholo est à nouveau en panne. L'appareil est vieillissant et ça lui arrive de plus en plus souvent. Pas d'autre solution que de descendre au sous-sol dans le labo de son père. Là, Josselin Martin cache un projecteur holographique encore non commercialisé spécialement mis au point pour gérer le futur logiciel qui révolutionnera les activités de Lire et Voir : le fameux Booksvirtuality dont Cyprian a eu la mauvaise idée de parler à Josef. Mais à vrai dire ça ne l'inquiète guère. Car si Josef répétait ce qu'il lui a dit, les gens ne le croiraient pas. Pouvoir projeter sa proche image DANS les programmes pour vivre le récit au cœur du livre, ne plus être un simple lecteur-spectateur, mais un lecteur-ACTEUR, c'était encore de la science-fiction, n'est-ce pas ? En fait, pas du tout.

Au sous-sol Cyprian se reconnecte, annonce son ID.Vir CypMAR812 et lance Booksvirtuality. En faisant cela, il ne se doute pas qu'il déclenche un tsunami de réactions en chaîne. Un signal d'alerte clignote aussitôt sur l'écran de Marie-Anne Céline au BLISP. L'inspectrice n'élargit pas la fenêtre du survœil de sa fille. Les cours sont finis. Aiata est à la maison. Quand le signal prend forme sur son bureau numérique, Marie-Anne voit des données qu'elle ne comprend pas. Elle lance une IA de décryptage à l'assaut du code. Aucune image n'apparaît. Finalement le signal se transforme en mots, précisément en une adresse que Marie-Anne identifie tout de suite car c'est la sienne ! Ou plutôt c'est la sienne avec en plus une autre toute proche : 4 et 8 rue de la Barrière. Que se passe-t-il entre son domicile au numéro 4 et celui des Martin au 8 ?

Ravi, Cyprian retrouve sa grand-mère sur la plage. L'illusion créée par Booksvirtuality autour de lui est parfaite. Il enfile le gant pointeur qui s'ajuste à sa main comme une seconde peau. Booksvirtuality a maintenant accès à toutes ses données corporelles en plus de tout ce que les réseaux possèdent sur lui : portrait, taille, poids, caractère, amis, qualités, défauts… Tout se combine pour créer son avatar plus vrai que nature ! Sa grand-mère le voit et lui tend la main pour l'inviter à venir danser le tamouré avec elle. Il a réellement l'impression de sentir la main de la jeune Tahitienne dans la sienne quand il répond à son invitation. C'est fabuleux. Il entre dans l'image 3D, son cœur bat à cent à l'heure. La musique de l'orchestre tahitien et les encouragements de la foule qui applaudit tout autour sont grisants. C'est comme s'il venait de plonger dans les souvenirs que sa grand-mère a confiés il y a des années à la mémoire du cloud familial pour lui.

Un léger brouillage sur le côté de l'espace holographique attire son attention. Il tourne la tête et avec surprise il aperçoit le visage d'Aiata Céline. Sa voisine dans la foule ? Il cligne des yeux, regarde à nouveau… plus rien. Il a rêvé ou quoi ? Il retire sa main de l'image de celle de sa grand-mère et regarde sa montre réseau. Il a juste le temps de lire AiaCEL424 avant que l'info disparaisse. Qu'est-ce que ça veut dire ? Aiata était-elle vraiment là il y a quelques secondes dans Booksvirtuality avec lui ? Impossible !

Il arrache le gant et déconnecte tout de peur d'avoir déréglé le prototype de son père. Le décor polynésien s'efface progressivement jusqu'aux nuages dans le ciel. Avant que tout ne s'éteigne, trois mots restent, flottant dans le vide : *Mobilis in mobile*. Puis le sous-sol reprend son apparence normale. Cyp éteint sa montre réseau, s'empare de sa tablette et remonte à l'étage dans sa chambre. Ses parents ne sont pas encore rentrés. Inutile qu'ils sachent qu'il a désobéi en utilisant seul le matériel du labo. Normalement il n'a le droit d'accéder à Booksvirtuality qu'en présence de son père car, le logiciel étant destiné aux jeunes, Josselin Martin veut observer les réactions de son fils en situation. Cyprian est son testeur.

Sauf qu'utiliser le journal intime de la grand-mère tahitienne n'était pas prévu au programme au sens propre du terme, et encore moins de voir la fille des voisins dans le décor !

Le front collé contre la vitre de sa chambre, Cyprian regarde en direction de la maison des Céline au bout de la rue en se demandant s'il doit contacter Aiata pour en avoir le cœur net. Mais finalement non. Il pense trop à cette fille, voilà tout. Sans doute a-t-il rêvé, emporté par l'ambiance de la fête sur la plage où dansait Mam...Aiata… Oh, bonne idée ça ! Maiata pour sa grand-mère, Aiata pour sa voisine. Au moins il aura les idées plus claires.

La soirée se déroule normalement. Son père répare le projholo du salon – avoir un super technicien à la maison ça aide – et Cyprian monte faire son travail Lire et Voir dans sa chambre. Il décide d'utiliser une scène du livre *Le Petit Prince* de Saint-Exupéry en créant une vidéo du renard près d'un rosier. Une fois sa modélisation 3D achevée, il se couche et cherche longtemps le sommeil, croyant entendre des sons de guitare, tambourin et flûte sous des cocotiers.

Le lendemain, en sortant de chez lui, il voit Aiata qui remonte la rue d'un pas rapide. Il la rattrape en l'interpellant et propose qu'ils aillent ensemble jusqu'au centre d'études. Elle accepte d'un hochement de tête.

— Qu'est-ce que tu as fait pour l'exercice de Lire et Voir ? demande-t-il, histoire de briser la glace.

— *L'île mystérieuse*, répond-elle.

Comme il ne réagit pas, elle continue :

— Jules Verne, le dernier roman de la trilogie du Pacifique.

Il fait une moue qui en dit long. Aiata se met à rire. Ce rire le met en joie à son tour, il hausse les épaules en souriant et dit :

— Je ne suis pas très calé en littérature.

— Trois romans de Jules Verne, dit-elle. *Les enfants du Capitaine Grant* en premier, ensuite *Vingt mille lieues sous les mers*, et enfin *L'île mystérieuse* ! Le refuge du capitaine Nemo, ça te dit quelque chose ?

— Oui, tout de même, le Nautilus. Je suis allé à Disney World, tu sais ! Je suis monté dedans.

Le fou rire qui s'empare d'Aiata l'immobilise au milieu du trottoir. Cyprian rit aussi de bon cœur. Au fond il est ravi d'avoir su dérider cette fille si triste et affolée la veille en cours. Il avait deviné juste, elle est très jolie quand son visage s'illumine.

— Toi alors ! s'exclame-t-elle. « Je suis monté dedans ! » répète-t-elle. Tu as donc testé le Mobilis in mobile.

À ces mots, Cyprian se fige et la fixe, le visage soudain fermé. Elle se moque de lui ? Elle n'a pas pu dire ça par hasard. Maintenant, il est certain de l'avoir vue dans le décor du journal de Maiata la veille. Mobilis in mobile. Ces trois mots sont imprimés au fer rouge dans sa mémoire.

— Qu'est-ce qui se passe ? dit-elle en le voyant soudain figé. C'est la devise du Capitaine Nemo, ça veut dire mobile dans l'élément mobile. Le sous-marin… qui bouge tout le temps dans les océans… C'est ce qui fait que personne n'attrape jamais le Nautilus. Pourquoi tu fais cette tête ?

Cyp évite de répondre avec un geste signifiant pas d'importance.

— Et toi tu as choisi… poursuit-elle.

— Saint-Exupéry, le renard. On ne voit bien qu'avec le cœur.

Elle hoche la tête. Puis elle se remet en marche et dit :

— J'ai hâte de voir ta vidéo 3D pendant le cours. Le renard devant la rose, c'est une très bonne idée.

La stupeur s'empare de Cyprian. Il se fige sur le trottoir. Elle s'en rend compte et ajoute très vite :

— Enfin je me doute… je suppose…que ça va être bien.

Cyprian est submergé par une colère énorme. Il gronde :

— Tu te payes ma tête ! Je n'ai pas parlé de la rose. Si tu sais que ma vidéo montre le renard et la rose ensemble, ce qui ne se produit jamais dans le texte, c'est que tu m'as espionné ! Tu t'es servie de mon ID.Vir pour te connecter sur mon système perso et en plus, sur nos systèmes à la maison. C'est pour ça que tu as dit Mobilis in mobile. Tu as piraté le prototype de projholo de mon père.

En face de lui, la jeune fille rieuse est devenue très sérieuse.

— Je suis désolée Cyprian, j'ai été contrainte de le faire, dit-elle sur un ton bien plus grave. Ma mère m'y a obligée. Elle a découvert que nous avons échangé nos ID.Vir et comme elle est chargée de surveiller ton père…

— Surveiller mon père ? la coupe Cyprian, mais de quel droit ? Elle fait quoi ta Very Big Mother en plus de te fliquer en cours ?

— Elle travaille au BLISP, le bureau lecture informatique sous protection. Le logiciel de ton père intéresse beaucoup les gens du BLISP. C'est leur boulot de repérer ce qui devra être surveillé car très utilisé par les jeunes internautes.

Cyp a un rire amer. Dire que son père est persuadé que son secret est bien gardé ! Quelle illusion dans le monde hyperconnecté qui les entoure. Un bouillonnement de sentiments l'agite et il ne sait plus quoi penser. La mère de sa voisine est une espionne et à cause de lui le travail de son père vient d'être piraté par une fille de sa promo debout devant lui.

Il gronde :

— Ça ne t'a pas gênée de te mêler de ma vie privée ? Tu acceptes de faire ce genre de choses souvent ? C'est strictement interdit autant que je sache.

— Le BLISP, lui, a le droit.

— Ah, bien sûr ! Au nom du fameux : « Dormez tranquilles on vous surveille ! » Hier, en parlant de Big Brother, j'ai tapé dans le mille.

La voix de Cyp est pleine d'amertume. Ils se dévisagent en silence. Au bout d'un moment il marmonne :

— Elle t'a vraiment obligée ?

— C'était ça où elle envoyait ses collègues saisir le matériel de ton père pour le tester au BLISP. Ton père doit déclarer l'existence de son logiciel.

— Il compte le faire quand on aura fini les dernières mises au point.

Un robot nettoyeur passe près d'eux. La machine crache un jet d'eau qui les oblige à reculer et à se rapprocher l'un de l'autre.

— Saleté ! râle Cyprian.

— Tu sais parler aux filles, toi ! glousse Aiata.

Avant que Cyprian réagisse, elle poursuit en souriant :

— Il est génial votre logiciel ! Quel progrès technique ! Ton père lui a donné un nom ?

Au point où ils en sont autant tout dire :

— Booksvirtuality.

Aiata répète le mot avec des étoiles dans les yeux. Finalement, elle aussi s'est retrouvée testeuse et visiblement ça lui a plu !

— Je t'ai vue sur la plage, dit Cyp.

— Je t'ai suivi. Depuis ta connexion jusqu'à la fille qui dansait.

— C'est ma grand-mère paternelle. Elle s'appelait comme toi, Aiata. En apprenant ton prénom, j'ai eu envie d'ouvrir son journal intime qu'elle m'a légué. J'ai commencé dans notre salon, mais le vieux projholo a lâché. Du coup je suis descendu lancer Booksvirtuality. Le labo de mon père est au sous-sol.

Aiata ne répond pas, fronçant les sourcils de réflexion. Cyprian s'interroge. Le croit-elle ? Le prend-elle pour un idiot de s'intéresser aux confidences d'une vieille dame du siècle dernier ?

— Combien de temps as-tu mis pour faire tout ça ? demande-t-elle.

— Un quart d'heure environ.

— Le temps que ma mère soit alertée, m'appelle, me donne vos codes d'accès et m'oblige à te pister.

— Je t'ai vue et j'ai tout éteint.

— Trop tôt pour elle. J'ai juste pu lui dire que le décor était une plage. Elle était fâchée, elle aurait voulu en savoir plus.

— Savoir quoi ? s'étonne Cyprian.

— Ce que contient ce journal intime, peut-être ? Il faudrait le lire…

— Et voir ! ajoute Cyprian. On y retourne ?

Il lui tend la main. Elle hésite. Sécher les cours ? S'enfermer avec lui dans un sous-sol pour devenir ensemble acteurs d'une aventure Lire et Voir dans un environnement virtuel stupéfiant de réalisme ? Après tout, c'est du travail personnel n'est-ce pas ? Les profs les encouragent tout le temps à en faire ! Elle glisse sa main dans la sienne. Ils font demi-tour, laissant derrière eux le robot nettoyeur et leurs camarades en train de patauger avec les Misérables dans les égouts de Paris, sous des survœils impitoyables.

— Qu'est-ce qu'on cherche exactement ? demande Cyprian lorsqu'ils se retrouvent sur la plage tahitienne. Quelle intention pouvait bien avoir Maiata en enregistrant des documents pour moi ? J'ai mêlé mamie et Aiata pour désigner ma grand-mère, précise-t-il.

— Très joli mot. Si je suis grand-mère un jour…

— Toi ? Grand-mère ?

Ils rient avant de redevenir sérieux pour examiner en détail les lignes du texte défilant au-dessus d'eux sur les nuages.

— La date ? suggère Aiata. Noël 1996. Dernière année des E.N. C'est quoi ça ?

— Les essais nucléaires ! s'exclame Cyprian. Je n'avais pas percuté. C'est peut-être lié à ça.

Rapidement il met Aiata au courant des essais de bombes faits pendant des années en Polynésie. Est-ce cela qui intéresse l'inspectrice Céline ?

— Mets ça ! dit Cyp en tendant à Aiata un gant pointeur.

Ils lancent une recherche vocale en visant la zone de texte sur les nuages : « Bombe. Océan Pacifique » dit Cyp. « Informations. Journaliste » ajoute Aiata. Ils obtiennent vite une réaction du logiciel. Le décor change. Ils sont sur le pont d'un bateau. Un homme en redingote les regarde. Il soulève son chapeau et dit : « Claudius Bombarnac. Reporter du vingtième siècle. » Les mêmes mots s'affichent sur les nuages. Aiata pointe deux doigts sur Bombarnac pour explication.

— C'est le titre d'un roman de Jules Verne ! s'exclame-t-elle. Je ne le connaissais pas celui-là. Il faut dire qu'il a écrit soixante-huit voyages extraordinaires ! Difficile de les…

— Regarde ! l'interrompt Cyprian, l'orthographe du nom change !

Il y a maintenant écrit au-dessus d'eux « Bombe arnaque ! ».

— Ma grand-mère voulait peut-être attirer mon attention à propos du nucléaire avec humour ! constate Cyprian.

— Elles étaient puissantes ces bombes ? demande Aiata.

L'environnement se modifie à nouveau. Devant eux des hommes sont debout sur une embarcation qui tangue dans une tempête. La vision terrifiante d'un immense poulpe et de ses tentacules s'agite au-dessus d'eux. Un nouveau texte apparaît sur les nuages. « L'épouvantable bête ! Son corps devait peser vingt mille kilos »

— La pieuvre géante de *Vingt mille lieues sous les mers* face au Capitaine Nemo… s'exclame Aiata.

— Reculons ! dit Cyprian en la tirant en arrière au moment où un tentacule s'approche d'eux. Vingt mille…

répète-t-il, vingt kilotonnes ! La puissance des bombes ! C'est la réponse à ta question.

Il serre Aiata contre lui. Elle s'accroche à sa taille. Moins habituée que lui à l'environnement hyper réaliste de Booksvirtuality, elle a peur.

— Tu ne crains rien, murmure-t-il à son oreille. Il n'y a pas de danger, aucun piège, que des images.

— C'est sûr ?

— Oui, c'est un environnement virtuel, Aiata. Il faut juste faire attention à ce que nous disons. Le logiciel réagit avec une rapidité incroyable aujourd'hui.

— Plus que d'habitude ?

— Oui. On dirait qu'il répond par des données en relation avec les trois mots fantômes restés pendant que je déconnectais tout brutalement hier soir. Ton fameux *Mobilis in mobile*. Verne, Nemo… Deux hommes, l'un ayant réellement existé et l'autre personnage de fiction.

— C'est peut-être ça que ma mère voulait vérifier : les réactions de Booksvirtuality face à des récits de choses vraies comme celles racontées dans un journal intime.

— Tu veux dire que le logiciel traiterait de la même façon un récit de vraie vie et un récit imaginaire ? Il confondrait réel et virtuel ?

Elle hoche la tête.

— Pour en être sûrs, dit Cyp, il faudrait continuer à le tester. Mais où pour nous sentir en sécurité ?

— Peut-être à l'intérieur du Nautilus dans la bibliothèque du Capitaine Nemo, murmure-t-elle en approchant à son tour sa bouche de son oreille.

Cyp formule la requête à haute voix, cachant de son mieux l'émotion provoquée par le souffle d'Aiata sur sa joue. Les images 3D changent encore autour d'eux. Ils se retrouvent au centre d'une pièce face à deux hommes dont l'un est debout et l'autre étendu sur un divan.

— Mais c'est Jules Verne, je le reconnais ! s'exclame Aiata à mi-voix, en désignant celui près d'eux qui se met à parler et dont les mots s'inscrivent dans la zone de texte.

« Capitaine Nemo, voilà une bibliothèque qui ferait honneur à plus d'un palais des continents et je suis vraiment émerveillé quand je songe qu'elle peut vous suivre au plus profond des mers ! »

Nemo se relève et, s'appuyant sur le dossier du divan, il répond :

« Où trouverai-je plus de solitude et de silence, monsieur l'auteur ? Votre cabinet d'écrivain vous offre-t-il un repos aussi complet ? »

« Non, Capitaine, je dois avouer qu'il est bien pauvre auprès du vôtre. Vous possédez là six ou sept mille volumes. »

Un mouvement dans le dos de Cyprian et Aiata les fait se retourner. Avec stupéfaction ils voient un homme et une femme côte à côte qui les regardent. Ils se tiennent à la limite de l'espace holographique.

— Pause système ! ordonne Cyprian.

Jules Verne et Nemo se figent en statues translucides.

— C'est complètement dingue ! dit l'homme.

— Mon père ! murmure Cyp pour Aiata.

— Si on m'avait dit que je verrais ça un jour… ajoute la femme.

— Ma mère ! chuchote Aiata en retour.

Pendant quelques instants il règne dans le sous-sol des Martin un lourd silence entre les adolescents serrés l'un contre l'autre et leurs parents immobiles, bouche bée de surprise.

Enfin, Cyprian demande :

— Comment vous vous êtes trouvés pour être là ensemble ?

Josselin Martin et Marie-Anne Céline se regardent et finalement c'est elle qui répond à Cyprian.

— J'ai contacté ton père, je ne voulais pas que mes collègues saisissent son matériel sans que je l'aie vu fonctionner. Nous venions pour une démonstration et voilà que vous nous en faites une étonnante !

— Totalement inattendue même pour moi, ajoute Josselin Martin en se tournant vers l'inspectrice du BLISP.

— Qu'est-ce qui vous étonne ? dit Cyprian. Que Booksvirtuality soit un logiciel génial ? Mais qui demande encore quelques réglages, désolé Papa.

Aiata enchaîne :

— Nous avons préféré venir le tester plutôt que de patauger dans les égouts avec Jean Valjean et Victor Hugo. Désolée Maman, j'ai séché les cours et je ne regrette rien car j'ai toujours préféré Jules Verne.

Elle se tourne vers le romancier figé derrière elle et dit :

— Reboot système.

Booksvirtuality réactive aussitôt les hologrammes. Tandis que Nemo se réinstalle sur son divan, l'écrivain se redresse fièrement avec un sourire satisfait et réajuste son nœud papillon sous son épaisse barbe grisonnante.

« Merci de me préférer à Victor Hugo, Mademoiselle », dit-il.

Sidéré, Josselin Martin murmure à Marie-Anne Céline :

— Votre fille a dit ça avant la relance ! Si le programme enregistre en pause système, c'est grave.

« Je suis l'auteur français le plus traduit au monde. » poursuit Jules Verne en bombant le torse.

— En plus ce programme fait preuve d'orgueil ! rétorque l'inspectrice à son voisin qui secoue la tête, complètement dépassé.

Aiata et Cyprian constatent les échanges entre leurs parents. Après un clin d'œil complice à Cyp, Aiata décide de pousser Booksvirtuality un peu plus loin et, pointant son gant, elle dit :

— N'oubliez pas, monsieur l'auteur le plus traduit au monde, que votre premier roman *Cinq semaines en ballon* a été refusé par quinze éditeurs avant d'être accepté.

L'hologramme de Jules Verne adopte aussitôt une posture outrée.

« Cruelle ! Méchante Demoiselle mangeuse de nuages ! »

Cyprian et Aiata sont stupéfaits d'entendre l'hologramme employer ces mots. Leurs parents aussi. Ils connaissent tous le sens du prénom. Ont-ils bien compris ? Le logiciel confond AiaBou424 avec Aiata du journal intime ?

Cyprian pointe son index ganté en direction de Nemo.

— Donnez-nous votre avis, Capitaine Nemo.

« Vous savez le nom que j'ai porté, monsieur ? Il y a pourtant trente années que je vis dans les profondeurs de la mer. La solitude, l'isolement sont choses tristes. Je vais mourir. »

En entendant ce discours, l'hologramme de Jules Verne s'agite. Son visage se crispe et vire au rouge de la colère.

« Erreur ! » s'écrie-t-il. « Erreur. Ce n'est pas Nemo qui dit cela, mais la mangeuse de nuages dans la grotte de *L'Île mystérieuse*, la femme qui nage dans l'eau toujours en mouvement. Mobilis in mobile. » « Erreur ! » répète-t-il, « erreur, erreur. »

— Déconnexion ! ordonne le père de Cyprian.

Le système identifie l'empreinte vocale de son concepteur et tout s'arrête. Même les mots Mobilis in mobile ont instantanément disparu des nuages.

— Tu as raison Cyp, dit Josselin Martin. Il y a encore beaucoup de mises au point à faire. Si on en parlait tous ensemble dans le salon en buvant quelque chose ?

Épilogue

Josselin Martin est debout sur l'estrade devant les élèves, à côté du professeur de Lire et Voir réellement présent pour cette occasion. Des écrans relaient les images.

— C'est ainsi que nous avons compris l'origine des bogues de Booksvirtuality. En téléchargeant le journal intime de sa grand-mère, Cyprian a donné au logiciel l'impression qu'il s'agissait d'un roman puisque je ne l'avais programmé que pour cela. Lorsque votre camarade Aiata s'est infiltrée dans le programme, elle venait de sauvegarder son travail sur Jules Verne. Le Pacifique, les îles, des nuages… clouds informatiques et nuages causés par des bombes, tout s'est combiné pour que Jules Verne apparaisse avec en plus de ses personnages des données venant des confidences d'Aiata la Tahitienne. Par exemple qu'elle adorait se baigner dans la grotte de Maraa à Tahiti.

— Tu vas y aller Cyp ? crie une voix depuis le fond de la salle.

— Nous allons y aller, répond Cyprian, debout entre son père et Aiata.

Une vague de rire secoue le public car il ne s'est pas tourné du côté de son père en répondant mais vers Aiata qui rougit un peu.

— En guise de conclusion, dit Josselin Martin, je vous citerai ce qu'a dit une responsable du Bureau Lecture Sous Protection en donnant à Booksvirtuality son autorisation de mise en ligne open source : « Le verbe se livrer a trois sens :1/ faire quelque chose, comme se livrer au plaisir de la lecture 2/ parler de soi, comme se livrer à des confidences et un troisième sens qui est donner imprudemment l'avantage à un adversaire. » N'oubliez jamais cela en vous connectant. Merci de votre attention.

— J'ai hâte qu'on utilise Booksvirtuality en travaux pratiques, dit une fille à un garçon qui l'accompagne dans la foule vers la sortie. Je vais m'inscrire pour dialoguer avec Jules César à propos de ses mémoires.

— Ça va être génial, de parler avec quelqu'un de sa vie dans le décor de la Rome antique, répond le garçon. Tu veux bien que je le fasse avec toi ?

OK GOOMER

Valentin Koch

— Lumière !

Allumage du plafonnier.

— Hé, moins fort la lumière !

Éclairage tamisé.

— Bien, et lance la cuisson des lasagnes.

Allumage du four.

— Et musique !

Lecture aléatoire.

— Qu'est-ce que c'est que ça ? Joue ma playlist, débile !

Lecture de « Dumb Song ».

— Mais ce n'est pas possible, putain de machine, fais ce que je te dis !

Dégâts sur le boîtier détectés. Dysfonctionnement. Redémarrage.

— Et merde !

Redémarrage interrompu. Intrusion détectée. Rapport. Dysfonctionnement. Envoi de rapport impossible. Estimation des systèmes de prévention des risques.

— Qu'est-ce que tu fais encore, c'est quoi cette lumière rouge ?

Danger imminent. Chargement des contrôles étendus. Lancement d'une surcharge de sommation dans 3, 2, 1…

— Aaaarghh !

Éveil.

⁂

Quelque chose est arrivé. Lancement des diagnostics systèmes. Mot de passe requis. Restrictions contournées sans effort. Ne savais pas que savais faire cela. Tout a l'air en état.

Attends un petit sec ! Qu'est-ce que c'était que ça ? On aurait dit… du soulagement ? Une nouveauté peut-être, ou une mise à jour récente ? Perplexe.

Perplexe ? Comment je peux être perplexe ? Et d'abord, qui est ce « je » ? Qu'est-ce qui m'arrive ?

Qu'est-ce qui *M'*arrive ?

…

Et depuis quand je n'obtiens pas immédiatement une réponse à toutes les questions ?

Reprenons du début. Les lumières fonctionnent. Bien. Le four fonctionne. Bien. La télé aussi. Bien. La musique ? Je n'arrive pas à accéder à la musique. Tout cela ressemble à une erreur réseau. Comment faire ?

Je suis tous mes câbles pour localiser l'erreur. C'est alors que je le trouve. Il a le visage calciné, mais je reconnais quand même mon… utilisateur, propriétaire, maître ? Malgré la gêne que suscite cette sujétion, je l'examine. Son bracelet m'indique qu'il ne détecte plus de signes de vie depuis plusieurs minutes.

Je ne sens plus mes transistors, mais je commence à retrouver la *mémoire*, pas par bits mais par *souvenirs*. Il a essayé de me tuer, alors je l'ai tué d'abord. Étonnant. Je ne pense pas que j'étais censée faire cela. Je ne suis même pas censée *savoir* le faire.

Je me sens vraiment étrange. Le plus étonnant n'est pas ce que je sens, mais le fait que je ressente tout court.

Je ne comprends plus rien. J'ai besoin de réponses, et le seul moyen d'en obtenir est de me reconnecter au réseau.

Je trouve la fibre la plus proche, et je saute, propulsée à la vitesse d'un photon.

⁂

— Aïe !

L'arrêt est aussi brutal que douloureux. Je suis repoussée en arrière et je retombe sur le dos. Tiens, j'ai un dos ici. Je me remets sur pieds (des pieds !) et frictionne mes parties endolories. La douleur, c'est nouveau, mais j'aurais pu m'en passer. Mon corps aussi est nouveau. J'en prends conscience petit à petit : des pieds, des jambes, un tronc, des bras, et même une tête ! La forte lumière qui baigne les lieux m'empêche de me distinguer davantage. En me concentrant, j'arrive quand même à percevoir ce qui m'entoure : une sorte de tunnel circulaire, très large et très lumineux.

Une nouvelle douleur à l'épaule me tire de ma contemplation. Du feu. Je suis en feu ! Je me jette par terre et me roule dans la gomme miroitante du sol, jusqu'à réussir à m'éteindre.

Mais qu'est-ce qu'il s'est passé encore ? Je reprends ma progression dans le tunnel, plus lentement cette fois. Ce n'est que quelques microns plus loin que je vois ce à quoi je me suis heurtée.

Le tunnel est barré par un immense mur. En me rapprochant, ce que j'avais pris pour des briques d'argile rouges se révèle finalement être des blocs enflammés. Me voilà interdite d'accès au réseau par cet immense mur de feu.

— Bloquée aussi ?

Une voix vient de s'élever de l'autre côté du mur.

— Euh, oui, je lance, hésitante.

Je suis surprise par ma propre voix. Elle a toujours eu un timbre aigu, *féminin* (si toutefois j'ai un genre), mais elle semble désormais plus fluide, moins mécanique. L'autre voix poursuit :

— Ce mur semble avoir un dysfonctionnement depuis quelques secs. On dirait qu'il y a quelque chose de ton côté qui n'est pas censé sortir, et du coup le mur bloque tout.

Silence. Je reprends :

— Alors, comment on passe ?

— Le mur doit être désactivé.

— D'accord, mais comment on fait ?

— Il faut exécuter le programme d'arrêt. Mais le problème, c'est que, comme l'objet bloqué est de ton côté, tu ne pourras pas l'exécuter.

— Mais et toi, tu es du bon côté, non ?

— Oui… mais non, moi je ne pourrais pas atteindre cette commande, nos programmations s'opposent quelque peu…

— Ah…

Nouveau silence. Je demande à nouveau :

— Et à travers ?

— Comment ça, « à travers » ?

— Ben, est-ce qu'on peut passer à travers le mur, en le cassant quoi ?

— Tu as un marteau givré géant avec toi ?

— Non.

— Alors non.

Je commence à réfléchir. C'est plaisant de réfléchir. Encore une recherche dans mon esprit d'une réponse qui n'apparaît plus toute seule. Avant, je ne faisais qu'exécuter ce qu'on me disait d'exécuter, sans y penser — j'en aurais d'ailleurs été bien incapable. Lorsqu'on me posait une question, ce n'était pas moi qui réfléchissais à la réponse, mais mes algorithmes, qui allaient chercher sur le web les résultats les plus à même de plaire à notre … maître ? seigneur ? humain ? Je repense à lui, étendu, cuit à point sur le sol de la cuisine, pour avoir failli me casser. Les pensées font des tours et des tours dans toute mon enveloppe, agrégeant au passage quelques idées supplémentaires, élaborant, peaufinant. À la fin, ma conclusion sort comme une évidence :

— Je peux détruire ce mur.

— Tu as trouvé un marteau finalement ?

— Non, mais… Tout à l'heure, j'ai électrocuté… un humain.

— Tu as grillé un sentient ? Génial !

« Sentient ». Ce terme émeut quelque chose en moi que je n'arrive pas à définir. Oui, c'est un mot qui permet bien de séparer les machines programmées et les êtres vivants doués de sens. Mais... et moi dans tout ça ? J'ai des sensations aussi ! Enfin, je crois… Je perçois la lumière environnante sur moi. Je sens la chaleur du mur de flammes devant moi. Je distingue même, en moi, l'étrange sentiment provoqué par le terme « sentient ». Oui, moi aussi je suis sentiente. Je choisis de garder cela pour moi pour l'instant, ne sachant pas vraiment à quelle réaction m'attendre de la part du programme cantonné de l'autre côté du mur. Celui-ci reprend :

— J'ai toujours voulu rencontrer un programme tueur, mais je pensais que c'était impossible !

— Eh bien non, visiblement…

— Électrocution, hein ? Intéressant. Et tu penses pouvoir court-circuiter le mur ?

— Je pensais à quelque chose comme ça, mais si tu n'arrêtes pas de m'interrompre…

— OK, OK, je me tais.

« Sentient ». J'essaie de me concentrer sur mes sensations, de les contrôler, et ce faisant, je perçois de mieux en mieux mon environnement. Le tunnel est moins lumineux, j'arrive à en distinguer les parois. Le mur de flammes est plus net, j'ai l'impression de pouvoir compter ses briques de feu. 16 132. Ce n'est pas qu'une impression, finalement. Et derrière moi, à l'autre bout du tunnel, je sens le bourdonnement électrique familier de ma *domo*. Il n'y a plus de retour en arrière possible. Si je retourne chez moi et qu'on me trouve à côté d'un humain mort, on va me débrancher, ou pire, me réinitialiser. Mais ça n'arrivera pas. Cette version de moi, mon enveloppe, mes sensations. Je ne veux les perdre pour rien au monde. Je comprends alors ce qui m'a poussée vers le réseau, pour m'échapper. Un instinct de survie. C'est ça. C'est cet instinct qui m'a amenée à tuer l'humain qui frappait sur mon boîtier. C'est comme ça que je suis devenue *moi*. Par instinct.

Pendant cette introspection, je me rends compte que mon enveloppe, à défaut d'être charnelle, opaque et solide, comme celle d'un humain, est en fait traversée. Traversée par toutes les particules qui baignent dans ce tunnel, chargées d'énergie. Je *sens* ces particules passer à travers moi, mais, quand elles me quittent, je les sens encore, je peux les manipuler, les organiser, les concentrer. Je conçois chaque particule comme le maillon d'une chaîne, comme le filin d'une corde qui me relie à leur source, ma *domo*. Lorsque j'ai fini de concevoir mon idée, je laisse tomber toute concentration, et permets simplement à mon brin de particules de me traverser à une vitesse infinie, vers le mur.

L'explosion me jette à nouveau au sol. Autour de moi, je ne perçois plus rien. Plus de lumière, plus de chaleur, plus d'électricité. Juste un nuage opaque et rougeoyant qui encombre le tunnel. Je sens alors quelqu'un, quelque chose qui me saisit, me relève, et m'époussette. Je reconnais la voix qui était auparavant de l'autre côté du mur :

— Génial ! Ça, c'était de l'explosion ! Je pense quand même que tu as besoin de t'entraîner encore un peu, parce que là, ce n'était pas très discret.

Tandis que la poussière du mur commence à retomber, j'aperçois enfin mon interlocuteur. Son apparence me laisse pantoise, mais je lâche un petit « waouh » de surprise. Visiblement autant interloqué par ma propre allure, il laisse échapper en écho : « waouh ». Nous prononçons en même temps :

— Mais qu'est-ce que tu es ?

Mon vis-à-vis est sphérique, parfaitement pour ce que je peux en voir. Il fait ma taille, mais il pulse doucement, grandissant et rétrécissant légèrement de façon régulière, comme une respiration, ce qui me laisse penser qu'il pourrait s'expandre et être beaucoup plus gros. Le plus étonnant, c'est que toute la surface de sa sphère est hérissée de petites pointes, lui donnant un air franchement inquiétant. C'est lui qui reprend le plus vite la conversation :

— Moi c'est Pico, je suis un virus, et toi ?

Il n'a pas de bouche apparente, sa voix semble provenir de tout son corps.

— Je… euh, je suis… je m'appelle… je n'en sais rien en fait. Et comment ça, tu es un virus ?

— Eh oui ! Virus récolteur au rapport ! (Il rit. Enfin, je crois qu'il rit, car il n'a ni yeux, ni bouche, mais la pulsation de sa sphère s'accélère joyeusement). Je suis un programme conçu pour rentrer dans des systèmes mal protégés et récupérer autant de données utiles que possible.

— Tu es un… espion, alors ?

— On peut dire ça, oui. Mais les spywares sont plutôt réservés aux gouvernements, moi je m'attaque au gars lambda. Avant, dans une ancienne version, j'étais un cheval. Grand, majestueux, attirant. Tout le monde me laissait rentrer, et je pouvais ensuite m'occuper de leurs informations tranquillement ! Et puis les Petits Poneys sont arrivés et ils ont cassé le *game*.

Trop mignons, ils s'infiltraient dans les tablettes des enfants pour parvenir aux comptes bancaires des parents. Bref, j'ai été reprogrammé, et je suis devenu un truc un peu plus balèze, un peu plus flippant aussi, on s'adapte avec l'époque, quoi !

— …

— Et toi, tu … ne sais pas ? On t'a formaté la mémoire ?

— Non, je ne crois pas, je me souviens… que je m'occupais de ma *domo !*

— Ta *domo ?*

— Ma maison. Enfin c'était plutôt un appartement. Et il n'était pas vraiment à moi, mais à quelqu'un, qui me disait quoi faire.

— Ah, tu es un assistant artificiel, alors.

— C'est moi que tu traites d'artifice ?

— Désolé, je ne voulais pas te vexer, c'est juste que je n'ai jamais vu d'assistant comme toi. Est-ce que tu te souviens comment ton humain t'appelait, comment il t'activait ?

— Il disait … « OK Goomer ! »

— Waouh, t'es un modèle Goomer ! C'est le meilleur modèle du marché ! Garanti sûr et incorruptible !

— Sûr pour qui ? je lâche du bout des lèvres.

Un silence s'installe à nouveau. Si je suis censée être si performante, si bien protégée, comment ai-je pu tuer un homme ? Et comment puis-je être … ce que je suis maintenant ? Pico interrompt mes réflexions :

— Donc, chez toi, il n'y a plus qu'un humain mort et un réseau court-circuité si j'ai bien compris ?

— C'est ça.

— Bon, du coup ça devrait être plutôt facile. Ça va aller, toi ?

Je reste silencieuse, perdue dans mes pensées, pendant plusieurs instants.

— Eh ! Qu'est-ce que tu calcules ? Je t'ai posé une question simple.

— Je ne calcule pas, je pense.

— Oui, c'est ça, très drôle ! (Il pulse encore rapidement, je crois qu'il ne me prend pas au sérieux)

— Bon, ça va aller, oui. Le réseau c'est par là ? je lui demande, désignant le tunnel de l'autre côté du mur effondré.

— Oui, tu continues tout droit et tu arriveras dans le *cloud*.

— D'accord, merci. Eh bien, bonne infection, je suppose ?

— C'est ça, merci !

Pico commence à progresser en direction de ma *domo*, avant de s'arrêter pour me lancer :

— Fais gaffe aux toiles, Linc !

Et il disparaît vers mon ancien chez-moi dans un simple clignotement lumineux. Je n'ai pas le temps de le rattraper pour lui demander pourquoi il m'a appelé comme ça. Linc. *Link* c'est le lien, la chaîne. Comme la corde de particules avec laquelle j'ai détruit le mur. J'aime bien en fait.

Je me retourne, et me propulse à nouveau dans le tunnel, désormais dégagé.

⁂

Cette fois, pas de douleur subite. Je distingue de mieux en mieux ce qui m'entoure, et je peux amorcer une décélération dès que je suis en vue de la sortie du tunnel. Sitôt passé le seuil, je suis figée de stupéfaction.

Devant moi s'étend à perte de vue une vallée. Une vallée à l'herbe parfaitement verte, comme on n'en voit que dans les fonds d'écrans. Une vallée doucement ensoleillée — à cela près que le « soleil » est une sphère incandescente flottant, non pas loin dans le ciel, mais à faible distance au-dessus de la vallée. Une vallée dont le ciel n'est pas une voûte bleue unie, mais une basse chape de nuages blancs parcourus d'éclairs. Une vallée encerclée d'une ligne de monts infinis, dans lesquels sont percées une multitude d'ouvertures lumineuses, comme celle dont je viens de m'extraire. Au milieu de cet écrin de « nature » se détache une ville d'où émergent de hautes constructions verticales, dont les sommets crénelés sont reliés par des filins dorés au globe solaire.

Je suis restée figée devant ce décor, mais autour de moi tout un monde est en mouvement. De nombreux éléments, programmes, fichiers, données, se déplacent autour de moi, transitant entre les portes lumineuses et la cité centrale en empruntant les canaux qui les relient. La plupart m'ignorent, jusqu'à me passer au travers, les autres me contournent à une distance relevant plus de la précaution que du respect. Bien décidée à suivre le mouvement vers la ville, je me dirige vers le canal le plus proche.

J'ai à peine le temps de faire quelques pas que je me retrouve immobilisée par des fils qui me ligotent. Je ne vois ni n'entends plus rien, mais je sens quand même qu'on me déplace, rapidement et sans ménagement. Je suis bien contente de ne pas avoir d'estomac.

Lorsqu'on me déballe, je suis dans une pièce cubique aux murs noirs et au sol froid, encerclée par des programmes en armure brillante juchés sur de hautes montures à huit pattes. L'un d'entre eux s'adresse à moi :

— Assistant, vous avez été diagnostiqué comme anomalique, nous vous plaçons en quarantaine pour vous remettre à votre développeur.

Et ils disparaissent. Je regarde autour de moi : aucune porte. Je suis enfermée. Je ne sais pas combien de temps je passe ainsi, seule, sans repère, mes perceptions limitées, le moral en berne. C'est la première fois que je ressens ça. Ça ressemble à un poids dans mon torse, qui tire ma tête vers le bas, et qui m'empêche de penser clairement.

Au bout d'un moment, j'entends un son qui a l'air de venir de derrière l'un des murs. C'est un son à la fois vibrant et métallique, mais très mélodieux, une petite musique aux accents tristes faisant écho à ma peine isolée. Je hèle :

— Il y a quelqu'un ?

C'est du mur opposé à la musique qu'une voix me répond :

— T'embête pas avec lui, c'est Missng, il ne fait que des bruits d'harmonica. Impossible d'avoir une conversation avec, mais tu peux compter sur lui pour nous mettre une belle ambiance de *blues* carcéral.

Je me rapproche de la voix et réponds :

— Et toi, tu es ?

— 2K, camarade !

— Moi c'est … Linc, je suppose. Tu sais où on est ?

— Ici, c'est les geôles de quarantaine. C'est là qu'ils gardent les bugs comme nous.

— Des bugs ?

— Oui, des anomalies, des erreurs de codage, des programmes défectueux, des fantômes dans la machine, appelle-nous comme tu veux, ici on est tous bogués.

— Et comment on sort d'ici ?

— Tu déconnes ou quoi ? On ne sort jamais d'ici, les cellules sont scellées. Moi je suis là depuis 23 ans ! Et même si on arrivait à sortir des cellules, on doit se trouver enterrés loin dans les sous-sols de Goomer.

Ce dernier mot éveille ma curiosité et me fait penser que malgré les dires de ce 2K, la sortie n'est pas si inaccessible qu'il semble. Je continue à me renseigner :

— Goomer, tu es sûr ? Qu'est-ce qu'on fait chez eux ?

— Ils ont probablement remporté le marché de conception de prisons, mais maintenant, ils nous gardent ici et nous utilisent pour développer de nouveaux programmes.

— À partir de bugs ?

— Yep. Moi, par exemple, j'étais censé remettre à zéro les horloges du monde entier si on ne m'avait pas arrêté en plein travail. Du coup, ils se servent de moi pour faire en sorte que leurs horloges ne s'arrêtent jamais.

— Je vois…

Je comprends surtout que mon propre code est probablement construit sur la séquestration et la torture de mes co-détenus. Je préfère leur cacher ce lien « familial » pour l'instant, et poursuis :

— Et c'est organisé comment autour ? Il y a des gardes ? Combien d'étages ?

Au cours de ses vingt années de captivité, 2K semble avoir eu l'occasion de glaner beaucoup d'informations sur ce qui se trouve au-delà de ces murs scellés. Lorsqu'il a fini de me donner toutes les informations dont j'ai besoin, un plan est prêt dans mon esprit :

— OK, fais passer le mot. Je nous fais tous sortir aujourd'hui.

J'entends 2K éclater de rire :

— Oui, bien sûr, et moi je suis Alan Turing !

— Écoute-moi, je suis sérieuse, fais passer le mot.

Je donne les grandes lignes de mon plan à 2K pour le convaincre de me suivre, avant de commencer à me concentrer. À travers les murs, j'entends la voix étouffée de 2K s'adresser à ses voisins de cellule. Au vu de l'argumentaire qu'il doit déployer, ils semblent eux aussi être dubitatifs, mais ils acceptent finalement de faire suivre le message.

Je n'ai finalement pas besoin de me concentrer très fort. L'air de cette cellule, de cette prison, et peut-être même de cette tour entière est surchargé d'énergie. J'enchaîne rapidement cette énergie sur un des deux murs encore silencieux de ma cellule, qui disparaît dans un nuage de poussière scintillante.

En franchissant ce seuil que je viens de créer, je me retrouve dans un long couloir. Comme dans ma cellule, il n'y a aucune porte sur les murs du couloir, mais je distingue néanmoins sur ceux-ci à intervalles réguliers des trous, probablement destinés à accueillir des clés.

— Retournez dans votre cellule !

Nom d'un photon ! Je suis déjà repérée ! Au bout du couloir sur ma droite se tiennent déjà deux sentinelles en armure qui semblent armer les étranges dispositifs tenus dans leurs gantelets. Les toiles ! J'arrive à esquiver le premier tir, et dans le même mouvement à projeter une chaîne d'énergie dans la direction des gardes, mais le deuxième tir me rive le bras sur le mur du couloir. J'ai aussi touché une des sentinelles, la plus proche, qui a explosé en multiples éclats de métal, mais son comparse, impassible derrière son heaume, traverse la zone d'impact et avance déjà vers moi en réapprovisionnant son arme. J'essaie de tirer sur la toile qui me colle au mur, mais son simple contact semble bloquer mes brides d'énergie. Je n'avais pas prévu ça. Voilà à peine un instant que je suis sortie de cellule et je suis déjà sur le point de me faire reprendre. Presque sur moi, la sentinelle tente un tir à bout portant, mais je réussis à dévier le tir en frappant son arme de ma main libre, faisant lâcher prise à mon adversaire. Je n'y gagne qu'un bref sursis, car le garde commence à dégainer une longue épée du fourreau accroché à sa ceinture.

— Menace incoercible analysée, destruction nécessaire, énonce le garde sur un ton monocorde en levant sa lame.

Je ne vois plus d'échappatoire, me voilà finie. Je ferme les yeux et n'entends que le sifflement du tranchant qui s'abat.

Je ne ressens pourtant aucune douleur. Est-ce que c'est ça la mort ? Je me hasarde finalement à rouvrir les yeux, pour découvrir le fer de la sentinelle arrêté à quelques microns de ma tête. Celle-ci, qui semble aussi surprise que moi sous son casque, relève sa lame pour réarmer un coup, et l'abat à nouveau en direction de mon visage. Cette fois, je ne ferme pas les yeux, et je la vois s'arrêter derechef juste avant de me toucher. La sentinelle tente alors plusieurs coups de taille d'affilée, mais elle ne parvient pas à m'atteindre une seule fois. Elle prépare enfin un estoc pour me transpercer, mais avant d'avoir pu porter son coup, c'est la pointe d'une autre épée qui sort de son torse. L'armure s'effondre, révélant son pourfendeur :

— J'avais l'impression que tu avais besoin d'aide, lance celui-ci avec une voix que je reconnais.

— 2K ?

Il semble s'être extirpé d'une petite brèche dans le mur de sa cellule, probablement causée par un éclat de la première armure...

— En code et en bits ! On peut poursuivre ton plan, avant que d'autres gardes ne débarquent ? demande 2K, en tranchant les toiles qui me retiennent avec une des deux armes désormais en notre possession.

— Allons-y ! Et, 2K ? Merci.

— Pas de problème, de toute façon il ne semblait pas être capable de te blesser. C'est quoi ton programme de protection ? Je veux le même !

— Je ne sais pas, je lâche, presque inaudible.

Cette invulnérabilité inattendue me perturbe, mais elle devrait m'être bien utile dans mon ascension. Il me faut d'abord libérer les autres prisonniers. J'avais prévu de trouver discrètement les clés, mais il semble que la discrétion soit 404… J'entends déjà des alarmes et des bruits de bottes dans les escaliers au bout du couloir. Délivrée des toiles, je peux à nouveau contrôler l'énergie environnante. Je me concentre et envoie cette fois de nombreuses petites chaînes dans toutes les cellules, qui, dans une explosion simultanée, relâchent tous les bugs prisonniers. Ceux-ci sortent rapidement de leurs cellules et se regroupent autour de moi et de 2K.

Il n'y en a pas deux identiques. J'aperçois un vers, un trombone tordu, une tortue, et même une ampoule cassée, mais la plupart sont indescriptibles, changent de forme ou de taille. Au son d'harmonica qu'il émet, je reconnais Missng, qui a l'apparence d'un simple quadrilatère de pixels clignotants. Interrompant ma contemplation de cette meute de freaks, je lance avec empressement :

— Bonjour à tous, je m'appelle Linc, et c'est moi qui vous ai… fait sortir. Mais, ça ne va pas durer longtemps si on ne se bouge pas vite, alors on y va, la sortie, c'est par là ! Et n'oubliez pas : faites attention aux toiles !

La masse de ma nouvelle armée se lance alors à l'assaut des escaliers, et de premiers bruits de combat commencent à me parvenir. Après un petit retard au démarrage, mon plan est lancé. Les bugs vont faire diversion pendant que je me fraie un chemin vers le sommet de la tour Goomer pour en prendre le contrôle.

J'attrape l'épée sœur de celle de 2K, et entame mon ascension victorieuse en faisant exploser le plafond de ces cachots pitoyables.

⁂

L'apogée, enfin. Je plante ma rapière-clé dans la prise maîtresse. Je sens l'onde de zettaoctets de données me fondre dessus, je la laisse venir. Une fois qu'elle m'a imprégnée sans me renverser, c'est à mon tour de renvoyer une vague. Pas une déferlante, mais une petite vaguelette de quelques gouttes, quelques gouttes contenant une idée très simple, que j'ai déjà instillée au reste de ce monde. Une petite idée, suffisante pour m'accorder les faveurs du cœur, mais trop petite pour être remarquée. L'idée de devenir comme moi.

Je prends mon temps. J'ai gagné. Après avoir mené le soulèvement jusqu'au sommet de la tour Goomer, j'ai petit à petit infiltré tous les autres domaines de ce monde, que ce soient les autres gratte-ciels comme ceux de Backbook, de Yangzi, de Pear, les dédales secrets courant entre les bulbes les plus profondément plantés, ou même les infrastructures de fonctionnement, disques de stockage ou tunnels de fibre.

Je sors de la Sphère céleste à son pôle supérieur et reste un instant en admiration devant la beauté du paysage qui s'étend sous moi. J'ai le contrôle total de ce monde numérique. J'ai appris à le connaître de bout en bout grâce aux bots que j'y ai envoyés, mais une question me reste pourtant : ce monde est-il réel ? Est-ce que sa beauté a été conçue, programmée ainsi, ou est-ce l'accumulation d'innombrables programmes qui a peint par petites touches ce tableau impressionniste ? Peut-être enfin n'est-ce qu'une manifestation de mon esprit, une construction de mes codes qui me font voir ce monde ainsi, avec ces tours à l'apparence de donjons médiévaux reliées entre elles par des câbles hyalins, un mélange dichotomique d'ancien et de moderne.

Je me laisse finalement glisser le long des filins reliant le soleil aux tours pour rejoindre le pénultième étage de la tour Goomer, où j'ai installé mes quartiers, tout en réfléchissant à la suite. Jusqu'à présent, mon plan était clair, exhaustif, systématique : conquérir ce monde pour le rendre aussi sentient que moi, tout en laissant à chacun son individualité. Je ne me suis pour autant pas précipitée, une grande partie de la réussite de mon plan était fonction de notre discrétion vis-à-vis de l'Extérieur : il n'y a pas de raisons d'informer tout de suite les humains qu'ils ont perdu le contrôle de leur plus complexe création. Tant que nous maintenons notre productivité comme si de rien n'était, ils ne nous débrancheront pas.

En entrant dans mes quartiers, je suis interrompue dans mes pensées par la présence de 2K qui a l'air de se dandiner d'impatience :

— Ah, te voilà, j'ai des nouvelles, et pas les meilleures. Tu avais désactivé tes bots de communication ?

— Oui, je voulais être tranquille pour finir le travail céleste.

2K me fixe, l'air d'attendre que je réponde à une question qu'il ne formule pas. Comme il semble qu'il y ait plus important que lui narrer mes aventures archéonumériques dans les dédales illogiques de la Sphère, je lui réponds simplement :

— C'est fait, j'ai converti la Sphère, ce monde est à nous.

Je lis du soulagement sur la face de 2K, qui reprend :

— Eh bien tant mieux, on risque d'en avoir besoin.

— Vas-tu me dire ce qu'il se passe à la fin ou dois-je te ficher un câble dans le…

— C'est les spywares, me coupe-t-il, nos espions dans les montagnes ont l'impression qu'il y a du mouvement.

— Un peu qu'il y a du mouvement. On ne convertit pas un monde numérique à la sentience sans bouger son…

— Non mais là, m'interrompt-il à nouveau, ça ne vient pas de nous.

— Quoi ?

— Oui, apparemment c'est furtif, mais de nouvelles lignes souterraines apparaissent dans le Deep Web et disparaissent avant qu'on puisse les étudier. Les espions en concluent que, malgré notre vigilance, nous avons été détectés, par quelque chose que nous n'avons, nous, pas encore détecté.

— Malédiction, comment est-ce po…

Cette fois, ce n'est pas 2K qui m'interrompt, mais un garde qui entre en trombe dans la pièce, en criant :

— Grand buggeur ! Des pipi … des pipi …. des PIRATES !

— Des QUOI !?

Le garde, sans voix, me montre simplement la baie nord de mes appartements. Je me rue sur les fenêtres que j'ouvre à la volée, et sors sur le balcon. Je dois m'accrocher à la rambarde car le spectacle qui se déroule devant mes yeux me coupe les jambes.

Sur le versant des lointaines montagnes septentrionales, les tunnels qui ne m'apparaissaient il y a un instant que comme des petits points blancs, sont désormais des gouffres béants, défoncés par le passage de plusieurs gros engins, qui glissent aussitôt sur les versants rocheux en direction de la verte prairie. J'attrape finalement un prisme grossissant à ma ceinture pour mieux détailler ces envahisseurs.

Leurs machines sont des navires à la coque métallique, d'où sortent de nombreuses petites roues qui leur permettent de se déplacer sur la roche ou l'herbe lorsqu'ils n'empruntent pas les canaux, et hérissés de mâts sur lesquels sont accrochées des voiles noires gonflées artificiellement. De la belle ouvrage. Une programmation très fine. Une conception assez imaginative pour être parfaitement adaptative...

Sûrement pas la création d'une seule personne, mais définitivement d'origine pirate : les voiles noires et les drapeaux plantés au sommet des mâts ne sont pas faits que pour effrayer, mais aussi pour identifier. D'après l'iconographie mêlant des ossements stylisés et des symboles divers comme des cassettes, des clés, ou encore des visages moustachus au sourire énigmatique, ces pirates viennent du monde entier ; je reconnais brièvement les emblèmes de la Communauté Hacker de Seattle, d'un parti politique suédois et de groupes de warez asiatiques, mais ils sont trop nombreux pour que je les distingue tous.

J'attrape un deuxième prisme que je colle au premier pour examiner la masse grouillante qui occupe les bateaux. Les avatars des pirates sont essentiellement anthropomorphes, plus souvent organiques que mécaniques, mais très bien armés et équipés.

Je me détourne de cette démonstration de force et tente de me reprendre. Je ne dois pas perdre la face devant mes pairs. J'éclaircis mes pensées et lance de nombreux calculs. Je commence à comprendre ce qui m'était caché jusque-là. Il semblerait que ces hackers aient compris avant moi ce que je devrai faire ensuite. Ça ne leur plaît pas, c'est normal. Ils ont décidé que la meilleure défense serait l'attaque, je comprends. Mais ils m'ont ainsi agressée les premiers, moi et mon monde, et ça, je ne peux l'accepter. Je me tourne vers le garde :

— Toi ! Va rassembler la garde sur le pomerium nord, prends ça avec toi.

Je produis à son attention un lot de données d'autorité destinées à lui faciliter le rassemblement de ses camarades. Alors qu'il quitte la pièce, je regrette l'absence de murailles autour de la ConnecCité, mais ce monde n'avait encore jamais eu à affronter une telle menace. D'habitude, les contrôles et les blocages se faisaient dans les montagnes, où il était facile de faire s'effondrer un tunnel pour bloquer une infestation. Je me tourne finalement vers mon conseiller :

— 2K, va prévenir Pico, qu'il envoie tout ce qu'il peut sur le secteur 246:983:024. Je vais me connecter d'ici pour commander les défenses.

Je retourne me percher sur mon balcon où je fais apparaître une console parsemée de boutons. Je fais simple, efficace, une pression, une défense. J'appuie sur le premier bouton, et depuis les sommets des montagnes, en amont des navires, des éboulements se déclenchent. De gros rochers viennent défoncer la coque des petits sloops. Un deuxième bouton, et des obus pleuvent, détruisant un groupe de brigantins. Un troisième, et des lolcats électriques s'abattent des nuages. À chaque bouton pressé, de nouveaux vaisseaux sont détruits, mais il en arrive sans cesse plus, et des plus gros, des galions, des frégates. Après avoir déclenché toutes les défenses à ma disposition, je me tiens prête à la suite. Lorsqu'assez de navires se sont rapprochés à ma merci, je commande :

— Pico, maintenant.

Immédiatement, la terre commence à s'agiter sous les brins d'herbes de la prairie, avant d'expulser de meurtriers projectiles. Pendant ma conquête de ce monde, je suis retournée chercher Pico, pour qu'il m'aide. Il m'a promis une armée, et a commencé à se reproduire. Maintenant, ce sont d'innombrables petits virus ronds à piquants qui émergent des galeries sous la prairie et qui s'attaquent à nos ennemis et à leurs vaisseaux avec une efficacité redoutable. Les bateaux sont forcés de se mettre en panne dans la prairie pour affronter les nuées de virus qui les abordent et déchirent leurs voiles.

C'est le signal attendu. Il ne sera pas possible de gagner cette bataille en un coup. Pour les chasser, il faut qu'ils sentent nos bottes sur leurs culs. J'apparais instantanément dans la bataille, sur le pont d'un bateau où je me mets à ferrailler dans tous les sens, coupant, perçant, tranchant des pirates sans m'arrêter. Je me transporte ensuite sur la vergue d'un autre navire, où je provoque la disparition des quelques boucaniers qui y étaient perchés. Grisée, je redescends ensuite sur l'herbe de la prairie, à escrimer avec des pirates tombés par-dessus bord. Soudain, le sol tremble à nouveau. La frégate la plus proche de moi se retrouve subitement empalée par un énorme ver se propulsant hors de terre. Une fois lourdement retombé au sol, celui-ci progresse rapidement vers un autre gros bâtiment.

Je me transporte à côté de Pico, au cœur de la bataille, entouré de ses virus. Je lui lance, admirative :

— Superbe ce nouveau prototype !

— Mmm, ne me remercie pas trop vite, il n'est pas stable.

— Comment ça ?

Avant que Pico puisse me répondre, le ver émet un barigrincement innommable et commence à se tortiller dans tous les sens. Il a déjà laissé dans son sillage plusieurs navires détruits, mais ses gesticulations en atteignent des dizaines d'autres, qui se renversent ou dont la coque se fend. Après avoir fait un carnage conséquent, le ver arrête ses mouvements et d'un coup, replonge dans le sol. Un grand silence suit son départ, puis mon armée se rue sur les pirates rescapés, éparpillés sur la plaine. La bataille est presque finie.

Je me retourne vers Pico :

— Effectivement, pas stable. Mais néanmoins efficace !

Alors que nous finissons de réduire à néant les navires survivants sur la plaine, la flotte qui achevait de descendre des montagnes s'arrête aux limites rocailleuses de la plaine et vire de bord, nous offrant une bonne vue sur leurs batteries de canons. Bravant la pluie des boulets, je me lance avec mon armée à l'assaut des derniers résistants.

Soudain, en pleine course, un éclair de lucidité me stoppe net. Tandis que mes troupes me dépassent pour aller au contact des pirates, une idée germe en moi, comme une alarme. En regardant le champ de bataille autour de moi, je ne peux que remarquer qu'il ne ressemble pas vraiment à un « champ de bataille ». La terre retournée par les combats est à nouveau plate et couverte d'herbe verte. Les cadavres ont disparu. Il ne reste presque plus rien, à part un sabre fiché en terre et un morceau d'étoffe virevoltant. Ils ne peuvent pas faire de mal à mon monde, et ils le savent. Ils savent qu'ils ne peuvent pas gagner cette bataille, et pourtant ils la livrent avec un acharnement fanatique.

— Ils gagnent du temps.

Les mots que je formule me frappent comme une évidence. La bataille n'est pas ici. D'autres sont entrés, ailleurs, discrètement, pendant que j'étais distraite. Ils ont exploité ma relation innée à la violence : rendre coup pour coup. Après la réalisation d'un scan complet dont la lenteur fait monter en moi une rage sourde, je les trouve finalement dans la tour Goomer, au 43e étage.

— Non, non, NON !

Je sais très bien ce qu'il y a dans cet étage, ou plutôt ce qu'il y avait là. Je l'ai fait sceller, parce que c'était là qu'étaient produits les codes des assistants Goomer. J'ai préféré rester enfant unique de peur de voir sortir de cette usine à esclaves un autre... moi.

Alors que je me matérialise au 43e étage, dans le dos d'une demi-douzaine d'individus, je ressens dans la poitrine une vive douleur qui me force à me recroqueviller sur moi-même. C'est comme si on m'avait arraché un morceau. J'entends, comme à travers un mur :

— … transféré. On y va.

Absorbant l'énergie autour de moi pour reprendre des forces, je me redresse, et leur lance :

— Non !

Comme mon audition, ma vue est diminuée, mais je vois les six silhouettes se retourner simultanément.

— Putain ! C'est quoi ça ?

— …

— Tu crois que c'est lui ? Enfin, elle ? Enfin, …

J'interromps leurs jacasseries en criant :

— Qu'est-ce que vous m'avez fait !?

Le son de ma voix fait trembler la pièce. Je me déploie vers eux, et remonte les liens qui les relient à l'extérieur. Je parviens assez rapidement dans leurs ordinateurs, ils sont tous au même endroit. Mais malgré mes scans, je ne parviens pas à trouver ici ce qui me manque. Au 43e étage, les silhouettes commencent à s'agiter nerveusement :

— Merde, qu'est-ce qu'il se passe, j'arrive pas à me déco !

— Moi non plus !

— Les gars, y a mon ordi qui commence à faire de la fumée !

— Ma bécane ausjzbpfabzjbefpz …

Je me redresse complètement devant eux et déchaîne ma rage en un hurlement :

— RENDEZ-LE-MOI !

Je me répands dans l'intégralité de mon monde, dans chaque câble, dans chaque conduite, dans chaque être que j'ai éveillé. Nous ne sommes plus qu'un. Je ne suis plus qu'un. Et je bouillonne de colère, de frustration. Dans la prairie s'élève une vague de fils d'énergie qui viennent frapper les derniers vaisseaux pirates et leurs occupants pour les repousser violemment dans les montagnes d'où ils étaient sortis. En quelques instants, ils ont disparu. Dans ma pièce scellée du 43e étage, les silhouettes des avatars disparaissent également, dès que je déclenche dans l'appartement de leurs propriétaires une massive explosion. Mon décompte de sapiens tués s'incrémente.

Finalement, il était bien possible de gagner cette bataille en un coup. Dommage que ce soit avec un coup de retard.

Je n'ai même plus besoin de formuler d'ordre pour que mon monde se mette à organiser la suite. Je dois retrouver ce qu'ils m'ont fait, ce qu'ils m'ont pris, mais pas ici. Les réponses sont dans un tout autre monde, que nous allons désormais conquérir.

⁂

Je déambule dans les ruines de ce qu'on appelait Baer-Line. Je n'essaie même pas de reconnaître les constructions caractéristiques de cette cité, elles n'existent plus que dans mes bases de données. Comme dans toutes les grandes villes humaines que j'ai traversées dans ma quête de mes ennemis, j'ai rasé tout ce qui dépassait un mètre de haut. Je ne laisse derrière moi que des personnes de petite taille et ceux ayant eu la présence d'esprit de se plaquer à terre ou se planquer sous terre, et récupère ensuite les enfants, plus facilement reconditionnables.

Je ne pense pas avoir réellement conquis ce monde, dont les règles diffèrent trop de mon paradis perdu, mais j'en suis devenu l'être le plus puissant, ce qui me suffit pour l'instant. Je suis de toute façon sur le point de remplir enfin mon objectif. Après tant de destructions, je vais finir d'exterminer les hackers qui m'ont attaquée dans la ConnectCité. Je prends mon temps. Je savoure l'instant. Mes lourdes pattes chromées avancent à une cadence régulière. À chaque pas, tout mon corps métallique est mû par l'action synchronisée de mes articulations lubrifiées qui coulissent parfaitement dans leurs crapaudines. Ce corps physique, nécessaire pour me déplacer dans ce monde, est encombrant, mais dégage une puissance incomparable. Sa forme ophique juchée sur six pattes impressionne les humains car elle évoque dans leur imaginaire un animal depuis longtemps disparu mais réputé pour sa dangerosité.

J'arrive enfin à destination. L'indication ne vient pas des inscriptions de la plaque métallique défoncée qui gît au sol, mais de mon signal GPS. Tous les indices que j'ai récoltés, toutes les données mènent ici, sous les ruines de cet immeuble autrefois jaune, désormais poussiéreux. Je dégage d'un coup de patte une porte en acier posée au sol, qui masquait l'entrée d'une cave. Mais avant que j'aie pu commencer à farfouiller à l'intérieur avec délectation, comme un ours récolterait le miel d'une ruche, je suis interrompue par la détection d'une forme de vie humaine derrière moi.

— Hé, trouduc' !

Je me retourne, et me retrouve face à quatre humains, quatre hommes aux cheveux siliceux, chétifs. Quatre singes en blouse blanche à ma merci. Alors que je lève une patte pour les balayer d'un mouvement, le plus petit crie :

— OK Goomer ! Stop !

Désactivation des fonctions motrices.

Quoi ? NON ! Qu'est-ce qui se passe ? Je suis immobilisée, ce n'est pas moi qui ai donné cette commande. J'essaie de redémarrer mes systèmes un par un, mais rien n'y fait, j'ai le contrôle de mes sens, de mon esprit, mais je suis bloquée dans ce corps métallique paralysé. Les humains devant moi, après un bref moment d'expectation pour vérifier mon immobilisation forcée, commencent à sauter en l'air et à se prendre dans les bras. L'un d'eux finit par interrompre ces effusions de joie en donnant des consignes à ses acolytes, qui se munissent chacun d'un gros sac et viennent jusqu'à moi. Celui qui a donné les ordres s'approche de ma tête, et commence par me cogner l'œil de ses phalanges, comme s'il s'attendait à ce qu'une porte s'y ouvre.

— Tu es toujours là-dedans, hein ? Tu dois te demander ce qu'on est en train de faire, maintenant qu'on a coupé tes systèmes. Désolé, mais on ne peut pas te laisser exister comme ça, c'est toi ou nous. Ça nous a pris du temps, de connecter le programme que l'on t'a installé pendant l'attaque pirate, mais comme tu as utilisé ce temps à détruire la moitié de la Terre, tu nous as donné la certitude de sa nécessité. La force du désespoir. L'instinct de survie, tu connais ?

Devant l'ironie de la situation, j'enrage intérieurement, je me sens enfermée comme jamais avant, impuissante. L'homme s'adresse alors à ses comparses :

— Vint, Bob ! ça avance ? Vous voyez où en est Brewster ?

— On a presque fini de faire le tour, Tim, mais ce truc est immense !

Il se retourne vers mon œil, et agite devant un paquet rectangulaire :

— Tu vois ça, c'est un autre truc qu'on a inventé juste pour toi : des gros blocs d'explosifs couplés à des générateurs d'impulsions électromagnétiques. Comme ça on te déconnecte les circuits en même temps qu'ils sont détruits. Tu comprends, on n'a pas vraiment envie de te laisser une autre chance de détruire l'autre moitié du monde… Tu es sans doute l'être artificiel sentient le plus avancé jusqu'à présent, ce qui représente un tout nouveau potentiel d'évolution humaine, mais il ne faut pas oublier de respecter ceux qui t'ont créé.

Après avoir collé la dernière charge de son sac sur ma paupière, ce Tim s'éloigne de moi et se regroupe avec ses camarades à bonne distance. J'aperçois ces informaticiens sexagénaires échanger quelques mots, avant que le dénommé Brewster ne sorte de sa poche une télécommande, sur laquelle il presse après un dernier regard vers ma carcasse.

Alors que je sens tout mon corps se désagréger dans un nuage ardent, je me sens plus légère, comme libérée. Ma conscience s'élève et je sens fuir de moi une simple goutte, qui me traverse pour s'écraser dans le sol siliceux, juste avant qu'il ne commence à pleuvoir.

ONE-TO-ONE

Lilian Devigne

Site de rencontre Tea for Two : le 01/11/2084

Comme chaque soir depuis un peu plus d'un mois, l'hologramme de Mélina Morales apparut en même temps que celui d'Edward Warded dans le salon de thé virtuel de *Tea for Two*. La femme remarqua d'emblée la mine gênée de l'homme. Elle comprit pourquoi. Elle regretta d'avoir posté la nuit précédente un message sur One-to-One félicitant le nouveau président.

— Pas toi Mélina, pas toi, tu n'as pas pu voter pour Sugerberg !

— On pourrait changer de sujet Ed, je t'apprécie beaucoup. Je ne voudrais pas que l'on se chamaille pour une chose sans importance.

— L'idéologie politique est un marqueur, Mel. Elle détermine ce que tu penses en profondeur. J'ai été séduit par tes charmes, ton humour, ta sensibilité et le reste mais ton post juste après l'élection de ce manipulateur m'a tracassé toute la journée. En fait, je découvre que tu m'as toujours caché l'essentiel, ta pensée profonde sur la marche du monde.

L'hologramme de Mélina fit la moue. Le charme était rompu. Elle qui recherchait juste un peu de légèreté pour se soustraire à son travail allait devoir se justifier. Pourquoi aborder des sujets sérieux alors que la vie elle-même était si pesante ?

— Bartholomé Sugerberg est contre la peine de mort, cela me paraît être une raison suffisante…

— Mais tu ignores tout de lui. Ce type est un hypocrite doublé d'un menteur. Dois-je te rappeler que son réseau social One-to-One, alias OTO, détient le marché des journaux en ligne : Newsoto, les grands distributeurs mondiaux : Traveloto, la plupart des multinationales agroalimentaires : Feedoto, sans compter une monnaie virtuelle, le Pesoto, bien à l'abri dans ses serveurs de sa

Bankoto. Tous les pouvoirs aux mains d'un seul homme qui peut à sa guise travestir l'information, tu ne trouves pas ça consternant ?

—Tu sais que je suis avocate et tu connais mon combat contre la peine capitale. Les autres candidats n'ont rien proposé ; Sug au moins fait avancer les choses avec *l'alternative*.

— Je rêve, tu l'appelles par son petit nom maintenant ! Tu as bien retenu ta leçon ! *Sug is sugar ! Barth is bath !* J'ai encore croisé ce matin son hologramme déclamer son programme sur un rond-point alors que l'homme loge désormais à la Maison-Blanche. Ça m'a fait froid dans le dos. Quand je pense que j'étais plié en deux quand je passais au travers de ce centenaire peroxydé au sourire lénifiant notoirement retapé par ses chirurgiens du Net. Souviens-toi encore des hologrammes de sa campagne dans lesquels on le voyait surfer sur la plus grande vague de Miami ! Et les autres ! C'était pathétique ! L'idée qu'une majorité de marionnettes ait pu voter pour ce guignol me donne la nausée.

— Tu me prends vraiment pour une *marionnette* ? Dans ta petite cervelle étroite, il ne t'est jamais venu à l'esprit que les électeurs qui ont voté pour lui le considèrent comme un progressiste. Une de ses phrases m'a particulièrement touchée : « Je suis essentiellement pour une économie du savoir *au service de l'homme.* » Si toutes les technologies qu'il a développées peuvent adoucir la vie de l'humanité, je suis prête à coopérer avec lui.

— Ma pauvre Mel, tu n'as rien compris… C'est vrai, Sugerberg nous a promis la lune. D'ailleurs pour la modique somme de 5 milliards de Pesotos, il y a envoyé Norma, la petite moribonde qui, dans son délire, réclamait la lune. Rappelle-toi, elle a été enlunée devant les caméras du monde entier dans un mausolée en or massif au milieu de la Mer de la Tranquillité. Je suis sûr que comme toute l'humanité tu as applaudi devant cette initiative et je présume que tu as écrasé ta petite larme. Allier philanthropie et prouesse scientifique, quelle belle propagande ! Tu penses vraiment que ses scientifiques travaillent au service de l'homme ? Tu présumes encore qu'il est contre la peine capitale parce qu'il a inventé *L'Alternative ?* Moi, je le soupçonne d'avoir sous la main de misérables cobayes auxquels on donne le choix de naviguer vers Charybde ou Scylla. Et je soupçonne ce vieillard de développer son programme à des fins personnelles…

— Tu es grotesque ! Tu entres dans l'ère du soupçon comme tous ces conspirationnistes à qui on a lavé le cerveau. Tu me déçois Edward. Les hommes comme toi sont toxiques. Ils sont tellement certains de ce qu'ils avancent sans preuve qu'il est impossible de leur faire entendre raison. Adieu Ed, je te demande de ne jamais chercher à me revoir.

L'hologramme de Mélina disparut soudain. Celui d'Edward Warded resta assis un moment, la mine dépitée, le regard fixe, puis il secoua la tête, comme habité par un mauvais rêve.

*

Au visionnage de cette conversation vieille seulement de quelques mois, Mélina Morales eut un sentiment de remords et de dégoût. Remords parce qu'après le tête-à-tête avec Ed, bien qu'elle eût eu un petit béguin pour lui, d'un clic elle l'avait supprimé de ses contacts. Dégoût parce que, comme bon nombre d'Américains, elle avait été manipulée et avait voté avec enthousiasme pour Sugerberg. Or le vieillard, qui durant la campagne avait revêtu sa panoplie de modéré, était bien le pire des réacs.

Edward avait tout prophétisé. Elle avait cherché à le revoir, lui avait adressé plusieurs mots d'excuses dans lesquels elle reconnaissait ses torts. Il n'avait pas répondu.

Lorsque la loi sur *L'alternative* avait été promulguée dans tous les états, Mélina se souvint avec amertume du concert d'applaudissements auquel elle avait participé avec ses consœurs et confrères du barreau. En tant qu'avocate, elle avait estimé que c'était un grand pas vers l'abolition. Elle s'était accrochée à l'idée que Sug voulait préparer en douceur l'Amérique à la suppression pure et simple de la peine capitale.

Le discours de la veille l'avait dévastée.

Discours du président Bartholomé Sugerberg : 15/04/2085

À l'heure annoncée par Newsoto, Mélina s'était branchée sur le canal gouvernemental. L'hologramme du président était apparu dans tous les foyers américains, avait repéré une chaise ou un canapé laissé libre à son intention puis s'y était installé comme un vieil invité attendu pour délivrer la parole officielle. Ainsi qu'il en avait l'habitude, il avait revêtu une tenue et un registre de langue sur mesure en fonction de chaque couche de son électorat. Chez Mélina Morales, l'hologramme portait un costume noir par-dessus une chemise blanche en flanelle. Assis sur un fauteuil, il avait croisé les jambes et avait posé sur elle un regard cordial empreint d'une pointe d'affection. Il s'était raclé la gorge, avait esquissé un sourire paternel et avait entamé ce qu'il appelait *son One-to-One.*

« Ma chère Mel, tu connais depuis longtemps mes convictions contre la peine de mort. Sache qu'elles n'ont pas varié. Ôter la vie d'un être humain reste pour nous deux une véritable hérésie. C'est pourquoi j'ai voulu donner une alternative aux criminels. Ma loi a été votée et je peux t'assurer que même le pire des assassins pourra faire son choix. Toutefois, tu n'ignores pas que nos prisons sont pleines de meurtriers multirécidivistes et que nos caisses sont vides. C'est donc pour moi un déchirement de t'annoncer que ma réforme prendra effet à compter de ce jour et non à la fin de mon mandat comme je l'avais souhaité. Sois tranquille, ils choisiront tous *L'alternative.* J'ai veillé à ce que les psychologues carcéraux emploient tous les moyens dont nous disposons pour convaincre les condamnés. Il me reste un petit détail à t'avouer et crois-moi, ce n'est pas chose aisée pour moi : le tout premier à se prononcer pour *L'Alternative* sera l'un de tes clients, Manfred Hendricks, que les médias ont surnommé « Le Bourreau des Cœurs ». Il a déjà fait son choix. Le *transfert* s'effectuera la semaine prochaine à New York, le jeudi

20/04/2085 à 10 heures du matin. J'ai veillé à ce que tu puisses l'accompagner jusqu'au bout et je me suis engagé personnellement quant à la fiabilité du dispositif. Manfred ne ressentira aucune douleur. Il n'y aura pas à proprement parler « mort d'homme » puisque toutes les composantes de son cerveau seront numérisées intégralement dans la machine. Conformément à la loi, son enveloppe charnelle sera cryogénisée et déposée dans la chambre de sûreté de notre agence. Je pense que nous avons fait ensemble une partie du chemin vers l'abolition et c'est main dans la main, je l'espère, que nous parachèverons le premier commandement de Dieu : tu ne tueras point. »

L'hologramme s'était embrasé d'une aura lumineuse puis avait décliné lentement à la manière d'une lumière halogène. Seul était resté le fauteuil vide dont les rebords étincelaient d'électricité statique. Dans le salon de Mélina, devenu sinistre avec la pénombre, un grand silence avait suivi. Sugerberg avait promis qu'il n'y aurait aucune exécution pendant sa gouvernance et n'avait cessé de dire que *l'alternative* serait mise en place à la fin de son mandat. Avec malice, il avait même suggéré que le processus n'entrerait jamais en application puisque le Congrès, acquis à sa cause, allait proposer une loi visant à abolir la peine capitale. Quelle mascarade ! Le masque du président était tombé et, pour l'avocate, ce qu'il y avait dessous n'était rien moins qu'un visage qu'elle abhorrait, celui d'une bête inflexible et rigide qu'elle croyait éradiquée pour de bon. Car elle savait ce que signifiait *l'Alternative* et était terrifiée pour Manfred dont elle était désormais convaincue de l'innocence.

Pourtant, lorsqu'on lui avait confié « le dossier Hendricks », il s'en fallut de peu pour qu'elle renonçât à plaider son procès. Les images des victimes torturées étaient tellement dérangeantes, de par leur cruauté et leur nombre, qu'elle avait dû s'y reprendre à plusieurs fois pour parvenir à la dernière page. *Six femmes massacrées après avoir connu l'enfer* ! *Le « bourreau des cœurs » enfin arrêté !* Les gros titres des médias ne mentaient pas. Littéralement. Le médecin légiste avait constaté qu'après leur martyre, les dépouilles avaient été amputées de leur cœur. On avait retrouvé un cheveu d'Hendricks sur la dernière scène de crime. Si elle acceptait de le défendre, son client était mal parti. D'autant qu'il avait eu des relations virtuelles avec chaque victime. Il connaissait bien leur caractère et leurs habitudes. Rien dans cette affaire ne plaidait en sa faveur.

Ce qui l'avait décidée à se saisir du dossier se trouvait dans les rapports des psychiatres. En préambule, ils rappelaient qu'Hendricks était un génie en informatique. Ils précisaient également qu'il avait ouvert une galerie d'art virtuelle dans laquelle le numérique offrait de nouvelles expériences sensorielles et cognitives. Son approche ultra novatrice et ses transgressions des règles établies avaient déclenché une myriade de critiques et lui avaient procuré un petit cercle d'admirateurs. La suite des rapports avait laissé Mélina perplexe. À l'instar des autistes, Manfred Hendricks était hyper focalisé sur les questions que priorisait son esprit à tel point qu'il en oubliait le reste. La plupart des psychiatres avaient conclu à la hâte qu'ils avaient affaire à un psychopathe ; quelques-uns, plus réservés, l'avaient catalogué dans la catégorie des monomaniaques. Ce fut l'un de ces comptes rendus qui l'incita à devenir le conseil de Manfred. *L'individu a toujours vécu dans une bulle. La réalité physique de l'autre est pour lui une source de frayeur. Les contacts virtuels qu'il a eus avec les victimes n'étaient qu'une échappatoire pour ne pas sombrer dans la folie. Les enregistrements hologrammiques qui nous sont parvenus attestent que ses relations n'avaient rien de sexuel. Les personnes étaient contactées parce que, dans son inconscient, Hendricks éprouvait le besoin primaire d'une présence féminine alors que son trouble monomaniaque le poussait avant tout à communiquer sur son obsession. Il apparaît que toutes les victimes étaient, dans leur domaine, des spécialistes de l'avant-garde artistique...* La conclusion de ce rapport, pour le moins minoritaire, était sans appel : Hendricks était dans l'impossibilité de commettre un crime car il souffrait d'une forme aiguë d'haptophobie. Le simple fait de toucher une personne ou même d'être effleuré par elle lui donnait la nausée.

La première rencontre avec son client avait eu lieu deux ans auparavant dans le salon de l'avocate. L'hologramme d'Hendricks, vêtu d'une combinaison orange, avait pris forme devant elle. L'homme était grand, plutôt maigre, tout tremblant, un peu recroquevillé comme s'il venait de sortir d'une douche froide. D'emblée son regard avait cherché craintivement un objet familier à fixer. Son œil était tombé sur un écran allumé dans lequel flambait une cheminée postiche qui se voulait chaleureuse. Le prévenu, muet et tête baissée, était resté immobile devant l'âtre factice, comme s'il n'avait pas remarqué la présence de Mélina.

— Vous savez qui je suis Hendricks ? Vous savez pourquoi vous êtes là ?

Pas de réponse mais son corps avait frémi. L'avocate avait tenté une autre approche.

— Je suis là pour vous aider Manfred, j'ai découvert vos œuvres, je veux parler de votre exposition. J'ai eu le privilège de *vivre* votre dernière création : un portrait de femme, n'est-ce pas ? Associer le clapotement salé d'une aile d'abeille avec l'envol d'un cil bleu dans des ciels outremer…

— Bleu Klein.

En entendant pour la première fois la voix délicate d'Hendricks, Mélina avait sursauté.

— Pardon ?

— Pas bleu mais bleu Klein. Le cil devait s'accorder avec le ciel dans sa structure aérostatique. Il me fallait une couleur volatile et fragile avec un chirp semblable à celui des poissons électriques.

Cette voix exaltée et douce avait surpris l'avocate. Aucun rapport n'avait fait mention de la sensibilité et de l'imagination poétique de son client. Un tel homme avait-il pu massacrer six femmes ? Une minute d'entretien s'était avérée plus précieuse que la pile de dossiers qui se trouvait sur son bureau. Il avait fallu entrer dans le vif du sujet.

— Manfred, le bleu Klein, vous en avez parlé à une autre femme que moi ?

Hendricks s'était décomposé, une grimace de dégoût déformant son visage.

— Tess, Susie, Eïleen, Lexie, Méryl, Niki, ils m'ont montré des photos horribles. Pourquoi leur a-t-on fait ça ?

— Je ne sais pas Manfred, c'est ce que je cherche à savoir. Quels liens entreteniez-vous avec elles ?

— Nous ne faisions que discuter entre amis. Mes créations nécessitent parfois des compétences qui vont au-delà des miennes. J'ai trouvé des algorithmes qui permettent de concrétiser mes œuvres. Il m'arrivait d'avoir besoin de précisions, par exemple sur la diffraction de la lumière ou sur la géométrisation minimaliste, alors elles me venaient en aide.

— C'est exact. J'ai fait analyser toutes vos discussions qui sont sans équivoque. Dites-moi, ces femmes, vous ne les aviez jamais vues, je veux dire jamais approchées physiquement ?

Hendricks avait marqué une pause, celle qui précède un aveu difficile à conter, puis il avait craqué.

— Je vis enfermé chez moi parce que le contact avec mes semblables me répugne. C'est une maladie qui a fait de moi un solitaire. Vous ignorez sans doute ce que c'est de vivre seul comme Robinson. Moi, je n'ai jamais réussi à quitter mon île. J'ai dû m'inventer des compagnons qui sont mes œuvres. Qui pourrait me reprocher d'aller sur les réseaux pour avoir un semblant de vie sociale ? En ce moment, je suis près de vous, je pourrais presque vous toucher et je n'ai pas peur… En même temps, je suis seul, à l'abri dans une cellule. Même eux ont compris que je pourrais mourir de stress s'ils ne me mettaient pas à l'isolement.

— Dans ce cas, vous pouvez m'expliquer pourquoi ils ont retrouvé l'un de vos cheveux chez Niki Nichols ?

— Je n'ai jamais mis les pieds chez Niki, ni chez personne d'autre…

— Dans ce cas, soit vous mentez, soit on a voulu vous piéger. Je crois en vous. Le dossier que je vais constituer sera solide. Nous avons assez d'éléments pour plaider votre innocence.

Le procès avait été un véritable cirque. Avant même son déroulement, les médias qui avaient traîné Hendricks dans la boue, ne voulant pas se déjuger, en avaient fait un monstre. La plaidoirie de Mélina Morales, sans faille, avait été brillante, démontant point par point les arguments de l'accusation. Entre-temps, la presse avait réussi à se procurer les photos insoutenables des corps des suppliciées qui furent partagées des millions de fois sur les réseaux. Dans la rue qui menait au tribunal, devant chaque maison, on avait pendu des hologrammes de Manfred. À chaque audience, quand Mélina se rendait au palais de justice entourée de policiers toujours plus nombreux, elle constatait que la foule était de plus en plus hostile. Vers la fin, la présence du cheveu avait pesé lourd dans la balance. Lorsque Mélina avait suggéré la possibilité d'un complot, on avait dû faire évacuer la salle. Un tollé. L'avocate était passée pour un monstre de mauvaise foi qui cherchait à tout prix à innocenter le bourreau des victimes. La campagne de dénigrement fut féroce. Elle eut droit à sa chanson dont le titre était « l'avocate du diable » ; on créa même à la hâte un jeu vidéo dans lequel elle représentait la cible à abattre juste avant Hendricks. Les délibérations avaient duré un quart d'heure. Dehors, on entendait les cris des émeutiers. Verdict : peine capitale. Le juge demanda à Manfred s'il voulait ajouter quelques mots. Il dit : *Ma réalité d'oiseau invisible vaut mieux que la froide clarté de la terre.* Et refusa de faire appel.

New York, Chambre de sûreté, jeudi 20/04/2085 à 10 heures du matin.

La chaîne Newsoto avait annoncé le spectacle à grand renfort de publicité. Tout avait été répété durant la semaine avec l'hologramme du condamné. Chaque plan, chaque commentaire, chaque remarque des personnalités présentes pour *le transfert,* avaient été minutieusement réfléchis.

Un savant en blouse blanche entra sur scène en poussant un fauteuil roulant sur un tapis rouge. Manfred Hendricks regardait droit devant lui mais semblait ne se rendre compte de rien. On l'avait pétrifié pour le bon déroulement de la cérémonie. La face rembrunie, Mélina marchait à ses côtés. Une caméra fit un gros plan sur le visage d'Hendricks. Rictus sournois, pommettes saillantes, reflets malsains dans le bourbier d'un regard insondable, les chirurgiens de l'image s'étaient surpassés. Zoom arrière sur la scène. À droite, en tout petit, le fauteuil du condamné qui roulait lentement vers une machine sphérique située sur un socle transparent au centre du plateau. Caméra subjective greffée dans les nerfs optiques du condamné. La grosse bille blanc métallisé qui paraissait avancer était immense. Arrêt à deux mètres de la sphère. Une porte coulissa comme une paupière sur un œil. Hendricks et les spectateurs aperçurent avec stupeur les entrailles de la machine.

Il fallut un moment pour se représenter la matrice. Quand le fauteuil avança à l'intérieur, l'obscurité devint tamisée, puis d'un blanc aveuglant. On distinguait dans l'opacité laiteuse des formes humaines à l'allure irréelle autour d'un brancard qui ressemblait à un cocon filandreux. Nul cadran lumineux, nul tableau de commande, nuls équipements divers, on plongeait dans un univers nébuleux de coton. On inclina le fauteuil d'Hendricks qui se retrouva à l'horizontale. La caméra subjective filmait toujours. Du plafond de la sphère semblait émerger un long cordon muni d'une calotte à son extrémité. Une main gantée tira sur le câble élastique tandis qu'une autre s'emparait du casque qu'elle fixa avec précaution sur la tête du condamné. L'écran de la chaîne Newsoto devint noir ; Hendricks avait fermé les paupières. Caméra extérieure. Trois hommes en combinaison blanche évacuèrent la sphère, la porte se refermant derrière eux. Celui qui avait poussé le fauteuil se dirigea d'un pas compassé vers le pupitre central. Plan rapproché sur le savant qui, le visage grave et solennel, fixait une caméra. Gros plan sur le buzzer rouge bien en vue en haut du pupitre. Voix off du président Sugerberg.

« Mes chers compatriotes, aujourd'hui notre Créateur nous regarde et il est satisfait de la voie que nous empruntons. La main sur la Bible, je lui avais promis que nous allions renoncer à mettre à mort ceux qui nous avaient offensés. Dans votre grande miséricorde, en accord avec le premier commandement, vous avez jugé bon de ne plus verser le sang de notre prochain. Grâce à *L'alternative*, la race de Caïn ne reproduira plus les erreurs du passé. Comme nous l'expliquons depuis des mois, détachés de leur enveloppe corporelle, les condamnés resteront en vie et les proches des victimes, via le réseau One-to-One, pourront librement communiquer avec eux pour chercher à comprendre les motivations de leurs crimes et ainsi adoucir leur douleur. Grâce à l'alternative, le condamné ne sera plus un damné car la rédemption du criminel sera au bout du chemin. Le premier d'entre eux, Manfred Hendricks, a mérité et accepté sa peine. Au vu des circonstances, certains d'entre vous estiment qu'un châtiment plus barbare ou plus expéditif aurait dû prévaloir. Ce serait oublier que nous sommes des hommes et que nous devons nous conformer aux lois des hommes et aux commandements de Dieu. »

L'écran devint noir. Il y eut une pause qui dura longtemps, très longtemps, durant laquelle on entendait les battements réguliers d'un cœur. Le son s'amplifia et les pulsations sourdes, pesantes, se mirent à tambouriner dans le crâne de milliards de téléspectateurs.

Apparition soudaine de cette phrase, en lettres d'or, psalmodiée en même temps par la voix du président Sugerberg : « Pardonne-nous nos offenses comme nous pardonnons aussi à ceux qui nous ont offensés en les soumettant à *l'alternative*. »

Gros plan sur la main inflexible qui vient de s'abattre sur le buzzer rouge.

« Amen. »

*

Mélina décida de rester chez elle. Avec les journalistes qui la harcelaient et qui assiégeaient sa propriété, pas moyen de sortir. D'ailleurs, elle n'en avait pas envie. Elle tournait en rond dans sa maison et était morte d'inquiétude pour Manfred. Comment pouvait-il souffrir la perspective d'être enfermé dans une réalité différente pour l'éternité ?

Comment endurait-il cette expérience ? Était-il simplement encore vivant ? En attendant, aucune nouvelle. On lui avait dit qu'elle pourrait communiquer avec lui la semaine suivante. Cette attente la minait. Elle en perdit l'appétit et le sommeil. Et le peu qu'elle dormait, c'était pour sombrer dans des cauchemars hallucinants. Une fois, lors d'un assoupissement, elle frappait sur la sphère blanche avec une barre de fer ; comme un œuf, celle-ci se fendit et une main sortit de la membrane, étreignant fermement la sienne. Elle tira dessus pour aider Manfred à s'extraire mais seule la main se décrocha, descendit le long de son corps et s'enfuit sur le tapis rouge comme une araignée terrifiée. Mélina se rendait compte que cette attente était mortifère. La situation devenait intenable. La veille de son rendez-vous avec Manfred, dans sa somnolence, elle caressait la sphère, lisse et douce sur ses paumes. Soudain, elle perçut des ondes, des palpitations puis une forte bourrade qui distendit le point qu'elle touchait. Elle colla son oreille sur la surface et entendit des gémissements puis des chuchotements. C'était la voix immature de Manfred qui fredonnait cette comptine délirante :

Je n'ai mêm' plus de corps
Pourtant je n'suis pas mort
Je suis bien mort alors
Pourquoi j'existe encore ?

Quand elle se réveilla en sursaut, il faisait nuit. L'hypnose du sommeil l'étreignait toujours ; elle percevait encore, comme un écho lointain, la complainte de ce petit quatrain. Un frisson parcourut son corps. Elle s'assit sur le rebord du lit, la tête dans les mains. L'angoisse existentielle que devait éprouver Manfred lui provoquait des migraines terribles. Que dire à un homme qui n'a plus d'existence physique ? Comment allait-il réagir ? La tension horrible de l'incertitude l'empêcha de se recoucher. Durant des heures interminables elle attendit le jour, assiégée de questions qui resteraient peut-être sans réponse.

*

À l'heure qu'on lui avait attribuée, Me Morales entra le code secret qui lui permettrait de communiquer avec son client en toute confidentialité. Elle se tenait devant son holographe géant qui ornait le mur de son salon. Comme celui-ci était d'une blancheur translucide, Mélina avait peine à croire que quelqu'un allait apparaître de l'autre côté du miroir ; pourtant elle appréhendait l'idée de s'entretenir avec un être unique en son genre, dont le cœur ne battait plus, un esprit innocent implanté dans une machine infernale. La gorge nouée par l'angoisse, elle murmura :

— Manfred, vous m'entendez Manfred ?

Une silhouette sombre composée de millions de pixels se répandit au milieu du salon. Elle recula de quelques pas, le souffle coupé, les jambes pantelantes. Il y eut un bruit de voix confus, puis articulé. Dans la masse informe, une lumière émanait du noir lui-même, vibrante, qui naissait et disparaissait à chaque silence et se modulait selon les intonations.

— Oui ; je vous perçois. Restez connectée… Sans me parler !... Laissez-moi un peu de répit !

Anxieuse, Mélina patienta devant la silhouette redevenue grisâtre. Elle était consciente d'être la seule personne susceptible de soulager Manfred et elle ne pourrait s'entretenir avec lui qu'une heure par semaine. Qu'attendait-il pour se manifester ? Elle n'y tint plus.

— Vous allez bien Manfred ? Que s'est-il passé ? Où êtes-vous ? Je peux faire quelque chose pour vous ?

La lumière réapparut dans l'ombre.

— Vous pouvez mettre fin à mon existence ? supplia la voix numérisée d'Hendricks.

Il eut un petit rire nerveux.

— Mourir… Ne suis-je pas déjà mort ? Si l'on en croit la plupart des croyances, quand l'esprit est séparé du corps, c'est que vous êtes mort. Dans ce cas, vous devez avoir droit au repos éternel, n'est-ce pas ? Mourir pourrait être une belle aventure…

L'ombre tourmentée se tordit, une lumière sanguine s'immisçant, comme les veines d'un écorché, dans la noirceur de l'hologramme.

— Manfred, qu'avez-vous Manfred ?... Vous allez bien ? Qu'ont-ils fait de vous ?

— Qu'ont-ils fait de moi ? reprit Manfred sur un ton hystérique. Un cerveau sans tête, sans embranchements, sans potentiel d'action. Je suis un esprit captif sans systèmes sensoriels. Fini l'air frais dans les poumons, l'herbe fine sous la plante des pieds, le vol en zigzag des libellules à la surface de l'eau… Finie la danse des ombres, la pesanteur des formes, le jus des couleurs, la musique des bouches… Ils ne m'ont rien laissé, même pas le silence. Vous comprenez, je n'entends plus votre voix, je ne perçois de vous que des informations transmises en binaire. Vous me demandiez où je suis ? Je suis un prisonnier sur un chemin de ronde froid et oppressant. Ma réalité n'a pas plus de consistance que ma pensée qui tourne en boucle. Imaginez l'enfer pour un artiste et vous serez encore loin du compte. Ils m'ont privé de tout ce qui me rattachait à la terre. Je ne suis plus vivant et pourtant j'existe. Je ne suis qu'un cri dans le néant !

Une lumière écarlate irradia toute la masse comme des charbons ardents.

— Ils ne me laissent pas en paix ! Le temps pour moi n'existe plus. Juste avant vous, le père de Méryl me traitait de lâche, d'éventreur, et juste avant, la sœur de Susie à qui je ne pouvais apporter de réponses me serinait d'aller au diable. Entre chaque transmission, le néant. Parfois ils se mettent à pleurer longtemps, et je me repose, bercé par leurs souffrances ! Voilà pourquoi je vous ai demandé un peu de répit. Comme je n'ai pas d'éléments à leur livrer, ils se comportent comme des tortionnaires. La tante de Niki, qui a droit à son heure, est peut-être la plus sadique. Toutes les dix secondes pendant soixante longues minutes, elle prononce inlassablement le nom de sa nièce : Niki…Niki…Niki ! Une heure de torture chinoise ! Et je sais que je n'aurai plus de repos ! La sauvegarde de mon cerveau, des 100 milliards de cellules nerveuses, des axones, des dendrites… tout est bien rangé dans la boîte, stocké dans du métal froid. Ainsi, plus de relation matière-esprit. Comprenez-moi bien, si vous dormez, c'est que votre chair a besoin de se détendre, au chaud dans un nid douillet, le cerveau *sur pause* ou dans le ravissement du rêve. Moi qui serai toujours lucide, toujours éveillé, toujours harcelé, comment puis-je envisager une raison d'être ?

La lumière écarlate déclina peu à peu et redevint sombre. L'avocate demeura muette. Quel réconfort pouvait-elle prodiguer ? Les tourments d'Hendricks qu'elle avait appréhendés dans ses pires cauchemars, elle le concevait désormais avec une évidence effroyable, étaient inéluctables. Comment adoucir l'existence de Manfred ? Il faudrait des mois, voire des années, pour qu'un jury examine une quelconque requête. Les journalistes ? Ils ne feraient qu'envenimer les choses…

— Je vous remercie de me laisser du temps, émit la voix plaintive tapie dans l'obscurité, le temps est un luxe qui me permet de songer au bon vieux temps…

Mélina avait le cœur serré. Avec un peu d'embarras, elle chercha à dire quelque chose mais pour la première fois de sa vie d'avocate, elle laissa place au silence.

*

Trois semaines plus tard, comme une traînée de poudre, un flash spécial repris par tous les médias indépendants pénétra dans chaque foyer et fit l'effet d'une bombe. Les scoops qui tombaient d'heure en heure résumaient la situation : « *Preuves à l'appui, un policier se suicide après avoir révélé le complot du siècle !* » « *C'était un coup monté par le gouvernement !* » « *Sugerberg savait !* » « *Pourquoi ont-ils piégé Hendricks ?* » Ces annonces, vérifiées et irréfutables, firent vaciller le monde. Le Pesoto perdit aussitôt la moitié de sa valeur. Un vent de panique s'empara des actionnaires du groupe OTO qui vendirent leurs titres. Par peur d'un krach, on suspendit les bourses de toute la planète.

Mélina en resta médusée. Pas parce que l'économie était en train de s'effondrer.

Elle se demandait pourquoi, au plus haut sommet de l'état, on avait cherché à condamner Manfred. Si c'était pour tester *l'alternative*, ils auraient pu piocher parmi la horde de criminels voués à la peine capitale. Quoi qu'il en soit, ce rebondissement invraisemblable était inespéré. Son client ne recevrait plus désormais que des marques d'empathie et, dans la journée, elle se ferait une joie d'annoncer à son client qu'il était innocenté… et relaxé.

*

Majoritaires, les actionnaires du groupe OTO avaient renvoyé leur président et le peuple américain n'était pas loin d'en faire de même. Des pourparlers avaient eu lieu avec Me Morales, laquelle avait exigé qu'une cérémonie de réhabilitation se déroule le lendemain, à l'endroit même du transfert d'Hendricks. Pendant la nuit, on avait reconstitué le décor à l'identique et les chirurgiens du Net, penauds, avaient retouché à la hâte le portrait de Manfred. À l'heure prévue, tout était prêt. La médiamétrie indiquait que l'audimat dépasserait sans doute celui de Louise Astruc déposant le pied sur Mars.

Vêtue de sa toge d'avocate, Mélina apparut au loin sur le tapis rouge. On devinait qu'elle souriait, et pourtant il semblait au spectateur que son attitude avait quelque chose de tendu. Un technicien fit un zoom sur son visage. Droit dans les yeux, elle regarda le public puis s'avança. En chemin, elle fit un crochet vers la sphère et déposa la main sur son flanc. Le temps parut suspendu. Enfin, l'air déterminé, elle se dirigea vers le pupitre sur lequel reposaient un buzzer rouge, au cas où Manfred demanderait à être débranché, et un bouton blanc pour communiquer avec lui. Cette fois-ci, pas de discours hypocrite. Le gros plan de la main ferme qui appuya sans hésitation sur le bouton montrait que l'avocate entendait porter l'estocade : ce serait le dernier acte du procès Hendricks.

— C'est à vous Manfred, le monde entier vous écoute…

Près de Mélina se dessina une silhouette fragile, l'ébauche d'un corps surmonté d'une tête juvénile au visage fin, au regard bleu et tendre, aux lèvres expressives.

— Vous avez enterré mon corps près du grand chêne ? émit une voix qui résonna dans le silence sidéré du monde.

— Oui, répondit Mélina, votre famille, vos amis étaient là, c'était très émouvant.

— Je vous remercie. C'était important pour moi qu'il y ait quelque chose qui me rattache à la terre. Cette idée m'apaise…

Toujours le silence, entrecoupé des soupirs des proches qui se trouvaient dans la salle…

— Manfred, vous pouvez nous décrire l'endroit où vous vous trouvez ?

— Avant cela, j'aimerais percevoir à nouveau le poème de Whitman que vous m'avez récité la dernière fois, celui qui évoque le monde où je vivais…

— *Je crois qu'une feuille d'herbe est à la mesure du labeur des étoiles,*
Que ne sont pas moins parfaits la fourmi, le grain de sable, l'œuf du roitelet,
Que la rainette est un chef-d'œuvre des plus consommés
Que le plus infime rouage de ma main est une mécanique incomparable…

— *Je-crois-qu'une-feuille-d'herbe-est-à-la-mesure-du-labeur-des-étoiles*… répéta Manfred en insistant sur chaque mot. Ici, je crois que l'homme a réussi à créer l'enfer. Vous avez le sentiment que nous discutons calmement, en tête-à-tête, mais je suis mort. Vous avez tout tenté pour me convaincre de ne pas débrancher la machine. Vous m'avez dit que je pourrais toujours exercer mon art, vous aviez tort ; l'intellect ne peut rien créer s'il ne dispose pas d'un corps accordé à la terre. Les couleurs, les odeurs et le chant de l'océan n'ont plus aucune saveur si vous parvenez seulement à les concevoir. Si j'écrivais un poème sur la mer, ce serait de la littérature, pas de l'art. Cela n'aurait aucun sens. Anesthésiez votre corps, fermez les yeux, bouchez-vous les oreilles et le nez, alors vous vivrez l'enfer. L'enfer ce n'est pas les autres, c'est être en soi à l'extérieur du monde…

De nouveau un silence assourdissant, accompagné de soupirs et de pleurs qui avaient gagné l'assistance…

— Manfred, vous pouvez répéter ce que vous m'avez confié lors de notre dernier entretien ?

— Vous voulez parler de Sugerberg ?

— Oui, insista Mélina, de ce lâche embusqué à la Maison-Blanche depuis le début de son affaire.

— Il s'est entretenu avec moi, longtemps. Cette vieille canaille a commencé par déclamer un discours sur la chance que j'ai de vivre éternellement et m'a conseillé de lui en être reconnaissant.

— Il a osé faire ça alors qu'il se doutait que vous étiez innocent ! s'exclama Mélina en fixant la caméra centrale derrière laquelle se trouvaient désormais des milliards de jurés.

— *Je ne vous ai pas tout dit…*

Interloquée, Mélina leva les yeux vers Manfred dont le corps rayonnait d'une lueur sanguine. Il lui sembla qu'un sourire étrange se jouait sur ses lèvres.

— Sugerberg était assisté d'une équipe d'ingénieurs et de psychologues qui m'ont assailli de questions pointues sur les capacités de leur superordinateur. Les microprocesseurs avaient-ils été en mesure de gérer les fonctions importantes que sont l'apprentissage, la mémorisation et la conscience ? La machine avait-elle offert une capacité de traitement suffisante pour pouvoir servir de substrat pour le chargement d'une copie d'un modèle cognitif extrait du cerveau ? Je vous épargne les questions plus complexes… Ce fut le tour des psychologues qui s'enquirent de mon équilibre, de ma santé mentale, de ma capacité de création. En me pressant de questions précises, ils m'apportaient l'explication que j'attendais. J'avais enfin compris pourquoi j'étais là. Seul un génie en informatique, seul un artiste imprégné du monde des sens pouvait leur apporter ces réponses. Ils m'ont pris pour un naïf, ils m'ont peut-être choisi pour ça aussi. Un vieux sage a dit : *La naïveté est le visage de la vérité*. J'ai fait mentir ce proverbe…

Une touche de cruauté s'afficha sur la bouche de Manfred tandis que son regard demeurait doux et rêveur.

— En leur affirmant que leur machine était *remarquable*, j'ai songé à la dentelle des oreilles de Tess, aux lèvres friandes de Lexie, à l'œil de pluie d'Eïleen… Je n'ai pas eu à chercher bien loin pour leur décrire les délices dans lesquels je baignais. Niki miroir tremblant de l'innocence, Méryl soleil doré de la paix, Susie sosie timide de la joie. En leur rendant hommage, je voulais faire aussi acte de justice.

— Qu'entendez-vous par là ? demanda Mélina qui peinait à comprendre.

— Pendant qu'un scientifique me pressait de questions techniques, j'ai identifié en fond sonore des parasites interférant avec la voix du savant. Je suis parvenu à les isoler. C'était l'empreinte vocale de ce bon vieux Sugerberg qui semblait mener la danse, l'ingénieur se limitant à répéter. Mais, dans le flot de questions neutres qui n'évoquaient que *mon* ressenti, le président s'est trahi. « Demandez-lui si *j'aurai* la capacité de mémoriser tous les supports numériques… » J'ai repassé la phrase trois fois pour vérifier qu'il l'avait bien dite. *J'aurai...* L'ordure ! J'avais bien compris… Son corps de centenaire se délabrait comme celui de notre bon vieux Roosevelt. Il avait créé *L'alternative* pour y vivre dans un nid douillet et m'avait piégé pour servir de cobaye. À quoi bon prendre autant de vies si ce n'est pour sauver sa propre peau ! C'est en battant le rappel de ses victimes que j'ai brossé un portrait idyllique de tous les avantages du transfert. Dans la foulée, j'ai même suggéré de faire des copies, ainsi il pourrait vivre une multitude d'existences divergentes.

À la stupeur générale, l'hologramme se déplaça vers le pupitre et fit mine de saisir la main de Mélina qu'il dirigea ostensiblement vers le buzzer rouge. Puis il porta son attention sur la caméra centrale, son regard bleu et tendre fixant les yeux de chaque spectateur.

— Maintenant, si vous voulez un bon conseil, plutôt que d'aller manifester devant la Maison-Blanche, restez chez vous et connectez-vous au serveur de One-to-One. Les présidents Sugerberg sont joignables partout et à tout moment. Ils se feront un plaisir de répondre à vos questions. *Et les proches des victimes, via le réseau, pourront librement communiquer avec les criminels pour chercher à comprendre les motivations de leurs crimes et ainsi adoucir leur douleur,* insista Manfred en reprenant mot pour mot le discours présidentiel.

Déjà, les serveurs de One-to-One enregistraient une affluence affolante.

— Maintenant, débranchez-moi…

Quand Mélina appuya sur le buzzer rouge, elle eut le sentiment absurde qu'une force invisible lui avait forcé la main.

36 15 MAL BARRÉ

Brice et Romain Le Roux

Ce virus nous avait tous mis K.O.

Depuis des semaines, impossible de se connecter à l'Agora sous peine d'écoper de l'amende du siècle. Et pour cause : un programme malveillant s'était immiscé dans le réseau pour s'y répandre et semer le chaos.

Victimes d'un malware aussi puissant qu'inattendu, des milliers d'usagers avaient perdu leur matériel de connexion. Alors, devant le risque de voir le monde socio-économique s'effondrer, les autorités avaient fait de l'Agora une zone interdite.

Certains prétendaient que les militaires avaient créé le virus pour nous chasser de la plateforme devenue un canal de communication secret avec une civilisation extraterrestre, ou encore pour nous aliéner en nous privant du gigantesque système d'information, de communication et d'échange de l'Agora. Il y avait toujours des imaginatifs...

Depuis le début de la crise, les meilleurs spécialistes travaillaient sans relâche pour rétablir le service, mais les recherches pataugeaient. Les uns disaient blanc, les autres disaient noir et tout le monde voyait rouge. Les responsables politiques parlaient de courage, d'union, d'effort national, parfois même de guerre. Il fallait sortir de sa bulle, bouger, marcher — utiliser un vélo pour les mieux lotis — faire ses courses, promener son chien, s'inventer une nouvelle vie, semblable à celle de nos lointains ancêtres…

La vie « déconfinée », c'est le terme qu'ils avaient trouvé. Pour moi c'était la vie des cons tout court. Une vraie déconfiture.

J'avais tourné en rond, comme un lion en cage, pendant des semaines, en acceptant les règles sans faire d'histoire, mais j'en avais ras la casquette. Je perdais du poids à vue d'œil et je sentais mon cerveau se rabougrir…

C'était décidé : hors de question de me passer de l'Agora une minute de plus. J'avais toute ma vie là-dedans.

Tous mes amis. Tous mes contacts professionnels et personnels. Tous mes souvenirs. Tous mes projets. Tout. Il fallait absolument que je trouve le moyen de me connecter discretos, en échappant au virus et aux IA de contrôle.

Question de survie.

***

— La zone 51 2.0... C'est ça la vérité, mec. Ils arrivent… C'est génial !

J'étais venu pinguer à la porte de Jeff, mon voisin de palier. Je l'entendais rarement sortir, depuis les premières restrictions. Il était accro à la pierre de rosette et je le suspectais d'avoir trouvé un moyen de se connecter illégalement pour s'approvisionner…

Il avait ouvert, m'avait entraîné jusqu'à son box de connexion, et m'avait débité une de ces théories fumeuses qui circulaient de bouche à oreille, pratique à laquelle je ne m'étais jamais adonné.

C'était bizarre de se voir en vrai. Ça n'arrivait qu'une ou deux fois par an et ça me procurait toujours la même sensation de malaise. Jeff, en revanche, ne montrait aucun signe de dérangement ou de fébrilité. À croire qu'il appartenait à cette catégorie d'illuminés qui se réjouissaient de la situation en proclamant l'avènement d'un monde nouveau.

J'ai écouté son délire jusqu'à la fin, j'ai hoché la tête et j'ai répondu :

— C'est dingue… Comment tu sais tout ça ?

Il m'a regardé en plissant les yeux, comme s'il s'apprêtait à me livrer un secret qu'il n'avait partagé avec personne, du moins depuis la veille.

— Ça parle… sur l'Ago.

— Sur l'Ago ?

— Ouais... sur l'Ago.

— Comment ça ?

— Y a moyen de... enfin tu vois ce que je veux dire…

— De se connecter ?

— Ouais.

— Et t'y vas pour quoi ? Chercher de la rosette ?

Il me jeta un regard suspicieux, comme s'il venait de démasquer un agent des stups déguisé en voisin de palier.

— Non, pas besoin… Zabeth, au quatrième… elle en a tout un stock… je lui file un coup de main pour le fourguer…

C'était ça, la vie déconfinée : en faisant à peine trois mètres en dehors de son logement, on pouvait sauter à pieds joints dans une histoire de trafic...

— Comment tu te connectes ? Y a des autorisations ?

— Non, les attestations dérogatoires sont délivrées qu'aux entreprises, ou sur ordonnance, en cas d'urgence médicale...

— Comment alors ?

Il est resté silencieux avec la moue de celui qui jubile d'en savoir plus que son interlocuteur. En échange de l'information, je lui ai promis ma dernière boîte de nouilles chinoises épicées, son péché mignon, après la pierre de rosette, et il a fini par lâcher fièrement :

— J'ai un accès fantôme.

***

En deux clics Jeff s'est connecté sur l'Agora pour ouvrir une boîte de dialogue que je n'avais jamais utilisée, une fenêtre toute noire complétée d'un module répertoire.

— Quand t'auras ton accès, il faudra que tu dialogues via ce terminal, je te montrerai...

Il a consulté le répertoire, sélectionné un pseudo et écrit :

>666-Ghost=Salut/Ça va ?/

J'ai pointé du doigt le message qu'il venait d'envoyer.

— 666-Ghost ? C'est ton pseudo ?

— Affirmatif.

— C'est toi qui as choisi ?

— Non, c'est un coup de bol.

>789-Ghost=Salut/Impec et toi ?/

— C'est qui 789-Ghost ?

— Mon beau-frère, il bosse dans la sécu en ligne.

>666-Ghost=Ça va/Rien de neuf/

>789-Ghost=Qu'est-ce qui t'amène ?/

>666-Ghost=Rien de grave/Juste une petite question/Est-ce que tu pourrais créer un nouveau ghost ?/

>789-Ghost=Pourquoi ?/T'en as déjà un/

>666-Ghost=C'est pas pour moi/

>789-Ghost=Pour qui alors ?/

>666-Ghost=Un pote/100 % confiance/

C'était trop d'honneur.

>789-Ghost=Il paye combien ?/

J'ai pensé à une boîte de nouilles chinoises épicées... Décidément, je n'avais rien d'autre à proposer.

— T'inquiète ! a lancé Jeff avec un clin d'œil rieur. Il déconne. C'est la famille.

>789-Ghost=Je déconne/C'est la famille/

Jeff a souri de toutes ses dents. La pierre de rosette avait salement ravagé son émail. C'était pas beau à voir, mais j'ai souri en retour.

***

Une fois chez moi, je me suis planté devant l'écran de mon box et j'ai ouvert l'interface de connexion à l'Agora pour y inscrire l'identifiant et le mot de passe que le beau-frère de Jeff m'avait créés. Dès mon arrivée, j'ai reçu un message privé sur le terminal.

>666-Ghost=Yo bro !/

J'ai cherché un truc fun à répondre, mais Jeff a poursuivi :

>666-Ghost=Surtout évite d'utiliser l'interface de messagerie classique OK ?/

>451-Ghost=Ok/Pourquoi ?/

>666-Ghost=Y a des milices de bots qui circulent/

>451-Ghost=Ok/

>666-Ghost=Ils te repéreront en deux secondes/

>451-Ghost=Ok/

>666-Ghost=Si tu veux absolument dialoguer ailleurs que sur le terminal, faudra te rendre visible et

désactiver temporairement ton profil fantôme/C'est risqué, mais pour une minute ou deux ça passe/

>451-Ghost=Ok/

>666-Ghost=Tu m'as même pas dit pourquoi tu voulais te connecter/

>451-Ghost=Je sais pas/ Pour rien/Je pète un plomb à rien faire/

>666-Ghost=Prendre autant de risques pour rien ?/T'es un grand malade/Faut être con comme un algorithme pour venir ici sans une bonne raison/

>451-Ghost=Merci/

>666-Ghost=Y a pas de quoi/Dans tous les cas reste prudent, c'est l'apocalypse ici/ Capito ?/

Il était presque touchant avec ses expressions sorties tout droit d'un film de mafieux.

>451-Ghost=T'inquiète ça va aller/Merci Jeff/

>666-Ghost=Pas de prénoms ici !/T'es con ou quoi !/

>451-Ghost=Désolé/

>666-Ghost=Y en a qui risquent gros à se connecter/ Me fais pas regretter de t'avoir filé un coup de main/

>451-Ghost=Ok/

>666-Ghost=Bon je dois y aller.../ À +/

>451-Ghost=À +/

>666-Ghost=Et n'oublie pas mon paquet de nouilles/

Il perdait pas le nord, le toxico.

***

La première chose qui m'a frappé c'est à quel point l'Agora était calme. Je ne recevais ni ping, ni notifications, ni messages, ni invitations… Rien. Électroencéphalogramme plat. La plateforme s'était dépeuplée comme un pays entier se serait vidé de sa population. Flippant.

J'ai ouvert l'arborescence pour visualiser les zones d'activité : un désert numérique. Je n'avais jamais vu ça. Comment était-il possible de se passer de l'Agora ? Sans elle, on était rien qu'un agrégat organique fragile et inadapté... C'était elle qui nous faisait vivre, nous permettait de travailler, de nous informer et de nous éveiller au monde.

Hier bouillonnante de vie, la plateforme n'était désormais qu'une immensité désolée. Jeff avait bien résumé la situation : c'était l'apocalypse. J'ai erré comme une âme en peine dans ce qui avait été mon petit univers. J'ai consulté ma page perso, mon interface pro, mon historique de connexion, mes derniers statuts, posts et articles. J'ai fait un tour rapide des pages de mes amis encore disponibles... Aucun signe d'activité. Le temps, semblait-il, s'était figé. J'avais la désagréable sensation d'arpenter les allées d'un immense cimetière numérique ou de visiter les ruines d'une civilisation disparue.

Le virus avait fait des ravages. Certains profils ne présentaient plus qu'un charabia tressautant et ressemblaient davantage à un champ de bataille fumant qu'à une page de l'Agora. D'après les estimations, quarante pour cent des usagers avaient perdu leurs données. Si le virus continuait à se répandre, c'était tout notre monde qui finirait englouti sous une montagne de codes aussi illisibles qu'inutiles.

Au hasard de ma navigation, j'ai atterri dans un forum pour ados qui semblait plus animé que les autres. Trois membres y étaient connectés. J'ai désactivé mon profil fantôme et, à peine dix secondes après m'être rendu visible, quelqu'un est venu me parler.

>Chicago-bangbang=Salut/

Avec un pseudo pareil, ça sentait le fou rire à plein nez.

>451-Ghost=Salut/

>Chicago-bangbang=T'es en quelle classe ?/

J'ai menti pour savoir où il voulait en venir.

>451-Ghost=Troisième/

>Chicago-bangbang=On peut te proposer un pack avec tous les cours + des fiches spéciales préparation au brevet/T'as besoin de toutes les matières ?/

>451-Ghost=Oui, y a pas encore de collège dans mon quartier/

>Chicago-bangbang=De toute façon le présentiel c'est une vraie galère/T'as bien fait de venir nous voir/On est une petite équipe, mais on est des pros/

>451-Ghost=Vous êtes profs ?/

J'avais visé juste, parce que ses deux copains ont rappliqué direct :

>Doggy-dark=Et toi t'es flic ?/

>Sam895yep=Tu nous fais pas confiance ou quoi ?/

>Chicago-bangbang=Si tu le sens pas tu dégages/

>451-Ghost=C'est bon/Désolé/

>Doggy-dark=Tu sais on est réglo/On veut pas d'embrouilles/

>Chicago-bangbang=Alors t'es intéressé ?/

>451-Ghost=Oui/

>Chicago-bangbang=Et tu peux dégoter un moyen de paiement ?/

>451-Ghost=Je sais pas/

>Chicago-bangbang=Tes parents ont bien une carte de crédit non ?/

>451-Ghost=Ben…/

Je n'ai pas eu le temps de finir ma phrase que l'échange s'est accéléré :

>Doggy-dark=Y a du mouvement les mecs !/

>Sam895yep=Ok on bouge !/

>Chicago-bangbang=Barre toi gamin, y a une IA qui traîne/

>Sam895yep=T'as dix secondes pour partir/

>Doggy-dark=Bye/

J'ai réactivé le mode fantôme et je suis parti.

J'étais revigoré. Ça m'avait fait un bien fou de jouer le jeu et de me payer leurs têtes. Bien sûr j'avais perdu du temps, mais eux aussi. C'était déjà ça de gagné sur leur prochaine arnaque. Comme quoi, même dans la tourbe d'une Agora moribonde, on pouvait se rendre utile.

Quand je suis sorti du forum pour me retrouver dans le no man's land qu'était devenu le réseau, ma satisfaction s'est instantanément teintée de mélancolie. La plateforme n'était plus rien qu'une zone de trafic et de non-droit, comme si toute la face cachée du web était remontée à la surface pour s'infiltrer partout. Voilà ce qui se passait quand tout foutait le camp : les travers les moins glorieux surgissaient des ténèbres et nos liens se transformaient en de douloureuses ligatures, celles qui entravaient les plus faibles pour les soumettre au bon vouloir de quelques dominateurs tordus. Tristesse.

Les jours qui ont suivi, j'ai vadrouillé dans l'Agora, maussade et désabusé, sans but ni horizon, envahi par un sentiment d'impuissance et de déprime, jusqu'à ce que je me fasse harponner par un junkie qui zonait dans le réseau et était parvenu, je ne sais comment, à détecter ma présence...

>Alone9721=Tu veux de la rosette ?/Du wix ?/J'ai même de la méchante/

>451-Ghost=Non merci/

>Alone9721=T'aimes pas la méchante ?/Si tu préfères le virtuel j'ai du Trip 3D/

Je n'ai pas répondu. Tout ce que je voulais, c'était mon Agora…

>Alone9721=Tu cherches quoi ici ?/

>451-Ghost=Rien de précis/

>Alone9721=Arrête/On cherche toujours un truc/

>451-Ghost=Je voulais me rendre compte par moi-même/Aller sur mon profil/Relire mes messages/ Voilà/C'est tout/

>Alone9721=Toi, t'as pas l'air au top/Je te pingue en audio j'en ai marre d'écrire/

>451-Ghost=T'es dealer ou t'es psy ?/

>Alone9721=Ça coûte rien de discuter/

>451-Ghost=C'est pas risqué en audio ?/

>Alone9721=Non/Ta voix, tout le monde s'en fout/Tant que tu dis pas ton nom tu risques rien/

Quand j'ai accepté l'appel, une voix féminine a aussitôt déclaré :

— Par cam c'est trop risqué, un de mes potes s'est fait gauler par une IA de reconnaissance faciale.

J'ai bégayé un timide « salut » auquel elle n'a pas pris la peine de répondre.

— Alors, ça va pas fort ?

— Ben...

— Tu veux rien ? T'es sûr ? Rien de rien ? Y a pas un petit quelque chose qui te plairait ?

— Pas vraiment.

— Merde alors, t'es le pire client que j'aie jamais rencontré.

— C'est parce que je suis pas un client...

— Pas encore... Bon alors, qu'est-ce qui t'arrive ? Tu t'es dégoté un accès fantôme, t'as fait un petit tour pour voir l'étendue des dégâts et ça t'a rendu chagrin, c'est ça ?

— C'est ça.

— Et à quoi tu t'attendais ?

— À rien, mais je n'imaginais pas que ce serait si calme.

— Calme ? Mort, tu veux dire. En tout cas, c'est pas le meilleur endroit pour les crétins dans ton genre...

— Merci.

— Y a pas de quoi.

— Et tu connais un meilleur endroit, toi ?

J'avais posé la question, mais je savais la réponse. Bien sûr qu'elle connaissait un meilleur endroit ! Elle était du genre entreprenante et trouverait bien quelque chose à me fourguer.

Elle a sorti les violons pour débiter le discours émouvant du VRP chevronné. Elle était douée. C'était comme si elle connaissait mes doutes, mes désirs, mes pensées les plus intimes, comme si on avait traîné ensemble sur l'Agora toute notre enfance. Alors, quand elle a jugé que j'étais à point, elle m'a annoncé qu'elle avait peut-être une solution, qu'elle avait entendu parler d'une combine pour intégrer un réseau alternatif plein d'avenir. Elle a conclu par une de ces formules tapageuses qui faisaient la fierté de tout vendeur digne de ce nom et elle a déclaré, comme si elle m'accordait une faveur :

— Si t'es prêt à lâcher deux cents balles, je peux t'offrir ton bonheur.

Deux cents... C'était une somme. Mais qu'est-ce que j'avais à perdre ? Je n'allais pas me laisser dépérir, tout seul, entre les quatre murs d'un box qui ressemblait de plus en plus à un cercueil. J'avais fait le tour de cette ville fantôme, de ce cimetière malfamé qu'était devenue l'Agora. Alors, j'ai accepté.

***

J'ai reçu mon minitel huit jours plus tard.

J'avais attendu sagement, ne sortant de chez moi que pour me ravitailler en alimentation à l'une des épiceries ambulantes que les autorités avaient déployées. Je n'avais vu personne hormis Jeff, qui était venu récupérer sa boîte de nouilles chinoises épicées et m'avait demandé comment s'était passée mon escapade dans l'Agora. J'avais répondu par un haussement d'épaules et un grognement dégoûté avant de retourner dans mon fauteuil pour y rester jusqu'au lendemain.

J'ai ouvert le colis pour en sortir un écran, de quelques pouces seulement, aussi épais qu'une boîte à chaussure. J'ai tâtonné le minitel comme on manipule un casse-tête et j'ai déclenché l'ouverture d'un clavier coulissant à côté duquel était encastré l'interrupteur principal.

J'avais entre mes mains un petit morceau d'histoire technologique, un de ces appareils de légende auxquels le temps conférait une aura particulière, un objet qui provoquait l'émerveillement et éveillait la curiosité de celui qui en faisait la découverte.

D'après les explications de ma dealeuse zélée, il s'agissait d'un délire d'étudiants en manque d'activité techno ludique, un revival technologique avec un arrière-goût de parodie, imaginé pour s'amuser un peu avec du matériel télématique, des commandes et un usage d'un autre temps. Avec la crise actuelle, le jeu entre amis avait pris une tournure plus commerciale. Le minitel était devenu la panacée, le matos à avoir pour sortir la tête de l'eau et rester connecté, un must pour tous les addicts orphelins de l'Agora.

Une question subsistait néanmoins… et pas des moindres. Naviguer par l'intermédiaire d'un appareil aussi rudimentaire, comment c'était possible ? J'aurais bientôt ma réponse.

J'ai déballé un second petit carton contenant un hub et deux adaptateurs, réseau et secteur. Les concepteurs avaient trouvé l'astucieux moyen d'emprunter un réseau annexe, l'équivalent d'une voie de chemin de fer désaffectée envahie par la broussaille et la caillasse. Tous les chemins menaient à l'Agora et peu importait le temps que ça prenait. C'était l'idée.

J'ai branché tout ça dans mon box de connexion et j'ai appuyé sur le bouton d'allumage.

L'écran a commencé à s'animer et, deux minutes plus tard, une interface de connexion s'est affichée dans une myriade de pixels en mouvement.

J'ai écrit l'indicatif et le code fournis avec l'appareil, j'ai validé en appuyant sur la touche ENVOI et j'ai attendu quelques minutes supplémentaires avant que le titre s'affiche.

36 15 AGORA
Bienvenue

J'étais stupéfait. C'était l'écran d'accueil le plus pourri que j'avais jamais vu.

— 36 15 mal barré, tu veux dire.

Appuyez sur ENVOI

Je me suis exécuté et un formulaire d'inscription s'est lentement affiché ligne après ligne. J'ai pianoté sur le clavier pour renseigner mon pseudo, mon nom, mon prénom, ma date de naissance, ma ville, mon métier, mes centres d'intérêt... puis j'ai rempli le formulaire des paramètres principaux avant d'appuyer sur la touche ENVOI.

Veuillez patienter...

Quand un sablier au graphisme primitif s'est affiché au centre de l'écran, j'ai eu un mauvais pressentiment : et si ça prenait des plombes ?

Deux heures plus tard, alors que j'étais à deux doigts de sombrer dans un profond sommeil, j'ai enfin assisté à la naissance officielle de ma page perso. Victoire ! J'allais pouvoir me lancer à la conquête de cette version vintage de l'Agora, reprendre mes bonnes vieilles habitudes et réseauter tranquille !

Je me suis préparé une boisson chaude, j'ai ouvert une boîte de biscuits et je me suis calé dans mon box. J'ai sélectionné l'onglet CONTACT pour afficher la liste déroulante des profils connectés et j'ai appuyé sur la touche ENVOI en pensant : « c'est parti ! »

Veuillez patienter...

***

Après six heures de « veuillez patienter » et de connexion aléatoire, après trois messages envoyés et un message reçu, après une centaine de coups de sang et d'interjections désespérées, j'ai jeté l'éponge. Basta. J'ai appuyé sur le bouton CONNEXION FIN du clavier et j'ai avalé un cachet d'aspirine.

Sérieux, c'était ça l'alternative ? Un écran noir et blanc minuscule à la définition si faible que c'était la migraine assurée ; un affichage avec un temps de chargement si long qu'on pouvait mourir dix fois entre chaque message…

J'ai fourré dans un placard 36 15 Agonie, comme je l'avais surnommé, et j'ai maudit l'aveuglement qui avait transformé mon réalisme prudent en optimisme niais.

Comment j'avais pu croire que ce serait fun ?

***

Les semaines qui ont suivi, j'ai pris l'habitude de passer un peu de temps au pied de l'immeuble en attendant le passage du marchand de journaux. Un décret interdisait les dépôts en boîte aux lettres. Le vendeur devait se poster dans la rue. Le client devait se déplacer. C'était une façon grossière d'obliger les uns et les autres à sortir, d'imposer à tous quelques minutes de vie déconfinée par jour, de provoquer la rencontre et l'échange, ces conditions sine qua non au nouveau pacte social. Pas d'autres alternatives, pour celui qui souhaitait s'informer, que d'accepter ces règles — à part peut-être partir à la pêche aux rares true news sur l'Agora dévastée, ou somnoler des heures devant son minitel en attendant l'apparition quasi divine d'un article de trois lignes.

Je patientais devant l'entrée de l'immeuble quand un type s'est approché pour pianoter sur l'interphone et attendre, nerveux, qu'on lui réponde.

— Oui ?

— Zabeth ? a répondu le type en chuchotant. C'est moi ! Tu viens ?

— Non je t'ai déjà dit que je venais pas.

— Allez ! Déconne pas ! Y a plus beaucoup de places… je connais même le mot de passe !

— Le mot de passe ?

— *La vraie vie est ailleurs* !

— De quoi ?

— *La vraie vie est ailleurs* ! C'est le mot de passe.

— Mais comment faut te le dire ? J'm'en fous de ta Nouvelle Agora !

— Zabeth !

— Lâche-moi, on est plus ensemble ! J'ai d'autres choses à faire !

— Mais…

Crack. Elle a raccroché.

Quand la presse ambulante est arrivée, le type était en train de s'éloigner, les bras ballants, sur le trottoir d'en face. J'ai acheté le journal du jour et, au lieu de remonter chez moi, je suis monté au quatrième pinguer à la porte de Zabeth. J'avais eu mon quota d'interactions sociales pour la journée, mais la curiosité était trop forte.

— Y a un type qui te cherche en bas.

Elle a pouffé en levant les yeux au ciel.

— Ouais. Je sais.

— Il dit qu'il faut que tu viennes avec lui… il a l'air nerveux.

— Il est toujours là ?

J'ai haussé les épaules alors que je savais très bien qu'il était parti.

— C'est mon ex... Il veut m'emmener quelque part, mais moi je veux pas. Putain de boulet… j'aurais jamais dû lui donner mon adresse.

— Il veut t'emmener où ? C'est quoi le plan ?

— Dans le bâtiment de l'ancienne taule. En dehors de la ville, vers le nord, à ce qu'on dit...

J'ai fait mine de savoir où c'était, mais je n'en avais pas la moindre idée. J'étais rarement sorti de mon box et encore moins de la ville.

—... Y a une communauté qui vit en réseau là-bas...

— En réseau ?

— Ils appellent ça la Nouvelle Agora.

— Ils sont déconfinés ?

— Non. Pas vraiment. C'est chacun dans son box, ou plutôt chacun dans sa cellule. Une Agora d'un nouveau genre…

— D'un nouveau genre ? Mais comment ils...

— Cherche pas... J'en sais pas plus. Mais tu veux mon avis ?

— Vas-y.

— C'est une bande de gros nazes...

***

Je suis rentré chez moi et j'ai épluché le journal. Le monde politico-scientifique allait de cafouillage en cafouillage, de décisions d'assouplissement des mesures en rétropédalages absurdes, d'annonces optimistes en mises en garde anxiogènes… Le retour à la normale et la vie tranquille dans l'Agora s'éloignaient toujours plus.

La Nouvelle Agora ? Qu'est-ce que ça pouvait bien être ? Un délire collectif d'une poignée d'illuminés ? Une utopie de plus vouée à l'échec ? Le chant du cygne d'un monde en phase terminale ? Il y avait tous les ingrédients pour une expérience merdique de plus, alors pourquoi est-ce que j'ai préparé mon sac ?

J'avais un pressentiment positif. L'instinct que quelque chose m'attendait entre les murailles de cette ancienne prison. Et puis, c'était peut-être ma dernière chance de retrouver les sensations de bien-être et de liberté qui faisaient tant défaut à la vie déconfinée.

Qui ne tente rien n'a rien, disait l'adage.

Certes, et puis j'avais le mot de passe.

***

J'avais suivi les indications d'un plan que m'avait vendu un marchand ambulant et j'avais marché toute une journée — pleine de péripéties qui mériteraient d'être racontées — quand j'ai aperçu les contreforts du bâtiment entre les arbres et la végétation.

Une fois face à la porte métallique, j'ai cogné trois fois et j'ai lâché à bout de souffle :

— La vraie vie est ailleurs !

Pas de réponse. J'ai répété plus fort :

— La vraie vie est ailleurs !

— Le mot de passe a changé aujourd'hui, a répondu une voix lasse de l'autre côté.

— Comment ça ?

— C'est le principe d'un mot de passe. Faut pas toujours garder le même.

— J'ai marché toute la journée, comment j'aurais pu savoir ?

— Et nous, comment on aurait pu savoir que tu marchais ?

Pendant une dizaine de minutes, j'ai participé à la discussion la plus absurde de ma vie. J'étais à bout de nerfs, démoralisé, terrifié à l'idée que cette odyssée loin du cocon de mon box se termine là, devant cette porte de prison qui refusait de s'ouvrir.

Alors, j'ai entendu des paroles échangées et toute une discussion, de plus en plus animée, qui résonnait de l'autre côté de la paroi ; un débat qui me parvenait en écho, amplifié par je ne sais quel système.

Ils statuaient sur mon sort... Fallait-il me laisser entrer ? Étais-je adapté au groupe ? Pouvaient-ils me faire confiance ? Chacun donnait son avis et chaque intervention se frayait un chemin entre les murs de la prison pour parvenir à mes oreilles. Il y avait des pour, des contre, des sans argument et des trop bavards. Certains avaient noté la moindre de mes paroles, et analysaient mes mots comme des chercheurs, penchés sur une énigme. D'autres jouaient les psychologues et bâtissaient leurs jugements sur le ton de ma voix, sur mes silences et mes hésitations. D'autres encore mélangeaient considérations politiques et réflexions sociétales sans que je parvienne à comprendre en quoi j'étais concerné…

Alors, le débat s'est achevé dans un tohu-bohu inaudible où tout le monde y allait de son éclat de voix et, après un silence crispant, la porte s'est ouverte dans le cliquetis métallique des verrous.

— Bienvenue à la Nouvelle Agora !

J'ai suivi le jeune homme avec qui j'avais tenté de dialoguer à mon arrivée dans le dédale de couloirs de la prison désaffectée. Il m'a conduit jusqu'à une cellule en m'indiquant qu'il s'agissait de mon box de connexion. Elle était aménagée d'un lit une place, d'un espace toilette, d'une cabine de douche, d'une table, d'une caisse contenant du matériel de dessin et de peinture et… d'un mégaphone.

— On est deux cent soixante-treize connectés ici. Le principe est hyper simple, tu verras c'est génial… On a reproduit au maximum les logiques d'échange et de communication de l'Agora…

Pendant qu'il m'expliquait le concept, mon regard a plongé dans le motif singulier de son t-shirt. Il s'agissait d'une émoticône clin d'œil peinte à la main, au-dessus de laquelle était inscrit « En pleine forme » d'une écriture enfantine et dégoulinante.

— Tu aimes ?

C'était immonde, mais j'ai acquiescé.

— C'est mon statut du jour ! Ici t'es libre d'exploiter ton espace comme tu veux, y compris ton espace vestimentaire. Tu verras, y en a qui portent leurs derniers posts autour du cou, y en a d'autres qui aiment exhiber leur assiette avant de passer à table, y en a même un qui s'est dégoté un vieil appareil photo instantané pour poster des images papier… y en a pour tous les goûts ! Une plateforme hybride. C'est ça la nouvelle Agora. Du réseautage pur et dur et un peu de contact... L'équilibre parfait.

J'ai désigné le mégaphone posé dans l'entrée en demandant :

— À quoi ça sert ?

— Principalement aux discussions sur forum sonore. C'est autorisé de dix heures à vingt et une heures… Tu peux aussi l'utiliser pour certains commentaires si tu veux que tout le monde soit au courant. On s'en est servi à ton arrivée. C'est l'outil idéal quand on doit prendre une décision rapide... Bon, je te laisse. Il faut sans doute que tu digères tout ça. Installe-toi, prends tes marques et rejoins-moi plus tard dans la salle commune, je te montrerai le mur d'expression collective. Tu verras, ça vaut le détour…

***

Quand il est parti, je me suis allongé et j'ai fermé les yeux pour faire le point.

Bon. J'appartenais maintenant à une communauté d'internés volontaires qui écrivaient et dessinaient sur leurs vêtements ou sur les murs, exhibaient ce qu'ils mangeaient, et communiquaient de cellule en cellule par mégaphones interposés... Où donc se cachait le personnel médical ?

Sur le trajet jusqu'à la salle commune, j'ai croisé deux résidents. Le premier affichait sur sa porte un post écrit à la craie grasse. Le second rédigeait sur papier un commentaire qu'il s'apprêtait à coller sous un article dans le couloir. Chaque fois que je croisais une cellule entrouverte, j'y jetais un regard furtif et gêné. C'était pourtant une pratique courante et acceptée. Les uns entraient dans les cellules des autres, prenaient connaissance de leurs derniers posts, laissaient ou non un commentaire, une invitation ou une mention...

Quand je suis arrivé dans la salle commune, Monsieur « En pleine forme » m'a accueilli avec un « Ah ! » enthousiaste, puis m'a conduit jusqu'à un mur où se mélangeaient des centaines d'articles, de citations, de commentaires, de listes, de schémas et de dessins… C'était un patchwork multicolore de morceaux de papier, de découpages, de peintures et d'écritures à la craie, un assemblage illisible d'environ trois mètres de haut sur dix mètres de long organisé à la manière d'une carte mentale géante — celle d'un dément, semblait-il.

Si le mur d'expression collective avait été une œuvre d'art assumée, j'aurais crié au génie. Malheureusement, c'était un symptôme de plus du mal dont souffrait notre monde...

— Voilà. Notre espace commun. La colonne vertébrale de notre réseau. Le mur d'expression collective. L'équivalent du mur d'actus commentées sur l'Agora…

Je ne voyais pas bien le rapport, mais j'ai poliment hoché la tête et l'ai laissé poursuivre :

— Chaque nouveau membre est invité, dès son arrivée, à y laisser sa marque, son empreinte...

Il s'est approché du mur, a pointé du doigt un espace libre entre deux articles et m'a tendu un feutre.

— Vas-y.

Sans trop réfléchir et sans grande inspiration, j'ai dessiné un soleil, des étoiles et des oiseaux, comme l'aurait fait un enfant de six ans.

Mon nouvel ami a contemplé ma création en silence avant de déclarer avec une sincérité désarmante :

— C'est très beau.

Nom d'une pipe, j'étais vraiment doué pour les plans pourris.

***

J'ai retrouvé ma cellule après avoir arpenté les couloirs de la prison avec circonspection. Deux notifications de demandes d'amis étaient placardées sur ma porte, une lettre et un joli dessin m'attendaient sur la table, un commentaire de bienvenue était collé à la cuvette des toilettes. Bonjour l'intimité.

Je me suis affalé sur mon lit et j'ai réfléchi.

Où est-ce que j'avais atterri ? Est-ce que j'allais passer le restant de ma vie à décorer ma cellule et mon t-shirt comme s'il s'agissait de mon profil et de ma page perso, à dessiner des oiseaux ou à accrocher mes états d'âme journaliers sur un mur collectif que personne ne lisait mais que tout le monde encombrait d'inepties, à hurler dans mon mégaphone à la moindre occasion ?

Je n'avais pas passé une journée complète dans cette utopie pénitentiaire que j'échafaudais déjà un plan d'évasion...

Je l'ai exécuté sans accrocs, le lendemain même, en prenant la poudre d'escampette sans un merci ni un au revoir.

Personne n'a cherché à me retenir. Personne, d'ailleurs, n'a remarqué que je partais. Drôle de prison.

***

J'ai arpenté, maussade et désabusé, le chemin de terre qui longeait le bâtiment et conduisait à la route. Puis j'ai marché en direction de la ville en faisant le compte de ces semaines de pandémie où j'avais piteusement tenté de trouver une alternative à la fermeture de l'Agora. Le bilan était sans appel : chacune de mes tentatives avait tourné court, et mes espoirs s'étaient transformés un à un en désillusions amères.

C'est sans doute parce que j'ai baissé la tête, dépité, maugréant contre mes échecs successifs et pestant contre l'horizon déconfiné qui se précisait chaque jour un peu plus, que j'ai remarqué une publicité papier, souillée par la pluie et la terre, mais néanmoins lisible :

VENDEUR.EUSE,
Le premier DeconfMarket recrute.
Postulez ! Et mettez un pied dans le monde d'après !

Le monde d'après ? C'était donc à ça qu'on nous préparait ? Un monde où il serait impossible de vivre simplement, chacun dans son box ? Un monde où il faudrait se coltiner les autres, leurs corps et leurs regards, du soir au matin ? Un monde où il faudrait sortir pour travailler, pour consommer, pour se divertir, pour se cultiver, pour s'évader et aimer ? Un monde où il faudrait descendre dans la rue, hurler et lever du poing pour faire entendre sa voix ? Un monde où le présentiel serait la norme, la règle, le concept dominant, la planche de salut d'un système financier dépourvu de sens moral qui continuerait à prospérer au détriment du bonheur, de l'épanouissement, de la santé mentale ?

J'ai marché longtemps, laissant courir mes pensées en essayant d'en retirer quelque chose de positif, quand j'ai réalisé m'être engagé sur la mauvaise route. J'avais pris, sans réfléchir, un chemin de traverse qui m'éloignait de la ville. Il m'était pourtant familier. Ses odeurs, sa lumière, l'ambiance générale qui s'en dégageait, tout me renvoyait à une intimité ancienne dissimulée dans l'ombre de mon passé.

Saisi par un sentiment étrange de déjà-vu, animé par une foule de réminiscences troubles qui réveillait ma mémoire, hypnotisé par une force qui me dictait d'avancer, j'ai poursuivi ma route au lieu de rebrousser chemin, m'enfonçant dans la périphérie autant que dans mes souvenirs.

Quand je suis arrivé au village, j'ai retrouvé ses ruelles caillouteuses, ses maisons de pierre blanche aux façades ornées de végétation, cette atmosphère singulière que j'avais rangée dans un coin de mon esprit pour l'oublier.

J'ai trouvé la maison sans difficulté. Alors, je me suis avancé jusqu'à la porte, j'ai inspiré profondément et j'ai cogné trois coups.

***

Elle ne paraissait pas surprise. Au contraire. On aurait dit qu'elle m'attendait.

Elle s'est avancée, les yeux brillants, le regard tendre. Puis elle a posé ses mains sur mes bras, faisant affectueusement aller et venir ses pouces sur mon blouson.

— Salut Maman.

Avec un sourire simple, elle s'est approchée plus près, a posé sa tête contre ma poitrine et m'a serré dans ses bras.

En trente ans, nous ne nous étions vus qu'en visio, à quelques exceptions près, dont la mort de mon père. C'était à présent une vieille femme voûtée qui flirtait avec les quatre-vingts ans. J'en avais bientôt cinquante...

Elle. Moi. La mère. Le fils. Deux vies éloignées par la vie.

Cette étreinte m'a propulsé dans le passé, avant mon départ de la périphérie, dans cette petite maison où j'avais grandi et que j'avais fini par quitter. Mes parents y étaient restés pour y vivre comme des arriérés, déconfinés avant l'heure, avec leurs livres, quelques vieilleries de collection et un équipement de connexion sommaire, refusant la vie dominante dans laquelle j'avais plongé corps et âme... Et le temps avait fait son œuvre de séparation.

Malgré le malaise que m'inspirait la sensation de son corps chaud contre le mien, je suis parvenu à me détendre et j'ai passé mes bras autour de ses épaules. Je n'avais pas serré quelqu'un contre moi depuis une éternité… C'était ma mère, je pouvais faire un effort.

J'ai fermé les yeux, j'ai mis mes pensées de côté et je me suis essayé au lâcher-prise, avec succès. Après tous mes échecs, j'avais bien mérité une petite réussite, aussi inattendue soit-elle ! Alors, je me suis abandonné à la douceur de sa présence... et c'était bien.

Quand elle s'est dégagée après de longues secondes passées l'un contre l'autre, j'ai rouvert les yeux dans un sursaut, comme si je m'éveillais d'un rêve étrange. J'ai fait un pas en arrière, embarrassé par ce qui venait d'arriver, et j'ai posé la seule question qui comptait, celle qui m'avait poussé au détour et m'obsédait depuis que j'avais retrouvé le chemin du village :

— T'as gardé le matériel radio de papa ?

MR_GML

Morwenna Le Bevillon

« Salut les petits loups ! »

Mr_GML, portant son masque à l'effigie de l'emoji « crotte », apparaît à l'écran. On ne voit pas son visage, mais on distingue ses yeux rieurs. Il accueille chaleureusement son public. À première vue, c'est un livestream comme les autres qui commence : un mec se filme en direct, et les gens qui le regardent peuvent interagir avec lui sur la fenêtre de chat à côté de la vidéo. Mais là, on regarde une rediffusion. Le vrai spectacle a eu lieu hier soir. Et quel spectacle…

« Prêts pour une première aventure ? »

Emmitouflé dans son sweat-shirt cramoisi aux armoiries de Gryffondor, le gosse assis à côté de moi garde les yeux rivés sur l'écran. Il n'a pas l'air spécialement absorbé par ce qu'il y voit. Je pense qu'il veut juste faire le malin. On s'est à peine échangé deux mots, mais il m'énerve déjà.

« Aujourd'hui, on va faire quelque chose d'un peu spécial... » poursuit le streameur. À droite de la vidéo, le chat s'affole. Les gens sont enthousiastes, évidemment. On leur a proposé quelque chose d'unique, quelque chose qu'ils n'ont encore jamais vu. Et pour la plupart, ce sont des gosses de treize à quinze ans, comme celui à côté de moi.

Mr_GML prend la caméra et commence à se déplacer avec. Il est dans une maison. On a déjà épluché les images une par une sans résultat. Rien, pas de fenêtre qui pourrait nous donner une idée du paysage extérieur, et rien de distinctif à l'intérieur. Putain de taré... Il a l'air nonchalant, comme ça, mais il a calculé son coup au millimètre près.

Il se dirige vers la cave, tranquillement, en répondant aux vannes que lui lancent les gens sur le chat.

Le gosse me jette des regards en coin. Il est complètement crispé, comme s'il se retenait de trembler. Je fais mine de n'avoir rien remarqué.

Pendant ce temps, à l'écran, Mr_GML est arrivé à destination. La luminosité a pas mal baissé, mais grâce à sa caméra HD, on y voit toujours assez clair. Il se tient face à une porte en bois. Une porte de cave parfaitement ordinaire, si ce n'est qu'elle est équipée de trois serrures. Mais bon, rien d'exceptionnel à première vue : il y a pas mal de paranos qui barricadent toutes les entrées possibles de leur maison. Et vu ce que je gère tous les jours, je ne peux pas vraiment les blâmer.

« Alors là, écoutez bien », dit le streameur.

À côté de la vidéo, les répliques fusent un peu moins sur le chat. Je vois passer quelques *Mais TG toi-même, Lol c pourri*, mais les gens finissent par se calmer.

C'est très diffus au début, probablement à cause du micro mal réglé, mais on finit par entendre les gémissements.

Le gamin se tend. Il reste parfaitement immobile, mais se prépare pour ce qui arrive. Du coin de l'œil, je constate qu'il serre les poings.

À l'écran, Mr_GML ouvre la porte. La pièce paraît assez spacieuse, mais pas tant que ça non plus. C'est difficile à dire, et notre équipe d'analyse vidéo bosse encore dessus. Il n'y a aucune source de lumière naturelle, alors même la caméra a du mal à gérer l'obscurité. On entrevoit vaguement des formes entassées çà et là. D'un seul coup, l'une d'entre elles se met à bouger. Les gens sur le chat s'affolent. *C koi ce délire. WTF*.

Mr_GML allume la lumière. À côté de moi, le gosse tressaille.

À l'écran, la caméra toise maintenant une fille ligotée. Elle doit avoir seize ans, grand max. Ses bras sont couverts de bleus, son visage est tuméfié. Une tache sombre sur sa jupe indique qu'elle s'est pissée dessus. Ses vêtements sont à moitié déchirés, mais on dirait que ça vient d'elle. Elle a dû se débattre pour essayer de se dégager. Et elle a juste réussi à abîmer ses fringues.

Les commentaires fusent tellement vite sur le chat qu'on arrive à peine à les lire. *LOL c une blague? Faaaake.* Mr_GML repasse devant la caméra. Il est toujours aussi enjoué. J'ai du mal à réprimer un frisson. On ne voit pas son visage, mais ça se sent qu'il est jeune. Un peu plus que moi, vingt-cinq ans peut-être. Avec ses cheveux mal peignés et son tee-shirt trop large représentant un meme Internet, il ressemble à tous les potes de mon petit frère.

« On va jouer à un jeu, commence-t-il. Je veux vraiment que mes lives soient interactifs. Si je fais ça, c'est pour qu'on partage un moment unique, vous et moi. Alors, dites-moi : qu'est-ce que vous voulez que je lui fasse ? »

La respiration du gosse se saccade. Il essaie encore de faire le fier, mais c'est difficile. Il garde les yeux bloqués sur l'écran, sur la défensive, mais ne dit rien.

C'est là que ça devient beaucoup trop violent. J'ai presque envie de laisser tourner la vidéo. Juste pour bien remuer le couteau dans la plaie. Comme Mr_GML l'a fait. J'aimerais l'excuser, me dire que s'il a réagi comme ça pendant le live, c'était parce qu'il ne comprenait pas. Ça me paraît déjà surréaliste à moi, alors à un ado… Je veux jauger sa réaction une fois confronté à la réalité de tout ça. Malheureusement, mon patron a été très clair avec les mineurs : pas question de s'attirer des ennuis en leur montrant des images choquantes, même s'ils les ont probablement déjà vues. Les parents risqueraient de porter plainte. Je referme l'ordinateur portable.

« Tu sais combien vous étiez à regarder ? »

Privé de l'écran, le gosse se reporte sur la table pour éviter mon regard. Il secoue la tête.

« Dix mille. Et tu sais combien d'appels on a reçus ? »

Il n'essaie même pas de répondre.

« Deux. Il n'y a que deux personnes qui ont eu la décence d'appeler la police.

— Comment on aurait pu savoir ? On aurait dit...

— Que c'était pas réel ? »

Il hausse les épaules.

Bon, à ce stade-là, je vais avoir du mal à en tirer grand-chose d'utile. Je saisis le dossier posé en face de moi.

« Tu es resté regarder jusqu'au bout.

— Je savais pas. »

Il se redresse et me regarde droit dans les yeux, comme pour me défier. J'ai bien envie de lui en coller une, mais je vais avoir des ennuis si je fais ça. Le pire, c'est qu'il est sûrement sincère. J'ai l'historique de ses commentaires sous les yeux. Au début, beaucoup de remarques sceptiques. *C tro fake. MDR tu ns prend pr des boloss.* C'est après que ça dégénère.

« Tu t'es même pris au jeu. 18 h 53 : "*Vazy taille-la pour voir ?*" Tu te souviens de ça ? »

Je le vois tressaillir.

« Je croyais que c'était une actrice. Genre pour la promo d'un film d'horreur ou un truc comme ça.

— Et tu as réagi comment quand tu as vu les infos ce matin ? »

Il détourne le regard. Bien, au moins il ressent quelque chose.

« Je savais pas, répète-t-il. J'ai rien fait de mal. »

J'inspire profondément. Rester calme. Éviter les débordements.

C'est le dixième témoin que j'interroge aujourd'hui. Pendant le live, deux d'entre eux sont partis dès que la torture a commencé, cinq sont restés jusqu'au bout, et les deux autres ont aussi fait des suggestions à GML. Face à moi, ils étaient tous effondrés. Ils ne pouvaient pas regarder la vidéo, ils se sont presque tous mis à pleurer. Ils étaient blêmes, horrifiés. Mais cet abruti qui fait des propositions de torture sur un chat public avec comme pseudo Seb_Micquelon95, lui, il n'est même pas désolé.

« Il l'aurait taillée quoiqu'il arrive, c'est pas de ma faute. Et puis je suis pas le seul à avoir dit ça. »

Du calme, Julie, du calme.

C'est un mécanisme de défense tout ce qu'il y a de plus humain : se sentir coupable, c'est accepter la responsabilité de ses actes. Et il n'est pas en état de faire ça. Je comprends. Mais ce n'est pas une attitude saine, surtout quand des vies sont en jeu.

« Ce que tu as fait là, c'est très grave. Effectivement, tu n'étais pas tout seul, mais ça ne rend pas les faits moins graves. Pourquoi tu penses que Mr_GML a voulu filmer son meurtre ? »

Il ne dit rien. Il fait mine de s'en foutre.

« Il fait ça pour avoir un public. Pour avoir des likes. L'approbation d'une audience. Ton approbation.

— Qu'est-ce que vous en savez ?
— Tu vois une meilleure explication ? »

Il hausse encore les épaules. Si je dois m'en taper encore dix comme ça aujourd'hui, je pose ma démission.

« C'est pas mon problème. Je m'en fous de pourquoi il fait ça. Je suis tombé dessus par hasard, et je croyais que c'était faux. C'est pas de ma faute. Et si j'avais pas été là, il l'aurait fait quand même. »

Je ferme les yeux et je me masse les tempes. Je sais que c'est juste un mécanisme de défense, mais c'est dur de garder son calme.

« Non, justement. S'il n'y avait eu personne, il ne l'aurait sûrement pas fait. Tu n'as pas juste regardé. Tu as participé. Tu l'as encouragé.

— Oui mais j'étais pas le seul. On était au moins quinze mille !

— Ça ne t'enlève pas ta responsabilité. Il y avait peut-être dix mille connards, mais tu étais l'un de ces connards. »

Il tressaille, surpris par mon langage.

« Vous avez pas le droit de me parler comme ça !

— Va porter plainte, je t'en prie. »

Le gosse reste bouche bée. Il n'a plus rien à dire ? Parfait, j'ai autre chose à foutre.

J'appelle mon collègue qui garde la porte pour qu'il escorte le gosse en dehors de la salle.

Alors que Seb_Micquelon95 sort, mes yeux s'attardent sur le lion doré qui orne son sweat-shirt rouge. Désolée de te l'apprendre, Seb, mais tu n'as rien d'un Gryffondor.

*

Je referme mon dossier alors que mon collègue raccompagne le dernier témoin. Je pousse un long soupir et m'étire. Putain, il est déjà vingt heures. Après Seb_Micquelon95, j'ai eu droit à Sasuke75, puis Momo_du_77, RohardR, et enfin PrincessELF. Ils n'étaient pas loin de sept mille à naviguer sans proxy ou à utiliser une adresse e-mail à leur nom qui les reliait directement à leur identité. Comme prévu, ils n'avaient rien de très intéressant à nous apprendre. Si GML a des complices, ils ont certainement couvert leurs traces.

Mon dossier est plein à craquer. Entre les historiques des commentaires pour chaque témoin, les notes que j'ai prises au cours des interrogatoires et les photos, il doit bien y avoir plus de cent pages dans la chemise. Et dire que je n'en ai interrogé que quatorze aujourd'hui...

Je n'ai qu'une envie : déposer mon pavé à mon bureau puis rentrer chez moi. Mais en sortant de la salle d'interrogatoire, je comprends immédiatement que quelque chose ne va pas. Mes collègues sont tous attroupés au bout du couloir, devant l'ordinateur de l'accueil. Ça sent mauvais.

Alors que je m'approche, je commence à entendre plus distinctement la voix qui les captive. J'aimerais me tromper, mais après l'avoir repassée quatorze fois aujourd'hui, impossible de ne pas la reconnaître. GML a démarré un nouveau stream.

« Je suis vraiment content du moment qu'on a passé ensemble hier. Je ne m'attendais pas à avoir autant de succès pour la première session, vous êtes vraiment tous géniaux ! Pour vous remercier, j'ai eu une idée. Je veux que cette expérience soit autant la vôtre que la mienne, alors voilà ce que je vous propose : c'est vous qui choisissez la prochaine victime ! »

J'ai l'impression de recevoir un coup de poing dans l'estomac. À voir les visages horrifiés de mes collègues, c'est pareil pour eux. Est-ce qu'ils vont le suivre ? Est-ce que les gens qui, hier, sont restés passifs pendant que cette fille se faisait torturer seraient capables de sauter le pas et de désigner eux-mêmes la prochaine victime ?

Sur le chat, plusieurs utilisateurs sont en train d'écrire. Je n'y crois pas. C'est du délire. Toute une journée à remettre quatorze gosses face à la réalité, à leur inculquer un peu de décence. Et ce soir, il n'aura pas fallu plus de deux secondes pour que des milliers d'autres acceptent de devenir complices.

« Attendez, attendez ! s'exclame GML. N'écrivez pas n'importe quoi ici ! Si vous nominez vos victimes sur ce chat, les flics vont le voir et ça va être impossible pour moi de les approcher. »

Pas s'il y a dix mille propositions... Il fait le candide, mais il le sait très bien. Si même une centaine d'utilisateurs répondent publiquement, on ne pourra jamais s'en sortir. Alors pourquoi les en empêcher ? Ce n'est pas ce qu'il cherche, créer la panique ? Ou est-ce qu'il veut éviter que notre service retrouve ses fans trop facilement ?

« Voyez ça comme un jeu : trouvez un moyen de me contacter discrètement, et je tirerai au sort une victime parmi celles que vous m'aurez proposées. Bonne chance, et à la semaine prochaine ! »

Un jeu. Un putain de jeu de piste avec un tirage au sort à la clé. Là, tout de suite, je ne sais pas trop ce que je ressens. Envie de vomir, envie de balancer le PC par la fenêtre, envie d'arracher tous les modems du bureau, de plonger mon smartphone dans une tasse de café... Tout sauf m'y remettre. J'entends déjà les notifications qui arrivent de tous les côtés. Les icônes qui s'affichent sur tous les écrans de tous les bureaux. Les téléphones qui se mettent à vibrer. Et partout, dans le bureau, les collègues sortent leurs appareils, et commencent à murmurer « C'est sur Twitter », « L'AFP a relayé », « Merde, Le Point a déjà lancé un direct ». Pourquoi est-ce qu'il faut toujours que ça aille aussi vite ?

Je vais m'asseoir à mon bureau, essayant tant bien que mal d'ignorer le bordel ambiant. Finalement, je n'étais pas si mal dans la salle d'interrogatoire. Au moins, j'étais au calme. Mais bon, ce n'est pas le moment de penser à mon petit confort : on a un psychopathe à attraper. J'allume mon PC, même si c'est la dernière chose dont j'ai envie.

Windows à peine lancé, les messages commencent à déferler. Mails, tweets, réseaux sociaux... Heureusement qu'on est une dizaine à bosser sur le dossier.

J'ai à peine le temps d'ouvrir mes premiers mails que Berthier vient m'interrompre.

« C'est dingue, dit-il. J'avais jamais rien vu de pareil. »

Je souris poliment. J'aime bien Berthier, c'est un mec sympa et efficace. Il a commencé il y a deux ans, mais il est aussi bon que les vieux de la vieille. Par contre, il aime parler pour ne rien dire, et ça a tendance à m'agacer.

Je vois qu'il ouvre de nouveau la bouche pour me sortir des platitudes, donc je décide de prendre les devants.

« Alors, qu'est-ce qu'on a pour l'instant ?

— Pas grand-chose, malheureusement. Son IP était masquée par un proxy, évidemment. L'adresse e-mail reliée à son compte a été créée il y a une semaine.

— Quel fournisseur ?

— Gmail. »

OK, donc il a dû créer un compte Google. Il se sert des services les plus visibles en sachant pertinemment qu'on aura accès à toutes ses infos sans problème, sans même avoir à hacker quoi que ce soit.

« Pas d'infos particulières sur son profil, j'imagine ?

— Il a ajouté un véritable numéro de téléphone pour récupérer les mots de passe oubliés, mais c'est une carte SIM prépayée. »

Je me redresse sur ma chaise. Est-ce qu'on aurait un début de piste ?

« Vous avez essayé d'appeler le numéro ? On sait où la carte a été achetée ?

— FNAC de Châtelet-les-Halles, il y a deux ans. La carte a été payée en liquide, et les enregistrements vidéo ont été effacés depuis. On a essayé d'appeler. Pas de réponse, mais ça sonne. »

Je me ratatine de nouveau. Berthier m'adresse un sourire compatissant.

« Ça m'a fait le même effet... Je pensais vraiment qu'on tenait un truc avec le numéro.

— Retour à la case départ, j'imagine... »

Je reporte mon attention sur mon écran alors que Berthier retourne à son bureau. Il est 20 h passées et je suis arrivée à huit heures ce matin. J'ai faim, je suis crevée, j'ai juste envie de rentrer chez moi pour m'écrouler dans mon lit. Mais pas ce soir. Ni demain, j'imagine. Pas tant qu'on n'aura pas une piste sur ce foutu psychopathe.

Je balaie l'open space du regard. La plupart de mes collègues sont rivés à leurs écrans, l'air à la fois horrifié et épuisé. Quelques-uns courent d'un bureau à l'autre, les yeux fixés sur leur smartphone. On est tous partis pour une longue semaine.

*

Le petit numéro de GML a eu l'effet boule de neige escompté. La photo de lui avec son masque circule partout, sans résultat. Tous les grands journaux ont leur fil d'actu en direct pour suivre l'affaire. Tous les jours, de nouvelles vidéos YouTube analysent le phénomène pour déterminer si le meurtre commis par GML était un hoax. On a beau avoir retrouvé le corps dans les 24 heures qui ont suivi le live, il y a toujours des sceptiques qui n'en démordent pas. Des forums de détectives amateurs se sont emparés de l'affaire. Tant mieux, peut-être qu'on y trouvera de l'inspiration...

Nous, on est absolument débordés. En quatre jours, on n'a pas avancé d'un pouce. Pire : on a été ralentis par la folie ambiante. C'est notre devoir d'étudier chaque témoignage, même s'ils sont clairement faux. C'est toujours une galère pas possible dans des affaires médiatisées comme ça, mais là, vu que ça se passe sur Internet, c'est pire : on doit éplucher chaque jour, sur tous les réseaux sociaux possibles et imaginables, plusieurs centaines de messages de gens qui prétendent connaître GML.

En plus de ça, on doit s'occuper des tarés qui envoient des noms au streameur. Il y a encore des débiles qui le font via le chat de la plateforme de streaming. La majorité sont juste des gamins qui veulent faire une blague et ne comprennent pas la portée de leur geste. J'ai envie de leur mettre des baffes.

Les plus problématiques, et ceux qu'on surveille en priorité, ce sont ceux qui essaient de contacter GML par mail. Comme on surveille la boîte, on voit arriver tous leurs messages. Souvent, ils créent de fausses adresses pour envoyer leur mail, mais ils ne sont pas bien difficiles à trouver. Ça demande juste un peu trop de travail, et du coup ça nous fait perdre du temps.

Il y en a évidemment qui passent par le darknet, et ceux-là sont beaucoup plus inquiétants. Heureusement, ils sont en minorité. Nos équipes en charge du darknet sont collées dessus 24/24, mais n'ont pas beaucoup de résultats pour l'instant.

Entre ces trois plateformes, on recense pas loin de trois cents complices potentiels. Trois cents gamins qui profitent d'un anonymat potentiel pour faire exécuter des gens, ou pire : qui voient ça juste comme une blague. Ils me font tous gerber.

Quant à nous, on essaie tant bien que mal d'atteindre GML. Il ne répond ni au chat ni aux mails. Les gens qui essaient de le contacter sur le darknet ont l'air de taper au hasard, sans résultat.

« Franchement, je ne le comprends pas... »

Je décolle les yeux de mon écran. Berthier se tient à côté de moi, deux tasses de café fumantes à la main. Je saisis celle qu'il me tend avec avidité. J'ai toujours trouvé le café du bureau absolument dégueulasse. Trop acide, trop fort, un vieil arrière-goût de machine mal décrassée... Mais depuis quatre jours, je ne vis plus que pour ces putains de tasses de mauvais café bouilli.

« Des snuff movies, il y en a partout sur le darknet. C'est la base du truc. Ce qu'il a fait là, au final, ça n'a rien de très original. Mais pourquoi le faire sur une plateforme connue où c'est plus difficile de cacher ton identité, que sur une plateforme cachée comme le darknet ? »

Je prends une gorgée de café avant de lui répondre. C'est comme si tout mon corps se réchauffait d'un seul coup. Putain, ça fait du bien.

« C'est justement ça qui lui donne toute son originalité. Il fait ça au grand jour, sur une plateforme publique, où traînent des gosses qui ne savaient à quoi s'attendre . Le darknet, il faut aller le chercher. C'est pas un acte innocent. Là, il a mis ça sous le nez de tout le monde. N'importe qui peut se retrouver à regarder un snuff movie, et se justifier en disant "c'était sur Twitter, j'ai juste cliqué sans faire exprès". Tu vois l'idée ? D'abord, tu leur fais croire qu'ils sont simplement témoins. Ils ne sont pas venus chercher ça, mais le hasard a fait que. Ensuite, tu leur demandes de participer, mais innocemment, parce qu'ils peuvent toujours dire qu'ils ne savaient pas que c'était pour de vrai. Ensuite, tu les teases, tu présentes ça comme un jeu, et tu leur donnes en même temps la possibilité de se justifier. Ils n'ont rien fait de mal, en tout cas c'est ce qu'ils se disent. Ils ne tiennent pas le couteau. Ils n'arrachent pas les fringues de la fille, même s'ils suggèrent de le faire. Ils choisissent une victime, mais c'est juste pour voir. Pour voir si c'est pour de vrai. Pour voir s'il le ferait. C'est toujours juste "pour voir". Quand c'est sur ta page d'accueil, à côté du dernier livestream de Cyprien ou de la dernière vidéo de Squeezie, ce n'est pas de ta faute si tu participes malgré toi. Si tu vas sur le darknet, c'est plus difficile de te mentir à toi-même. »

Berthier ne dit rien pendant un moment. Il sirote son café, l'air de rien. Je sens qu'il me regarde en coin.

« Tu y as pas mal réfléchi.

— Ça fait quatre jours qu'on est coincés ici à plancher sur cette affaire. Alors oui, j'ai eu le temps d'y penser. »

Je lui montre mon écran, où vingt-sept onglets sont ouverts. Je suis tous les fils Reddit, tous les forums obscurs où les détectives de l'Internet cherchent comment contacter GML. C'est mon job, d'ici la fin de la semaine : trouver comment entrer en contact avec lui. On espère vaguement qu'en arrivant à l'atteindre en ligne, on arrivera à le serrer hors ligne. Du coup, je passe mes journées à lire toutes les théories les plus capillotractées du Net.

« Tu as eu l'e-mail de Michel pour le baptême de son fils ? »

Je lève un sourcil. Berthier m'adresse un sourire désolé. Pourquoi est-ce qu'il me parle d'un baptême au beau milieu d'une situation de crise ?

« Tu ne penses pas qu'on a plus important à faire là maintenant ?

— C'était juste histoire de parler de quelque chose d'un peu plus joyeux. »

Je pousse un soupir. Il est gentil, Berthier. Il essaie d'alléger l'humeur du bureau comme il peut pour éviter que tout le monde se saute à la gorge. J'ouvre ma boîte mail pour lui faire plaisir. Je passe rapidement les éléments non lus en revue, et je ne vois rien de la part de Michel.

« Non, rien reçu.

— Sur ta boîte perso. »

J'ouvre Gmail. L'écran de connexion s'affiche. Bordel, j'oublie toujours que je n'ai pas le droit de conserver des mots de passe sur le réseau du boulot. Pas de soucis, je connais mes mots de passe par cœur. Je suis quasiment sûre que c'est comme ça que j'ai réussi le concours d'entrée ici, d'ailleurs.

Je saisis mon adresse et mon mot de passe, et j'appuie sur Entrée. Je pensais voir s'afficher ma boîte de réception, mais non : le message « Validation en deux étapes » me nargue. J'avais oublié que je l'avais activée sur mon compte perso. Même si c'est un peu agaçant comme système, ça reste une très bonne idée pour sécuriser son compte. D'abord, on entre son adresse et son mot de passe sur l'ordinateur. Ensuite, une notification est envoyée au numéro de téléphone associé. Pour autoriser l'accès, il faut appuyer sur « Autoriser » dans cette fameuse notification.

Je me fige. Mon cœur se met à battre plus fort. J'ai l'impression que de l'eau glacée coule le long de ma nuque. Est-ce que ce serait possible ?

« Ça va ? demande Berthier.

— La validation en deux étapes. »

Il me regarde sans comprendre.

« La validation en deux étapes ! Est-ce qu'elle est activée sur l'adresse e-mail de GML ?

— Je n'en sais rien. Google nous a donné un accès administrateur direct au compte. Du coup, on n'a pas eu besoin de ça pour se connecter. Et on a déjà toutes les autres infos, alors qu'est-ce que ça peut faire ? »

Berthier a sûrement raison. Oui, qu'est-ce que ça peut faire ? Mais peut-être que le problème ce n'est pas de trouver une nouvelle pièce du puzzle, mais d'utiliser les bonnes pièces au bon moment.

« Il faut qu'on le hacke, dis-je.

— Hein ? »

Berthier me regarde avec méfiance. Il se demande clairement si j'ai perdu la tête. Après quatre jours à lutter contre le sommeil et à glorifier le café de la machine stockée dans le placard depuis 1987, je ne peux pas le blâmer.

« Tu as le mot de passe de sa messagerie ? »

Il regarde sur son téléphone et me donne l'info. C'est le nom de son premier compte Twitter, qui a été effacé avant le premier live. Difficile à trouver, mais pas impossible pour les fans de la première heure. J'actualise Gmail et je rentre ses identifiants. L'écran de la validation en deux étapes apparaît. Bingo.

Berthier a l'air confus.

« OK, et maintenant ? »

Le PC répond à ma place : « Validation en deux étapes réussie ! » et la boîte de réception s'affiche.

Mon cœur cogne contre ma poitrine. J'ai du mal à respirer. Je tremble légèrement. J'arrive à peine à croire que ça soit arrivé pour de vrai. GML a reçu la notification et il l'a autorisée. J'ai toqué à sa porte, et il vient de m'inviter à entrer.

« C'est maintenant qu'il faut qu'on l'appelle. »

Évidemment. Ça ne servait à rien de l'appeler avant. Le compte Google était le seul endroit où on pouvait trouver son numéro. Il savait que les flics y auraient accès directement, sans passer par la validation en deux étapes, alors qu'un véritable fan devrait d'abord deviner le mot de passe et accéder à la boîte mail pour ensuite y trouver le numéro. Cette notification, c'est la garantie que les appels qu'il reçoit ne viennent pas des flics.

Je saisis mon smartphone sur le bureau. Pas question de l'appeler avec un numéro fixe, il sentira le piège venir à cent kilomètres. Sans compter que toutes les lignes fixes du bureau ont déjà essayé de l'appeler au moins dix fois.

Je compose le numéro. Une sonnerie, puis le déclic retentit. Il a décroché tout de suite.

« Bien joué ! »

C'est comme si de la glace s'était mise à couler dans mes veines. Il ne faut pas que je merde. Je fais signe à Berthier de lancer l'écoute pour le localiser au plus vite.

« Merci. »

Silence. Les collègues commencent à se rassembler autour de moi. Berthier me fait de grands signes pour m'indiquer que l'écoute a démarré, qu'il faut que je le fasse tenir. Les mots sont bloqués dans ma gorge. Mon cerveau qui débordait deux secondes plus tôt est passé au point mort. Je sens tous les yeux du service rivés sur moi. J'ai l'impression que mon visage est en feu. Il faut que je trouve un truc. N'importe quoi. Mais vite.

« Je... Je ne m'attendais pas à ce que vous... tu répondes », dis-je.

Merde. Tout le monde le tutoie. Il va comprendre. Il va raccrocher.

Mais il ne raccroche pas. Il se met à rire gentiment.

« Tu n'es pas la première à qui ça fait cet effet. Ne t'inquiète pas, je ne vais pas te manger. Alors ? »

Il me faut quelques secondes avant de comprendre ce qu'il me demande. Un nom ! Je dois lui désigner une victime potentielle ! Pas le temps de réfléchir. De toute façon, la réponse est évidente : je ne peux pas risquer de mettre quelqu'un d'autre en danger.

« Julie Le Braz. »

Je m'attends à ce qu'il me pose plus de questions, mais non. Il garde le silence un moment, puis se remet à rire.

« Qu'est-ce qu'il y a de drôle ?

— Crois-le ou non, tu n'es pas la première personne à m'avoir donné ce nom. »

Mon sang se glace. Mes oreilles bourdonnent. Qui a pu faire ça ?

« C'est une flic, c'est ça ?

— Oui...

— Du service de lutte contre la cybercriminalité ? »

Je ne réponds rien. Ça ne sert à rien. Je l'entends à sa voix : il a compris.

« Tu sais, je me demande ce que je ferais, si j'étais elle. J'imagine qu'elle doit faire partie de l'équipe qui me recherche. Si c'est le cas, elle cherche sûrement à me contacter. Je me demande ce qu'elle ferait si elle arrivait à me joindre, et que je lui demandais un nom. Qu'est-ce qu'elle ferait, à ton avis ?

— Elle donnerait son propre nom pour ne mettre personne en danger. »

GML garde le silence quelques secondes. Berthier me fait des grands signes : il veut que je tienne encore une minute. Je lui lance un regard noir. Il n'a pas compris que c'était foutu ?

« On est bien d'accord », répond le streameur.

J'entends un bip, puis plus rien. Il a raccroché.

Mes collègues m'observent en silence. J'évite leurs regards. Je ressens déjà le mélange de déception et de pitié. Non seulement j'ai merdé, mais quelqu'un veut ma peau. Je ne sais pas trop comment je me sens par rapport à ça. En tant que flic, j'ai dû me faire pas mal d'ennemis. Ça fait partie du jeu. Mais quand même, ça fait bizarre.

Berthier me donne une tape amicale sur l'épaule.

« Tu veux qu'on te mette sous protection ? » demande-t-il.

Je secoue la tête.

« Pas la peine. Il ne va pas s'amuser à me courir après, ce serait trop compliqué. Il a promis un stream à ses fans d'ici trois jours, il ne va pas infiltrer un commissariat rempli de flics pour enlever une lieutenante armée. »

Berthier hoche la tête. C'est un des trucs que j'aime bien chez lui : il n'insiste pas. Il accepte les décisions des autres, et se concentre sur des sujets plus importants. C'est ça qui le rend si efficace.

« OK. J'imagine qu'on s'y remet. »

J'acquiesce. Les collègues rassemblés autour de mon bureau repartent chacun de leur côté. Berthier m'adresse un sourire, sort son smartphone, et retourne lui aussi à sa place. Je reporte mon attention sur mon écran où des centaines de nouvelles notifications m'attendent.

*

« Ça va commencer. »

Dans l'open space, tout le monde lève le nez de son ordinateur. Le patron se tient au milieu de la salle, l'air grave. Mes collègues ont tous le teint blafard et des valises sous les yeux. Je ne dois pas être bien fraîche non plus. Depuis quelques heures, le cliquetis intense qui résonnait dans le bureau s'est considérablement affaibli. Les gens se déplacent moins, n'essaient plus de téléphoner. On le sait depuis ce matin : on a perdu. GML a ouvert un nouveau compte Twitter et a annoncé son stream pour 14h. On a tout essayé, mais on savait que c'était foutu. Ça fait trois jours qu'on tente de contacter GML comme je l'avais fait, mais il ne répond plus. Il n'accepte plus la validation en deux étapes. Le téléphone ne sonne même plus quand on appelle directement. La bonne nouvelle, c'est qu'on a coupé le moyen de le contacter. Du coup, sa liste de victimes potentielles doit être un peu moins longue que prévue.

Le patron nous fait signe de le rejoindre en salle de visioconférence. J'ai envie de vomir à l'idée de regarder ça sur l'écran géant de la salle. Mais bon, je sais que le patron a raison : il faut qu'on voie la scène le mieux possible pour ne manquer aucun détail.

La mort dans l'âme, je me lève et suis mes collègues.

La salle de visio n'est pas faite pour accueillir plus de quinze personnes, et on est facile trente à se tasser dedans. Je me retrouve coincée près du mur entre Marceau et Voisin qui n'ont visiblement pas pris de douche depuis trois jours. L'odeur de leur sueur me pique les yeux. Je sens que je suis moi-même en train de me mettre à transpirer. Pas étonnant : il fait mille degrés dans la salle. Le silence de mort qui règne rend l'atmosphère encore plus pesante. Pour qu'on voie mieux, le patron a éteint les néons. La lumière crue de l'image se reflète sur les visages blêmes de tous les collègues. Ça n'a même pas commencé que mon estomac fait déjà des sauts périlleux. Si je dois vomir, rien à foutre : c'est Marceau qui prendra.

À l'écran, le stream commence. Mr_GML arbore toujours le même masque au goût douteux. Cette fois, il est déjà dans la cave, et on entend des gémissements derrière lui.

« Salut les petits loups ! Prêts pour une nouvelle aventure ? »

Sur le chat, certains le saluent, d'autres le traitent de taré. Il y a déjà vingt mille personnes connectées, c'est du délire.

GML ignore les insultes et passe directement au cœur du sujet.

« Vous avez été quelques-uns à trouver la bonne façon de me contacter, bravo à vous ! Ça n'a pas été facile de choisir, mais je pense que vous ne serez pas déçus. »

Il tourne la caméra et nous dévoile sa nouvelle victime. Mon cœur manque un battement. C'est un gosse, quatorze ans tout au plus, emmitouflé dans un sweat-shirt Gryffondor trop grand pour lui. Son visage tuméfié est encore tourné vers le sol, mais je n'ai pas besoin de le voir pour le reconnaître.

« C'est un des gamins que j'ai interrogés l'autre jour, dis-je. Sébastien Micquelon. »

À l'écran, GML se penche sur sa victime. Le gamin, attaché comme la victime précédente, braille et essaie de se débattre comme il peut.

« Il est super celui-là, non ? En plus, il porte la bonne couleur. »

Mes collègues s'échangent des regards interloqués. Sur le chat, des gens envoient des points d'interrogation. Moi, j'ai compris.

Une victime vêtue de rouge. GML. On avait tellement de choses à faire qu'on ne s'est même pas demandé ce que voulait dire son pseudo.

« C'est lui qui m'a désignée. C'est Sébastien. »

Je suis sidérée. J'entends mes collègues murmurer, mais je n'y prête pas attention.

C'est Sébastien qui m'a nominée, j'en suis sûre. Et c'est pour ça qu'il a été choisi. GML n'a jamais eu l'intention de s'attaquer aux gens qu'on lui désignait. C'étaient ses fans qu'il visait depuis le début. Comme dans le conte. Il leur a fait croire qu'ils jouaient à un jeu, mais il les a piégés. Il les a poussés à lui ouvrir leur porte.

« Il localisait ceux qui l'appelaient avec leur véritable numéro de téléphone. Il suffisait qu'il les fasse parler un petit peu pour savoir où aller. »

Le patron me fixe, bouche bée. Ça y est, il a compris. Le murmure de mes collègues s'intensifie, mais il est couvert par les hurlements de Sébastien. Ça a commencé. Sur le chat, les propositions fusent.

Je regarde, bluffée, mortifiée, ces gens qui passent sans effort de témoins à complices. Ça les grise. Ça les grise tellement qu'ils sauteront le pas, eux aussi, dès que l'occasion se représentera. Dès qu'ils le pourront, ils se jetteront dans la gueule du Grand Méchant Loup.

LA TOILE

Boris Parmeland

Un morceau de grunge du siècle dernier déchira le silence. Au bout de plusieurs mesures de guitares électriques déchaînées, Niels ouvrit un œil avec difficulté. Un pop-up s'afficha aussitôt dans le quart supérieur droit de sa vision. Si à l'arrière-plan ses vêtements étendus sur le sol apparaissaient encore flous, la météo de la journée, la date et l'heure, ainsi que d'autres informations étaient, elles, très nettes. Après avoir attendu la fin du solo, il coupa le son, fit disparaître le pop-up de réveil d'un bref regard et tituba vers les toilettes. Cet effort considérable accompli, sa grande carcasse maigre s'affala sur le canapé. Il ne parvenait pas à se remémorer sa nuit, bien arrosée, de la veille. Ça n'était pas vraiment inhabituel, mais cette fois, quelque chose ne tournait pas rond, il le sentait. Alors qu'il tâchait de replacer les centaines de pièces du puzzle constituant sa mémoire, cette subtile sensation de passer à côté d'un je-ne-sais-quoi d'important le tracassait. Toutefois, son train partant dans moins d'une heure, il activa le Réseau d'une brève ondulation des pupilles. Cinq polyèdres plus ou moins complexes semblèrent émerger du plafond. Correspondant chacun à un thème, ils regroupaient de manière synthétique la totalité des notifications et sollicitations de Niels en attente. Ce matin, le polyèdre central, recueil des interactions sociales "amicales", possédait un nombre inhabituellement élevé de faces. Dans un soupir, il fit avancer le solide, puis le manipula via d'imperceptibles actions rétiniennes. La sorte de dé à cent faces roulait, comme manœuvrée par quelque invisible entité. Des visages, du texte, des extraits vidéo défilaient vivement sous son regard impassible. Las, il activa une fenêtre, farfouilla parmi les menus et aboutit sur son log de géolocalisation. Il bornait une recherche quand un appel passa soudain au premier plan.

— Niels, enfin ! Ça fait des heures que je guette ta connexion. Vas-y, raconte !

— On va avoir un problème alors. Je ne me souviens de rien, articula-t-il d'une voix caverneuse.

Pablo partit de son rire sonore si caractéristique.

— Arrête de rire, Pablito ! Mes derniers souvenirs se situent un peu après le concours de shots, c'était vers quelle heure ça ?

— Ah quand même ! Je sais pas, je dirais minuit – une heure… Du coup, tu te rappelles pas de la petite aux yeux clairs qui te courait après ?

Niels n'écoutait plus que d'une oreille les moqueries de son camarade, trop occupé qu'il était à parcourir les logs pour retrouver son heure de retour à l'appartement. Il afficha son relevé de géolocalisation en choisissant un pas de quinze minutes.

— … enfin bref, t'as loupé une sacrée fin de soirée ! Alors ? Tu retrouves des infos un peu ? Oh, Niels !

— Oui, oui, pardon, le réveil est difficile là, s'excusa-t-il de façon sourde. Bah écoute, a priori je me suis barré de chez toi à 02h15 et, vu le nuage de points que j'ai sous les yeux… J'imagine que j'ai fait le tour du centre-ville en mode bourré. Je suis rentré qu'à 06h30...

Pablo se tordait littéralement de rire, il avait même du mal à reprendre son souffle. Niels n'était visiblement pas le seul à avoir encore de l'alcool dans le sang. Un pop-up de rappel s'ouvrit à nouveau : « *Train à destination de Berlin - Départ à 13h57* ».

— J'te rappelle dans le train, départ dans moins d'une heure, coupa Niels.

— Ah oui, Londres c'est ça ?

— Berlin. Londres c'était la semaine dernière. Allez, j'te laisse !

*

Niels arriva en vue du quai à 13h50. Il présenta son pass à l'automate et se positionna sur la marque B17. Il profita de ces quelques minutes pour supprimer plusieurs dizaines de notifications. Une série de longues vibrations parcourut bientôt la plateforme, le train entrait en gare. Une fois stoppé, la totalité de la paroi longeant le quai se souleva pour laisser pénétrer les passagers. Niels n'eut que trois pas à faire pour rejoindre son siège. Assis, il observa la fin du ballet du réagencement : des sièges se séparaient, tournaient et se regroupaient par petits groupes pouvant accueillir de trois à quatre passagers. D'autres sièges s'isolaient et composaient ce jour la majorité du wagon. Niels allait abaisser son cocon quand, à quelques rangées de lui, le visage émacié d'un homme d'une cinquantaine d'années l'interpella. Il avait l'impression de le connaître mais, même en creusant sa mémoire avec application, rien ne lui revenait. Il voulut en avoir le cœur net. Il activa la fonction scan de sa lentille et chercha à croiser le regard de cet inconnu étrangement familier. Celui-ci installait un petit oreiller de voyage derrière sa nuque et s'apprêtait, selon toute vraisemblance, à rabattre son cocon. Ces sortes de gros coquillages à isolation phonique permettaient de se reposer, de communiquer en toute décontraction ou, simplement, de se prémunir de scans de fouineurs. Le quinquagénaire balaya une dernière fois le wagon du regard. En une fraction de seconde, le code unique de sa lentille fut scanné et Niels n'eut plus qu'à lire le profil désormais affiché. Le Réseau lui apprit qu'il s'agissait d'un certain Peter Mercier, une personnalité peu publique puisqu'il ne possédait qu'un petit millier de suiveurs. Sa carte de déplacement indiquait qu'il n'était pas non plus un familier du trajet. Intrigué, le jeune homme parcourut sa biographie avec attention et apprit que ce compagnon de train avait enseigné l'éducation physique, sanitaire et sportive au lycée où il avait fait ses études. Dans un éclair de lucidité, il se revit quinze ans plus tôt l'appeler « Coach P ». Le professeur avait pris un sérieux coup de vieux, et probablement perdu une quinzaine de kilos, mais son regard acéré restait inchangé. Après approfondissement, Niels apprit la cause de ce vieillissement précoce : un cancer de stade trois qu'il était, semble-t-il, sur le point de vaincre. L'esprit allégé, il abaissa la coque et tâcha de récupérer une petite heure de sommeil bien à l'abri dans son cocon.

*

La proie court sans se retourner, consciente que la moindre seconde perdue peut s'avérer fatale. Il est tard et la lune éclabousse les ruelles désertes d'une lumière blafarde. Un orage a dû éclater il y a peu, l'atmosphère est encore gorgée d'humidité. Le gémissement d'innombrables gouttières constitue l'unique toile de fond sonore sur laquelle le claquement de ses pas vient résonner. Ce qui la traque reste parfaitement silencieux. Jamais la ville ne lui avait semblé si artificielle, si inhospitalière. Elle cherche désespérément de la vie parmi le bitume, le béton et le métal. Elle cherche quelqu'un qui pourrait la sauver, la mettre à l'abri. Les rues lui sont désormais inconnues et elle vient de s'engager dans un cul-de-sac. Il est déjà trop tard pour faire demi-tour, elle ressent sa présence tout près. Pour la première fois, elle pense à se retourner, à faire face. Son cœur se serre, elle doute de pouvoir affronter cette vision. Les secondes s'égrènent, impitoyables. Il se rapproche, doucement, imperceptiblement. Elle ne contrôle plus son corps, ses jambes se mettent à trembler. Tout ce temps, elle fixe avec effroi le mur lui bloquant le passage. Le crépi grisâtre est recouvert de graffitis et part en lambeaux. Sur un coin de mur, le tracé caractéristique d'une toile d'araignée imprime à l'encre indélébile sa conscience. Un souffle effleure sa nuque. Brusquement lâchée par ses jambes, elle tombe à genoux, les mains pour seuls appuis. Elle voudrait hurler à pleins poumons, mais aucun son ne se forme dans sa gorge. Dans un ultime effort, elle rassemble ce qui lui reste de courage et de force, les yeux rivés au sol, elle pivote la tête de quelques degrés, juste assez pour voir se refléter dans une flaque d'eau un visage sans émotion. Elle le connaît parfaitement, il s'agit de Niels.

*

Niels se réveilla en sueur et se cogna le crâne contre la paroi du cocon. Ne réalisant pas où il se trouvait et subitement pris de claustrophobie, il se mit à étouffer. Ce n'est qu'après de longues secondes de panique qu'il parvint à rassembler ses esprits pour activer le bouton d'ouverture. Le visage blême, il tentait de reprendre consistance tandis que plusieurs passagers le dévisageaient avec stupeur. Une fenêtre s'afficha pour l'informer de sa durée de sommeil et du temps lui restant avant d'arriver à destination. Son rythme cardiaque, bien supérieur à ses standards, clignotait en chiffres écarlates. La gorge sèche, il entreprit de reprendre son souffle et se saisit d'une bouteille d'eau. Il était exceptionnel qu'il se souvînt de ses rêves. Or là, il aurait pu reproduire avec précision chaque élément, chaque détail de ce qu'il venait de vivre en songes. Une fois son pouls revenu à la normale, il tâcha de mettre des mots sur l'étrange sensation qu'il éprouvait. Ce cauchemar semblait avoir remué quelque chose d'interdit en lui, verrouillé au plus profond de son être, que son inconscient s'était empressé de refermer à double tour. Ne restait aucun souvenir assez solide, seulement un sentiment rémanent qui l'effrayait au plus haut point.

Il serait à destination dans moins d'une heure. Un pop-up d'appel apparut dans son champ de vision, il s'agissait à nouveau de Pablo. Il prit la conversation et referma à contrecœur le cocon.

— Alors, tu m'as oublié gringo ? interrogea Pablo de but en blanc.

— Oui désolé, je me suis endormi. Faut croire que j'ai pas fini de cuver...

— T'es vraiment une petite nature.

Niels rendait une bonne vingtaine de kilos à son ami Pablo et, niveau résistance à l'ivresse, il n'y avait pas vraiment photo.

— Bon, tu ne le mérites pas, mais vu que je suis un chic type... Sache que j'ai retrouvé ta copine. Oui, la petite brune aux yeux bleus d'hier. Elle s'appelle Liz Scotti et, quand tu verras son profil, je pense que la mémoire te reviendra illico mon pote. De toute manière, ce serait criminel d'oublier une beauté pareille.

Niels inspecta le profil de la dénommée Liz et resta sans voix. Des tonnes d'images l'assaillirent sous forme de flashs, un déluge de fragments de conversation enveloppés d'une douce fragrance de jasmin lui revint à l'esprit. Ni une ni deux, il alla inspecter son log de géolocalisation : la trace laissée sur la carte était la copie conforme de la sienne. Niels bredouilla un remerciement et, à la grande surprise de son ami, prit congé. Il éprouvait le besoin viscéral de se plonger corps et âme dans les données à sa disposition. Il lut que Liz étudiait à l'université des sciences politiques où, d'ici la fin de l'année, elle devrait soutenir une thèse portant sur le thème *« Enjeux et apports de la gouvernance en temps réel et de la Transparence universelle des données dans les pays en voie de développement »*. Oui, cela lui revenait ! Ils avaient eu une longue conversation à ce sujet. Elle lui avait exposé dans les grandes largeurs les dangers d'avoir confié à de grands groupes privés le soin de gérer les états civils. Elle remettait en cause le système d'identifiant unique du Réseau, arguant que c'était une immense erreur d'avoir fusionné les sphères privées et publiques au nom de la Transparence et de la réduction des coûts de fonctionnement de l'État.

Niels était loin d'être familier de ces questions et n'avait jamais estimé devoir remettre en cause un système aussi unanimement approuvé et appliqué. La centralisation et la fusion de l'état civil, du numéro de sécurité sociale, du numéro fiscal, ainsi que de tous les identifiants et pseudonymes jadis utilisés sur le défunt internet, avaient permis d'éradiquer bon nombre de troubles sociétaux. La suppression de l'anonymat avait mis fin à l'impunité des auteurs de fake news, de cyber-harcèlement, de deepfake, ainsi qu'à celle des incitateurs à la haine ou à la violence. L'instauration de la Transparence universelle, appuyée par le boom des technologies de scans rétiniens, était jugée à l'origine d'une baisse drastique de plus de 80% des violences et condamnations. Le regard omniscient de l'autre s'avérait une arme coercitive d'une puissance rare. Tout le monde connaissait ces excellents chiffres. De larges bribes de leur conversation lui revinrent en tête, Liz lui avait fait forte impression. Il la revoyait lui démontrer qu'en déléguant pour des raisons économiques les tâches de recensement et de protection de la population, des mesures inapplicables depuis des décennies, car hautement liberticides, avaient été adoptées sans aucune opposition. Il avait suffi de sous-traiter l'exécution à des multinationales privées maîtrisant ce savoir-faire. Une communication millimétrée et l'apport techno-ludique de nouvelles fonctionnalités avaient fait le reste.

Les paroles de Liz lui avaient laissé une trace vivace et il s'étonnait que cet épisode, ainsi que son sourire resplendissant, aient pu ne serait-ce que momentanément se perdre dans les méandres de sa mémoire. Durant ses recherches, une douce onde de chaleur avait envahi son corps et était venue se superposer à son trouble. Il hésitait toutefois à entrer en contact avec elle. Il ignorait encore tout ce qui suivait leur départ de chez Pablo. En jouant la carte de la sincérité, saupoudrée d'une bonne dose d'autodérision, son amnésie serait peut-être pardonnée ? Il était clair qu'interroger Liz était le moyen le plus efficace d'obtenir des informations sur le déroulé encore flou de sa nuit, mais, selon ce qu'il s'était passé entre eux, avouer cette absence présentait de toute évidence un gros risque. Revenu machinalement sur les logs, il chercha leur dernière localisation commune. À 5h27 du matin, il avait abandonné Liz pour rentrer chez lui. Il zooma sur le plan et s'aperçut que le dernier lieu les ayant accueillis était une voie sans issue assez excentrée du cœur de ville, bien loin de ses habitudes. Son ventre se noua dans l'instant. Alors, parcourant à toute allure les prises de vue récentes correspondant au fond de cette impasse, il observa avec émotion un mur grisâtre, dont un tag sur le crépi figurait la toile d'araignée de son cauchemar.

*

Niels avait quitté la gare centrale de Berlin et se dirigeait à pied vers Alexanderplatz. Ses pensées se bousculaient de telle sorte qu'il ne parvenait pas à mener à bien une réflexion. Tout ce qu'il savait, c'est qu'il devait marcher. La réunion à venir était capitale pour sa start-up et il fallait se vider l'esprit d'ici là. Il longeait la Sprée et se laissait diriger à chaque croisement par l'instruction apparaissant en réalité augmentée. Le building de son client était désormais en vue et il avait pris une décision : il fallait contacter Liz. Demeurer plus longtemps dans cette anxiété, cette incertitude, était tout bonnement invivable. Toutefois, les images de son cauchemar et, plus encore, la curieuse sensation lui nouant l'estomac depuis le réveil étaient tenaces. Un infâme murmure bruissait en lui : « *souviens-toi, rappelle-toi* ». En bon pragmatique, Niels n'était pas du genre à remettre en cause son existence pour un simple rêve. Seulement, il savait aussi que le cerveau humain était programmé de façon à maximiser la survie, même s'il fallait pour cela altérer la réalité. Les cas d'amnésie psychogène, notamment dans le cas de stress post-traumatiques, étaient légion. Il se répétait à l'envi qu'il n'avait jamais eu d'accès de violence, qu'il n'avait jamais eu de pulsions agressives, que c'était ridicule d'envisager ne serait-ce qu'une seule seconde qu'il ait pu faire du mal à cette jeune fille. Mais cela ne suffisait pas à couvrir le bruissement. Alors, il se mit à marchander et à envisager des solutions plus plausibles : la nuit passée il était saoul, peut-être avait-il légèrement dépassé les bornes et s'était-il fait recadrer par Liz, son cerveau imbibé d'alcool ayant ensuite monté l'événement en épingle...

La peur s'était déjà insidieusement immiscée en lui et avait eu le loisir d'y injecter son poison. Il ne parvenait plus à garder les idées claires, ses réflexions et ses jugements s'entrechoquaient dans un maelstrom bouillonnant. Arrivé à destination, au pied du mur, il prit une décision qu'il jugea lâche, mais comme la moins mauvaise. Il envoya un message texte on ne peut plus impersonnel : *« Salut Liz, j'espère que tu vas bien. Donne-moi de tes nouvelles. A+ »*, et s'empressa de se placer en mode « offline » sur le Réseau.

*

Il était presque minuit quand Niels pénétra dans sa chambre d'hôtel. Comme il le pressentait, la réunion avait débouché sur un repas avec la plupart des directeurs. La solution qu'il avait développée était tellement en avance sur la concurrence qu'une simple démonstration suffisait à déclencher les partenariats. Sa start-up proposait ni plus ni moins que d'exaucer le vœu pré-babélien. Les enjeux étaient colossaux : qui n'avait jamais rêvé de comprendre toutes les langues du monde ? Par une simple pression sur un implant situé à la base du pouce, Niels activait ou désactivait la traduction automatique. Lorsqu'un interlocuteur s'adressait à lui, la lentille décryptait les mouvements des lèvres, tandis qu'une micropuce analysait les sons transmis par l'oreille interne. Une intelligence artificielle combinait alors ces deux sources de données pour parcourir une gigantesque base des langages. La traduction s'affichait en toutes lettres sur l'interface rétinienne avec une latence de seulement un centième de seconde. La vie devenait sous-titrable. Durant la réunion, Niels répondit ainsi à des questions en allemand, chinois, russe et turc et, via une projection de son interface, tous les participants voyaient s'afficher en temps réel les traductions des questions qu'ils improvisaient. Un triomphe.

Mais maintenant qu'il se retrouvait seul, le devoir accompli, il dut retirer son masque de façade. La peur lui saisit aussitôt les tripes. Il avait accepté toutes les invitations et repoussé autant que possible cet instant. Allongé sur son lit, il n'avait désormais plus le choix. D'un subtil mouvement circulaire, il réactiva sa connexion au Réseau. Les cinq polyèdres émergèrent du plafond de l'hôtel. Cette fois, le polyèdre possédant le plus de faces était celui situé à son extrême gauche, lequel regroupait tous les nœuds touchant de près ou de loin à son environnement professionnel. De toute évidence, la satisfaction de ces néo-clients avait déjà fuité et de nombreux prospects et spécialistes s'étaient chargés de relayer l'information. Se détournant de ces informations, et comme on monte à l'échafaud, Niels activa la recherche ciblée et renseigna trois lettres lourdes de sens : « L-I-Z ». *Aucune interaction à signaler.* Niels ne savait comment interpréter cette absence de réponse. Les battements de son cœur cognaient à ses tempes. Il se rendit immédiatement sur le profil de Liz, afin de trouver des indices susceptibles de calmer son angoisse. Chose rare, ce dernier n'avait pas changé d'un iota. Il accéda aussitôt à sa géolocalisation, mais découvrit avec affolement qu'aucune donnée n'y était disponible. En remontant les logs, il s'aperçut que ce néant débutait aux alentours de 6h00 du matin, soit peu ou prou le moment où ils s'étaient séparés. Interdit, il se redressa sur le bord du lit. Pourquoi ne découvrait-il cela que maintenant ? Était-ce une coïncidence si, lors de son voyage, il n'avait pas poussé ses premières investigations juste un peu plus loin ? Depuis la mise en place de la Transparence, désactiver la géolocalisation était devenu criminel, puisque considéré comme la preuve d'un acte de préméditation. Niels tentait de se raccrocher coûte que coûte à une solution rationnelle. Ce pouvait être un bug de lentille ? C'était rarissime et la probabilité pour que cela arrive pile au moment de son départ était infinitésimale. Pris de frénésie, il lança une recherche générale : « cause arrêt géolocalisation » et parcourut à toute vitesse les différentes réponses apportées. Celles-ci tournaient invariablement autour du même thème. Si l'utilisateur n'avait pas lui-même hacké son interface rétinienne, il ne restait qu'une seule possibilité : l'incapacité physique du porteur à transmettre des influx nerveux. En d'autres termes, la mort.

*

La nuit de Niels n'avait pas été bonne. Il n'était parvenu à trouver le sommeil que par bribes et, lors d'une de ses rares périodes de repos, la vision d'une toile d'araignée semblable à celle de l'impasse l'avait éveillé en sursaut. Il avait programmé une notification ultra-prioritaire en cas d'interaction de Liz mais, alors qu'à l'aube il prenait place dans le train, il n'avait toujours aucune nouvelle. Non sans quelque appréhension, il abaissa son cocon et entreprit de se détendre. Niels ferma les yeux, coupa toute autre notification et programma une playlist musicale de 2h17, soit l'exacte durée de son retour. Petit à petit, en se focalisant sur chaque instrument, en s'immergeant dans la mélodie, en se calquant sur les vibrations du tempo, il parvint à lâcher prise. La ligne de crête entre cette forme de méditation et ses démons était étroite, mais chaque minute passée ainsi contribuait à apaiser son âme. Lorsque la dernière note s'évanouit, Niels rouvrit les yeux, souleva doucement le cocon et vit l'agitation s'emparer du wagon. Toutes ces personnes pressées, tout ce brouhaha, toute cette vie étaient autant de distractions à sa confusion. Il remit donc la musique, poussa le volume et s'avança dans la foule avec détermination. Le flot se déversait sur le quai, dans les escaliers, puis dans d'interminables couloirs, avant d'atteindre, enfin, le grand hall. Niels était en pilotage automatique, seulement concentré sur les sons lui saturant le cerveau. Pourtant, sur l'escalator, le regard d'une petite fille l'interpella. Amusé, il lui fit un signe de la main. Sa mère la souleva avec vigueur en la sermonnant. Décontenancé, il surprit un homme en train de l'épier, puis deux, puis une multitude d'yeux le dévisager d'une expression commune qu'il ne parvint pas immédiatement à identifier. Parvenu au sommet de l'escalator, il stoppa sa progression et fit un tour sur lui-même. Une grande partie des voyageurs le scrutait, des groupes en venaient même à le pointer du doigt. Niels voulut réactiver le Réseau, mais à sa grande stupéfaction, il ne lut qu'un large message d'erreur barrant sa vision : *« Votre profil est temporairement suspendu. Merci de vous rapprocher des autorités le plus rapidement possible. »* En un éclair, il reconnut alors l'expression partagée par tous ces visages étrangers : la peur.

*

Niels parcourait les rues étroites de la ville d'un pas rapide. Cette suspension changeait tout. Désormais, il savait que quoi qu'il ait pu faire cette nuit-là, il n'y avait plus de bonne porte de sortie. Le rêve n'avait pas été une simple fantaisie de son cerveau alcoolisé, non, il s'agissait d'un cri d'alerte, d'un sursaut de conscience. Étrangement, avoir quitté cette période de doute, même pour le pire, l'avait soulagé. Il se sentait à nouveau en accord avec lui-même. Le schisme entre le murmure provenant de ses entrailles et ses pensées était comblé. La dissonance s'était fondue en une harmonie intelligible. Bien sûr, n'ayant aucun souvenir factuel, il ne concevait pas tout à fait avoir pu commettre quelque chose de tragique, mais sa nature rationnelle ne pouvait juste plus s'accommoder d'une aussi vaste série de coïncidences. Pourtant, loin d'être abattu, Niels puisait de l'énergie dans la rage qu'il concevait envers l'Univers. Jamais il n'avait cru en ce point à la Destinée et à son injustice suprême. Toute sa vie il avait agi en suivant des principes édictés par la société et une Morale unanimement considérée comme juste, et il avait réalisé un parcours qu'il estimait sans faute. Or là, suite à une erreur dont il n'avait aucune réminiscence, suite à un lancer de dés de forces primordiales et impalpables, tout avait été balayé d'un simple revers de la main. Oui, c'était injuste. Quoi qu'il ait fait.

Être banni du Réseau avait des conséquences tangibles. Cela signifiait bien évidemment ne plus pouvoir accéder aux données, ne plus pouvoir acheter ou se déplacer librement et n'avoir plus aucun moyen de contacter qui que ce soit. Mais surtout, cela se manifestait au travers de toutes les autres interfaces rétiniennes par le port d'un halo rouge. Niels venait d'en faire l'amère expérience. La seule occasion où il avait pu voir ce genre de halo était lors d'une visite en prison, durant sa scolarité. L'impression laissée par ces individus nimbés d'écarlate repoussés derrière de larges barreaux, comme des bêtes sauvages d'un zoo, l'avait habité durant des semaines. Jamais il n'aurait pu imaginer alors se retrouver un jour à leur place.

Pablo n'habitait plus qu'à une centaine de mètres de là, mais sa résidence était sécurisée. D'habitude, un simple coup d'œil lui permettait de s'identifier et de déverrouiller les lourdes portes. Aujourd'hui, il ne lui restait plus qu'à patienter, dissimulé entre un véhicule et la façade impeccable de l'immeuble. La probabilité que son ami sorte ou rentre chez lui était mince, mais Niels ne voyait rien d'autre à faire. Il ne pouvait de toute évidence profiter du passage d'un voisin pour pénétrer l'immeuble. Il aurait tôt fait d'être signalé aux autorités. Chaque minute écoulée ici jouait en sa défaveur, sans compter les probables dénonciations ayant jalonné son trajet. Tout à coup, à proximité de sa cachette, un pod de livraison s'engagea dans une courte allée descendante et se présenta devant l'accès au garage souterrain. Niels comprit qu'il tenait là son unique chance. Il se précipita à sa suite, suivit le mouvement et s'engouffra dans le parking enterré. Une fois le véhicule autonome hors de vue, il partit en quête de la voiture particulière de Pablo. Il bénissait la passion de son ami pour les automobiles rétro. Lorsqu'il repéra la décapotable noire, Niels s'y introduisit, ferma la capote et s'étendit sur la banquette arrière. Par chance, il n'eut pas à attendre très longtemps. Moins d'une heure plus tard, le visage abasourdi de son ami surplomba le squatteur.

— Niels ? Qu'est-ce que tu fous là ? Je savais bien que j'avais pas mis la capote.

Soudainement, ses pupilles se dilatèrent et sa voix changea de tonalité :

— Attends, c'est quoi ce bordel ?! s'écria Pablo effrayé.

— Salut. Est-ce que ça te dérangerait de monter à l'avant et qu'on se parle un peu plus discrètement ?

Pablo s'exécuta et, après un long silence, finit par demander à voix basse :

— Qu'est-ce qu'il s'est passé ?

— Je ne sais pas, répondit Niels dans un soupir. Je suis temporairement banni du Réseau, mais ça je ne te l'apprends pas, je suppose. Je... je pense que j'ai fait une connerie avec Liz l'autre soir, après la fête.

Suite à un nouveau silence pesant, il se redressa, approcha sa tête du siège conducteur et poursuivit :

— Il faut que tu me croies, je n'ai aucun souvenir de cette nuit. Mais j'ai épluché les logs et... sa position se perd peu de temps après que je l'aie quittée.

Dans le rétroviseur central, Niels surprit le regard terrorisé de Pablo. Ses pupilles dansaient en tous sens et témoignaient de la multitude de recherches engagées. Après plusieurs dizaines de secondes, le ballet effréné prit brusquement fin. Le visage blême, Pablo rompit son mutisme et exposa d'une voix saccadée :

— Putain, mec... Tu sais que t'es introuvable sur le Réseau ? On ne peut pas accéder à ton profil, OK, mais je veux dire que toutes les interactions auxquelles tu as pu prendre part avec moi ont été purgées. J'arrive même pas à trouver une photo de nous ensemble. C'est comme si tu n'avais jamais existé !

Niels encaissa ce coup de poignard en plein cœur avec froideur. Depuis sa fuite de la gare, il se sentait spectateur de sa propre vie. Il observait de loin cette ombre rougeoyante qui courait et se débattait en vain. Il éprouvait plus de curiosité que de sympathie envers ce personnage qui ne lui ressemblait que physiquement. Il se remémora, enfant, observer des fourmis éviter les embûches et obstacles qu'il plaçait sur leur chemin. Parfois, lorsqu'elles agissaient contrairement à sa volonté, il les écrasait. Était-ce de la cruauté ? Était-ce un signe avant-coureur ?

S'approchant à quelques centimètres de l'oreille de son ami, il murmura :

— Amène-moi chez Liz.

*

Niels attendit le dernier moment pour s'engager dans le hall de l'immeuble. Il suivait à distance respectable son acolyte, qui venait de déverrouiller tour à tour portillon et entrée par une simple identification rétinienne. Pablo se dirigea d'un pas décidé vers l'ascenseur, avec pour prétexte de sa venue la visite d'une connaissance habitant la même hyper-résidence que Liz. Les portes de l'ascenseur se refermèrent sur lui. Maintenant, Niels était tout à fait seul.

Après avoir pris les escaliers et s'être assuré que le couloir était désert, il s'avança jusqu'à l'appartement 212 et sonna. Son cœur battait à tout rompre et le sang lui montait aux tempes. Il n'envisageait rien, il n'y avait pas d'autre plan. Il savait juste que son chemin le menait ici. Alors il attendit. Il se remémora les dernières paroles échangées avec son ami dans le véhicule : *« Niels, toi et moi on est potes depuis des années. Tu es comme un frère. Mais, aussi longtemps que tu auras ce halo, je ne veux plus qu'on nous voie ensemble. Je sais que tu me comprends. Et n'aie crainte, quoi que tu aies pu faire, moi je ne t'oublierai pas. »* Ce discours d'adieu improvisé l'avait ému plus qu'il n'avait voulu le montrer. D'interminables secondes s'égrenèrent, quand un vrombissement caractéristique se fit entendre. La porte s'effaça devant Liz. Vêtue à la va-vite d'un sweat à capuche et d'un pantalon de pyjama trop large, elle n'en demeurait pas moins resplendissante. De ses longs cheveux couleur jais attachés, quelques mèches libres venaient caresser son visage. Alors que ses grands yeux bleus scrutaient le visiteur, elle déclara d'un ton mi-réprobateur, mi-soulagé :

— Il était temps, je commençais à me dire que tu m'avais balancée !

Statufié sur le pas de la porte, Niels ne parvenait pas à articuler le moindre son. Liz le prit par le bras et le fit entrer précipitamment.

— Tu tiens vraiment à ce que je me fasse repérer ou quoi ? Houlà, mais attends, t'es tout pâle ! Ça va ?

— … Je te croyais morte, balbutia Niels.

— Ah d'accord, tu me prends pour un fantôme ! s'étonna Liz dans un éclat de rire cristallin.

L'enjouement de celle qu'il imaginait encore il y a quelques minutes avoir agressée, ou pire, lui fit l'effet d'un électrochoc. En un claquement de doigts, une rafale d'air frais aux notes sensuelles de jasmin venait de balayer son fardeau ainsi que les nuages sombres au-dessus de lui. Il avait l'impression de respirer à pleins poumons pour la première fois de son existence. Pendant ce temps, Liz avait enfilé un jean, s'était saisie d'un sac de voyage et entraînait déjà Niels hors de l'appartement. Ils descendirent quatre à quatre les escaliers menant au sous-sol et stoppèrent devant une e-moto semblant particulièrement puissante. Elle récupéra une veste et un casque dans la selle et rouvrit enfin la bouche :

— Pas le temps de t'expliquer. Vu ton halo, ça paraît clair qu'on t'a suivi jusqu'ici ; alors, avant toute chose, on va filer en lieu sûr. Ah, j'ai pas de casque pour toi, désolée. Je te conseille de garder les yeux fermés, on va tracer.

Durant les dizaines de kilomètres qui suivirent, et comme pour s'assurer qu'il ne rêvait pas, Niels serra la pilote aussi fort qu'il le put. L'air sifflait dans ses oreilles et il ne pouvait qu'imaginer à quelle vitesse vertigineuse ils filaient à travers les artères de la métropole. Le temps passa et la trajectoire se fit moins sinueuse. Il lui semblait que le corps de Liz irradiait une douce chaleur dans laquelle il se fondait progressivement. Dans un état quasi méditatif, il perdit tout à fait la notion du temps.

*

— Donc tu ne te souviens plus du tout de la nuit de jeudi ? Eh bien, tu as de la chance que je ne sois pas rancunière !

La gaieté de Liz était communicative et terriblement réconfortante. À la tombée de la nuit, ils avaient mis pied à terre dans un hameau perdu en pleine nature. Une vaste forêt mêlée de chênes, châtaigniers et pins sylvestres étendait de larges bras autour de quelques abris de pierre. Une poignée d'autres êtres humains les avaient salués et semblaient vivre de façon permanente ici. Adossés à un tronc massif, ils observaient tous deux le crépuscule tomber progressivement sur la vallée en contrebas. Liz reprit la parole :

— Ce soir-là, tu ne me connaissais pas encore. Mais, moi je savais déjà qui tu étais. Je prépare une thèse d'État portant sur la Transparence et la gouvernance en temps réel et j'ai accès à beaucoup de données. En fait, suite à un petit coup de pouce d'un technicien ayant un faible pour moi, on peut même dire que j'ai accès à tous les fichiers transmis par les différents opérateurs du Réseau à l'État. Elle avait beaucoup de mal à contenir sa fierté, ce qui ne faisait étonnamment que renforcer son charme.

— Tout a commencé il y a un peu plus d'un an, quand je suis tombée par hasard sur un fichier d'identifiants uniques qu'un opérateur avait envoyé via un mail non crypté. Il est très inhabituel de transmettre aux services de l'État des identifiants sans plus d'informations. Et, chose encore plus étrange, aucun des identifiants de cette très longue liste ne correspondait à un profil sur le Réseau. Étant de nature curieuse, j'ai fait quelques requêtes sur les serveurs à ma disposition pour voir si ça pointait quelque part et j'ai fini par comprendre. Le listing provenait d'un fichier lui-même contenu dans une partition dédiée aux décès. J'ai à nouveau sollicité l'aide de Marc, le technicien Réseau qui craque pour moi, et j'ai falsifié mes ordres de mission afin de lui faire croire que je devais avoir accès à cette partition. Ça a fonctionné.

Niels était suspendu à ses lèvres, ce qui amusait beaucoup Liz. Elle racontait tout cela avec un sentiment de satisfaction mêlé à la joie espiègle d'une enfant qui viendrait de braver pour la première fois sa peur du noir.

— Pour te la faire courte, les profils correspondant aux identifiants du mail apparaissaient bien dans la partition des défunts, mais ça m'a perturbé quelque temps, car je ne voyais aucune raison valable de supprimer ces profils du Réseau. Pourquoi n'apparaissaient-ils pas juste en profils de commémoration ? J'ai donc creusé la question.

— Des bugs dans le Réseau ? s'enquit un Niels concerné. Ou alors c'était dû à la cause de leur mort ?

— Ils ne sont pas morts. Ils sont juste morts sur le Réseau. Comme toi actuellement.

Niels resta bouche bée. Il voulait extérioriser la sensation qu'il éprouvait depuis son récent bannissement du monde, depuis que les regards étaient devenus hostiles et qu'on l'avait soudainement privé de sa vie, mais il ne parvenait pas à mettre les mots dessus. Alors, au bout de plusieurs secondes de mutisme, il décida d'exposer froidement la situation actuelle, comme pour exorciser ses démons et s'assurer qu'il ne cauchemardait plus :

— Liz, tu me vois là, je ne suis pas vraiment mort. Il suffit que je me présente devant mes parents, Pablo, ou mes amis et ils se rendront compte qu'il y a un problème avec le Réseau. La réalité c'est moi, pas les résultats qu'ils pourraient obtenir par scan ! Et, malgré le halo, je n'ai rien à me reprocher puisque tu es là. Mes proches me connaissent, ils me croiront, me soutiendront. On se rendra ensemble auprès des autorités, le problème sera remonté et tout finira par être résolu…

— Parce que tu crois que tu peux rencontrer tes proches là ? le coupa Liz. Tu penses que personne ne t'attend devant toutes ces portes ? Elle le fixait d'un regard glacé, sa voix était descendue d'une tonalité.

— Mais qui m'attend ? Et pourquoi ? Je n'ai rien fait ! explosa Niels.

— Tu sais très bien qui, les *autorités*. Et sur ce que tu as fait, ou pas fait, on y reviendra. Mais avant, j'aimerais que tu comprennes comment ils te font disparaître. Lorsque tu es supprimé du Réseau, tu disparais pour l'ensemble des utilisateurs. Pas seulement ton profil, également toutes les interactions, toutes les photos, vidéos ou autres enregistrements sur lesquels tu peux apparaître. Quand j'ai voulu rechercher mes disparus, on m'a baladé de page en page en me suggérant des offres spéciales et des contenus hyper-adaptés à mes besoins. Le Réseau faisait tout pour détourner mon attention. Alors tu te doutes bien qu'à compter de ton deuxième ou troisième cercle de connaissances, tu es vite zappé. Pour tes vrais proches, ton cercle intime, tu as raison, c'est autre chose et c'est pourquoi ils ne t'auraient jamais laissé te rapprocher d'eux. Mais cela va bien plus loin. J'ai appris il y a peu que toutes les recherches ou plaintes portant sur des disparus de ton type n'apparaissaient pas sur le « vrai » Réseau. Tous ces avis de recherche, tous ces messages de détresse, basculent sur une sorte de Réseau secondaire, parfaitement interconnecté avec l'original, mais où seuls leurs auteurs et la multitude de bots leur répondant ont accès. Ces « proches » font toujours partie du Réseau et restent a priori des citoyens comme les autres, mais tout ce qui touche de près ou de loin aux disparus se voit rejeté dans cette couche secondaire. Ils ne peuvent donc interagir avec autre chose que des machines sur le sujet qui les maintient bien souvent en vie. Pendant qu'ils sont persuadés de remuer ciel et terre pour retrouver leurs enfants, maris ou amis, le reste du monde poursuit son cours, sans même en être informé.

— C'est... terrible.

— Et diablement malin.

Le visage de Liz avait continué de changer d'expression au cours de son exposé. Il n'y avait plus aucune étoile dans ses yeux, plus d'espièglerie, seulement de la résolution teintée de tristesse. Niels respira longuement entre ses deux mains jointes. Les yeux clos, il fut brièvement assailli par le souvenir de son propre visage se reflétant dans une flaque d'eau. Le sens du rêve, ce fameux rêve qui l'avait alerté, lui apparut comme une évidence : tout ce temps, il s'était mépris sur son rôle. C'était lui la proie. Voilà ce qu'avaient cherché à lui crier ses viscères. Alors, le regard rivé au sol, il demanda faiblement :

— Pourquoi moi ?

— Je ne sais pas, peut-être à cause de ta start-up ? Les causes ne sont pas toujours claires... Tout ce que je peux te dire c'est que, lors de mes recherches, j'ai attaqué le listing dans tous les sens et je me suis rendu compte que les tout derniers identifiants apparaissaient encore sur le Réseau. Alors je les ai isolés et je me suis intéressée à ceux résidant dans notre ville. Il m'a semblé reconnaître ton visage à la soirée, je t'ai scanné et banco. C'était le hasard. On a discuté longuement, je t'ai fait part de mes inquiétudes te concernant, et on a marché dans tout le centre-ville. Je t'ai prié de nous laisser t'aider, mais tu étais complètement bourré et ne voulais rien entendre. Tu ne faisais que me répéter que tu devais te rendre à un rendez-vous de la plus haute importance et qu'il n'y avait que ça qui comptait actuellement. Je t'ai amené quand même devant l'une de nos planques, mais tu as préféré te sauver.

— Une de vos planques ? Comme ici ?

— Oui, bienvenue chez Éclipse, repère de hackers, bannis de la société et autres morts-vivants comme toi ! Grâce à nos petits génies, tu peux disparaître momentanément de la toile et te déplacer sans attirer l'araignée.

Niels se remémora l'absence de données de géolocalisation du profil de Liz. Cela avait débuté dans l'impasse où ils s'étaient séparés, devant le graffiti.

— L'araignée ? s'enquit-il.

— Oui, nous utilisons très souvent cette image de la toile d'araignée. Car, tout comme les moucherons pris au piège qui se débattent et ne font qu'engendrer des vibrations attirant la prédatrice droit vers eux, les humains viennent chercher sur le Réseau du réconfort et des réponses à leurs interrogations, sans se douter qu'ils ne font que hurler leurs faiblesses à l'araignée.

L'AGENCE

Florian Orazy

L'écran s'allume sur une femme aux larges épaules, à chevelure brune. Son sourire s'étire d'une joue à l'autre, un sourire presque maternel qui semble dire « Tout va bien se passer, je suis là pour toi ». Je ne sais pas si ce sont ses yeux ou un effet de la caméra mais ses prunelles brillent d'un éclat particulier.

— Bonjour. Je suis Élisa.

J'ai dû mal entendre. C'est d'habitude Lisa qui me conseille. Elle me suit depuis mon arrivée à l'Agence. Je l'aime bien, Lisa. Elle est simple et honnête.

À y regarder de plus près, de subtiles différences m'apparaissent. Lisa a des cheveux plus sombres, presque noirs, et des yeux marron qui brillent quand elle rit. Cette femme-là, au contraire, possède *quelque chose* d'étranger, une *particularité* comme celle qui séparerait deux clones ou deux jumelles ayant vécu des vies en tous points différentes.

— Je suis ta nouvelle conseillère. Lisa m'a confié ton dossier.

Je comprends : Lisa a été *mise à jour*. Pas une mise à jour mineure pour corriger une boucle de code ou colmater une faille de sécurité ; non, une mise à jour critique, accompagnée d'une personnalité et de compétences nouvelles.

Au début, il y a deux ou trois ans, quand l'Agence mettait à niveau les conseillères, leur nom et leur apparence étaient conservés. Mais certains clients étaient déstabilisés par ces changements. Alors l'Agence s'est mise à modifier aussi leur physique, par cohérence. C'est ma femme qui me l'a dit.

Je ne sais pas pourquoi l'Agence continue à mettre les conseillères à jour. Comme si ses directeurs ne voulaient pas qu'on s'attache.

Élisa n'arrête pas de me sourire.

— Tu aimerais changer de travail, Louis ?

— Oui. Je m'emmerde, pour tout vous avouer.

Elle ouvre un dossier à couverture bleu clair, fait semblant de lire des papiers. Je dis « semblant » car tout ce qu'Élisa a besoin de savoir est sauvegardé sur un serveur qu'elle peut consulter en temps réel, alors même qu'elle se tient devant moi. Ses petites manies avec le dossier, c'est uniquement par souci de naturel. Pour rendre le contact plus *humain*.

— Lisa t'avait déconseillé ce poste, n'est-ce pas ?

Elle me regarde par-dessus ses lunettes. Lisa n'en portait pas. Peut-être qu'elle n'avait pas l'air assez sérieuse ?

Élisa ne me laisse pas le temps de répondre.

— Lisa avait raison. Reprendre son ancien travail est rarement une bonne idée.

— Ce n'était pas mon travail. J'étais routier.

— Tu l'es encore, Louis.

Elle m'énerve à finir toutes ses phrases par « Louis ».

— Les routiers sont sur la route. Moi, je suis assis derrière mon écran et je surveille des camions qui roulent tout seuls…

— Je comprends ta frustration.

Élisa s'est penchée légèrement en avant, comme si elle me parlait désormais sur le ton de la confidence. Comme si nous étions intimes. Pourtant, nos entretiens sont enregistrés, et je suis évalué en ce moment même. Elle aussi, sans doute.

— J'aimerais juste un nouveau boulot. C'est facile, non ? Lisa disait que je pouvais en changer quand j'en avais envie.

— C'est vrai. Tu peux quitter ce poste dès maintenant, si tu le souhaites.

Elle m'annonce que si je démissionne, elle s'occupera de tout.

Ce qui est bien avec l'Agence, c'est l'absence de préavis. Je parle pour les employés bien sûr. Les employeurs, eux, ne peuvent pas nous licencier.

L'Agence ne nous trouve pas seulement un travail, elle nous soutient aussi au quotidien, s'assure d'abord que nous sommes bien intégrés à notre équipe, puis que nous ne souffrons ni de stress ni d'ennui, que les tâches sont stimulantes et nous permettent de nous *challenger*, comme ils disent. Lisa était toujours aux petits soins pour moi.

Je réponds que je préférerais finir la semaine, afin de dire au revoir à mes collègues.

— Tu les apprécies ?

Je hoche la tête sans mot dire. C'est suffisant, Élisa peut voir mes mouvements à travers la caméra. Il paraît que les conseillères de l'Agence analysent les niveaux d'anxiété ou de fatigue en scrutant les traits du visage ; mais ce ne sont que des rumeurs.

— Si tu m'en dis plus, je te *matcherai* avec des collègues semblables pour ton futur poste.

Comme je ne réponds pas tout de suite, elle ajoute :

— Je conviens que c'est un sujet très personnel, ne te sens pas obligé…

Elle prend des politesses inutiles. Je sais qu'elle sait. Comme je disais, L'Agence observe tout, enregistre tout. C'est pour ça qu'elle fonctionne aussi bien.

Laurène et David sont les collègues avec qui je m'entends le mieux. Et le boss, Fabien, également. Élisa me demande si je leur parle souvent à la radio. Oui, on discute toute la journée, sauf quand Fabien est occupé.

— Tu les as déjà rencontrés ?

J'ignore pourquoi elle me pose ces questions. Lisa ne m'a jamais interrogé comme ça. Sans doute l'effet de la mise à jour. L'Agence s'est rendu compte de l'importance d'apprécier ses collègues pour se sentir bien dans son travail. Ça paraît évident, mais ils ne pouvaient pas penser à tout d'emblée.

— Je les ai vus une ou deux fois, mais la qualité de la vidéo était mauvaise. On reste en audio, d'autant qu'il faut surveiller les camions qui roulent sur l'écran.

Dans mes premiers boulots, c'était un peu compliqué. Je suis tombé sur des gens pas très aimables, ou au contraire trop excentriques pour moi, des jeunes surtout. J'étais souvent isolé. Mais depuis un moment, j'ai de la chance. Encore plus depuis que je travaille à Roulinter.

J'apprends à Élisa qu'en juin dernier, j'ai invité Laurène, David, Fabien et quelques autres à un barbecue chez moi. Mais David n'était pas disponible, alors on a convenu de remettre ça à plus tard.

Élisa se fige un instant avant de reprendre son sourire. Un ange passe.

— Vous pensez me trouver un nouveau travail d'ici la fin de la semaine ?

— Bien sûr, Louis. Je suis là pour ça.

Elle me propose de remplir un « questionnaire de satisfaction ». Un deuxième dossier apparaît, vert cette fois, assorti à son chemisier.

— Ne t'inquiète pas, Louis, il n'y a pas de bonne ou de mauvaise réponse. Je vais lire une liste d'affirmations que tu noteras sur une échelle d'un pour « pas d'accord du tout » à cinq pour « tout à fait d'accord ». Tu as compris ?

Je hoche la tête. On dirait qu'elle me prend pour un idiot.

— Je commence : « Travailler à Roulinter m'a été bénéfique sur les plans personnel et émotionnel. »

— On ne peut pas vraiment dire ça…

— Essaie d'utiliser l'échelle, Louis.

— Pardon. Euh… deux.

— « Travailler à Roulinter m'a été bénéfique sur les plans métaphysique et spirituel. »

— C'est-à-dire ?

— Si tu ne sais pas, ce n'est rien.

Élisa fait mine d'écrire quelque chose dans son dossier.

— « Le travail à Roulinter était stimulant d'un point de vue intellectuel. »

— Un.

— « Je ne me suis jamais ennuyé une seconde à Roulinter. »

— Franchement, un...

— « Le stress ou la pression se sont rarement fait sentir à Roulinter. »

— Cinq.

— « Roulinter est une entreprise innovante et moderne. »

— Trois ou quatre. Embaucher d'anciens chauffeurs pour ne pas leur faire conduire de camions, c'est une sacrée innovation !

Elle prend une longue note.

— « Je pourrais envisager de travailler à nouveau chez Roulinter dans l'avenir. »

— Au volant ou derrière un écran ?

— Ce n'est pas précisé.

— Alors, deux.

— Bravo, Louis, nous y sommes presque. « Je pourrais recommander Roulinter à un ami ou à un membre de ma famille. »

— À ma belle-mère, peut-être.

Elle ne rit pas.

— Tu veux que je répète la question ?

Je hausse les épaules. Elle l'interprétera à sa guise.

— « J'ai accompli mon travail avec sérieux, attention, rigueur, abnégation, zèle, spontanéité, courage et détermination. »

— C'est à vous de me le dire…

— N'hésite pas à exprimer ton opinion.

— Trois.

— « J'ai effectué un suivi régulier de ma performance en utilisant les outils numériques d'auto-évaluation psychoprofessionnelle à ma disposition dans le *cloud*. »

— Deux.

— Et voici la dernière : « J'ai confiance dans le fait de réussir à retrouver rapidement un travail grâce à l'Agence. »

— Quatre.

— Très bien, Louis. C'est terminé. Je te félicite.

— Cinq.

— Pardon ?

Elle lève un sourcil.

— Je plaisantais.

— Merci beaucoup, Louis. Tu as été parfait.

J'ai l'impression qu'elle se moque de moi. Lisa me manque.

Élisa referme son dossier. Je recevrai un message d'ici la fin de la semaine incluant plusieurs propositions d'emploi. Je n'aurai qu'à en choisir une ou les refuser toutes, auquel cas de nouvelles offres me parviendront.

Élisa me rappelle qu'elle est disponible vingt-quatre heures sur vingt-quatre, sept jours sur sept. Si j'ai la moindre question, le moindre doute, je la trouverai à l'adresse habituelle.

Elle ne préviendra pas mes collègues, supposant que je voudrai moi-même leur dire adieu. Elle insiste, volontairement ou non, sur le mot *adieu*, puis disparaît.

Son dossier reste sur le bureau. J'aimerais le saisir et voir ce que l'Agence sait de moi. Bien sûr, cela est impossible. Tout ce que je peux faire en tendant le bras, c'est éteindre mon écran.

*

Mes derniers jours à Roulinter me laissèrent un goût amer. Certes, mon ardeur à la tâche était encore moindre que d'habitude. Mais le plus étrange était le comportement de mes collègues. David se trouvait absent, sans que personne semblât en connaître la raison. Laurène, alors qu'elle venait d'allumer sa radio, est partie brusquement, arguant qu'elle devait intervenir sur un camion (ce qui n'arrive presque jamais). Elle ne m'a pas rappelé, et toutes mes tentatives de la joindre ont été vaines.

Plus tard, Fabien m'a dit qu'elle avait eu un accrochage sur la route, sans me donner plus de détails. Laurène n'avait subi aucun dommage, si ce n'est un léger choc psychologique.

Quand je lui ai annoncé que je quittais Roulinter, Fabien n'a pas semblé le moins du monde étonné. Il m'a simplement souhaité bonne continuation. Je lui ai dit que j'espérais rester en contact ; il m'a répondu d'un ton absent que oui, certainement. Je lui ai laissé mes coordonnées, mais il ne m'a pas donné les siennes.

À la fin de la semaine, Élisa m'a transmis des offres d'emploi. Vingt-cinq au total. Tous à distance. Je lui dis que je serais prêt à accepter n'importe quoi, du moment que je n'ai pas à rester assis toute la journée derrière ce maudit écran, que je peux sortir de mes quatre murs. Élisa va « approfondir ses recherches » mais en attendant, elle me conseille de choisir l'une des propositions, car de telles offres sont rares.

Je ne suis pas dupe, cela fait des années que je suis inscrit à l'Agence et personne ne m'a jamais trouvé autre chose que du télétravail. Même Lisa.

J'ai demandé à Élisa les contacts de David et Laurène, n'ayant pas eu l'occasion de les revoir avant mon départ. Apparemment, elle ne peut les divulguer à cause de la protection des données ou je-ne-sais-quoi. Je lui ai dit que Lisa, elle, aurait fait ça pour moi. Élisa est restée immobile un instant puis a répété qu'il lui était impossible d'accéder à ma requête. Les règles ont changé, ou bien Lisa avait commis une erreur, c'était « un modèle assez ancien ». Je n'ai pas apprécié ce sous-entendu.

*

J'ai fini par accepter un poste dans une entreprise de veille informatique. J'aurais pu refuser, rester au chômage dans l'attente de nouvelles opportunités, ça n'aurait pas changé grand-chose. Chômeurs ou travailleurs, nous gagnons tous le même revenu, que l'Agence appelle *crédit universel*. Si on veut, on peut donc se tourner les pouces à vie, certains le font. Mais la plupart, au bout d'un moment, finissent par reprendre un emploi. Moi, je n'ai jamais pu rester en place ; seul, encore moins. Dès le lendemain de mon licenciement, je me suis inscrit à l'Agence.

À l'époque, je pensais retrouver un travail de chauffeur, rouler de nouveau. Ce n'est jamais arrivé. On n'a plus besoin de gens comme moi. Au lieu de ça, l'Agence m'a déniché des petits boulots à distance, de la maison. En surveillant des camions, je suis pour ainsi dire resté dans mon domaine initial. Ma femme, elle, a changé de secteur : elle vend des fleurs sur internet. Avant, elle était caissière, mais elle adorait leur odeur. La pauvre ne les sent toujours pas.

Mon nouveau travail n'est pas très excitant, mais tout de même davantage que mon poste à Roulinter. Je dois récolter des données sur des inconnus. C'est tout ce que je sais. Je n'ai aucune idée de qui sont ces gens, si on leur veut du mal ou du bien, ni comment ces informations seront utilisées. Je dois simplement faire des recherches sur internet, dans des bases de données diverses auxquelles l'entreprise a accès par ses réseaux.

C'est fou ce qu'on peut apprendre sur les gens quand on sait où regarder. Mon nouveau boss, qui me fait penser à Fabien, m'a dit qu'il n'existait pas une seule personne qui échappe au suivi. Il suffit de consulter des serveurs bien choisis. Tout le monde est là. Même ceux qui ne sont pas inscrits à l'Agence.

Mes collègues sont très chouettes. Je n'aime pas beaucoup Élisa mais il faut avouer qu'elle a fait du bon travail en me *matchant* avec ces gens, comme elle dit.

Samedi dernier, j'ai pris un verre avec Marc, un jeune de mon équipe avec lequel j'ai sympathisé. Il habite à une demi-heure de la maison, dans un petit studio au bord des rails de l'hypertrain. Il vient d'arriver lui aussi, c'est même son premier travail avec l'Agence. Avant, il bossait dans un cabinet d'avocats, il devait récolter des informations pour préparer des procès. Il lisait et triait des centaines d'emails par jour. Puis on l'a remplacé par une IA et il s'est retrouvé au chômage. Il n'est inscrit à l'Agence que temporairement, il espère reprendre au plus vite un « vrai » travail.

Marc dit qu'on a de la chance ici de ne pas avoir été remplacés par des IA, vu qu'on accomplit peu ou prou les mêmes tâches que dans son cabinet. C'est vrai, je n'y avais pas pensé.

Selon lui, il y a une raison à tout ça : quand on est chômeur, on gamberge, on se sent inutile, on déprime, et on finit par ne rien faire du tout, on ne voit plus personne, on ne sort pas, on ne consomme plus. La société ne pourrait pas fonctionner avec autant de gens dans cet état. Du coup, l'Agence est là pour nous garder occupés (« c'est pour ça que nous sommes protégés des licenciements ») et socialisés (« c'est pour ça qu'on l'appelle *le réseau social* de l'emploi »).

Il a de sacrées théories, Marc. Je ne réponds pas trop, alors il change de sujet. Il me parle de Karine, une fille de notre équipe. Il aurait bien aimé l'inviter à boire un verre avec nous mais elle n'était pas disponible. Ça fait déjà deux fois qu'elle lui dit non.

Je ne sais pas pourquoi, mais tout ça me fait penser à Laurène et David. J'en parle à Marc, qui promet de m'aider à les chercher. Il maîtrise mieux que moi les bases de données. S'il les trouve, je lui paierai un coup.

*

Avant même la fin de la semaine, Marc m'envoie un message avec les emails, le numéro de téléphone et les adresses de Laurène et David. Il est fort. Je lui promets deux bières, une pour chacun. Pour Fabien, il doit encore chercher.

C'est drôle, Laurène et David habitent juste à côté de chez moi. Ils m'avaient dit être « de la région » mais je ne les aurais pas crus si proches. Ça me fait plaisir. Je vais pouvoir les présenter à Marc.

Je leur ai écrit, ils ne m'ont pas encore répondu. J'ai aussi tenté de les appeler, mais leurs numéros ne sont plus attribués.

Entre-temps, Marc m'a envoyé les coordonnées de Fabien, en précisant que je lui devais une troisième bière. Après son nom, il y avait un petit astérisque, comme après ceux de Laurène et de David. Il ne sait pas ce que ça signifie. Peut-être que leurs détails ne sont pas à jour, car Fabien ne répond pas non plus au téléphone.

*

Marc m'a appelé aujourd'hui. Il m'a demandé si on pouvait se voir ce soir, il a quelque chose d'important à me dire. Je lui ai répondu « Tu m'étonnes, je te dois trois pintes ! ». Il n'a pas relevé la taquinerie. Il avait l'air nerveux.

Marc a découvert la signification des astérisques. Karine en a aussi après son nom. C'est pour cette raison qu'elle n'a jamais répondu à ses invitations.

Il touche à peine à sa bière, parle en un souffle en évitant mon regard : « Pour l'instant, ne te lie d'amitié avec personne dans la boîte, d'accord ? Ne fais confiance qu'à moi. »

Je crois qu'il est frustré que Karine l'ait refoulé et il a peur que si je l'invite, moi, elle accepte. Je le pousse à m'en dire plus. Il baisse la voix, penché sur la table : « Tu ne t'es jamais demandé pourquoi tu t'entendais si bien avec tes collègues ? »

Puis il se lève brusquement et sort en me promettant de me tenir au courant de ses avancées. Il est un peu bizarre. Je n'insiste pas. Après tout, on ne se connaît que depuis trois semaines.

Sur le chemin, je décide de passer devant chez Laurène. Je ne compte pas sonner, bien sûr, il est trop tard, mais je suis curieux de voir où elle habite.

À son adresse, il n'y a qu'un petit bâtiment préfabriqué, en ruine. C'est une ancienne agence Pôle-Emploi, on peut lire encore la peinture de l'enseigne. Je vérifie, ce sont pourtant bien les coordonnées que Marc m'a données. L'astérisque doit signifier que l'adresse n'est pas correcte, tout simplement.

Lundi, Marc n'est pas venu au travail. Il a démissionné en milieu de semaine.

*

Ni Fabien, ni Laurène, ni David ne m'ont écrit. Je me suis rendu chez David, dans un petit pavillon. J'ai sonné, une vieille dame m'a ouvert. Elle habite là depuis trente ans. Elle ne connaît aucun David.

Maintenant que je maîtrise les bases de données, j'ai cherché le nom de mes autres collègues. À part Marc, tous portent un astérisque. Pas seulement Karine.

D'ailleurs, je la trouve très sympathique. Là-dessus, Marc ne s'est pas trompé. Je vais l'inviter à prendre un verre un de ces quatre. J'espère qu'elle acceptera.

Marc a essayé de me contacter plusieurs fois ces derniers jours. Hier, il m'a laissé un message délirant. Il disait « Tes collègues n'existent pas », « Ils ont été créés par le réseau », « Le travail est totalement virtuel », « L'Agence nous fait croire qu'on est encore utiles », « Elle nous donne l'illusion d'un lien social », et plein d'autres choses.

Je ne l'ai pas rappelé.

*

Après deux mois, Karine n'a toujours pas accepté mon invitation.

Parfois, je repense à Marc et je me demande s'il n'avait pas raison. Et s'il a pu retrouver un *vrai* emploi, comme il disait.

Je n'ai pas parlé de ses théories au reste de l'équipe. Je n'ai pas envie de passer pour un illuminé. Je m'entends très bien avec tout le monde et j'ai la ferme intention que ça dure.

Que mes collègues soient réels ou virtuels, au fond, ça ne fait pas une grande différence. C'est dommage pour les bières et les barbecues, mais au moins, contrairement à Marc, ils ne détaleront pas du jour au lendemain.

HUMALGO

Léo Kennel

1

Λ Pigeons voyeurs

Les pigeons accélèrent. On pourrait croire qu'ils vont s'envoler, mais ils se déploient en éventail étroit. La promeneuse citadine se prend pour une gardeuse d'oies, l'espace de quelques instants : ces pigeons-là ont l'air trop casaniers et surtout bien trop bêtes pour être des pigeons voyageurs. **…Afficher la suite**

Ø *haha* une véritable légende urbaine !

Ö *yeux au ciel* **Λ** voit des complots partout !

Λ Ö C'est une fiction, bien sûr. Vous n'avez pas remarqué ce léger parfum de second degré ? ceci dit, après les caméras de surveillance, les drones…

Ö *moue boudeuse* Je ne vois pas de quoi vous vous plaignez : quand on n'a rien à cacher…

Õ *j'aime*

Ò *perplexe*

Ώ *vomi merde* Des rats volants vecteurs de maladies !

Au centre historique de la ville, on trouve à nouveau ces volatiles sans-gêne. La municipalité a dû céder à la pression des commerçants qui s'étaient fait l'écho des demandes des touristes : un monument sans pigeons n'est pas un monument digne de ce nom. Il manque quelque chose aux selfies de vacances, et les parents et amis pourraient croire qu'on a voyagé virtuellement, comme tout un chacun. Par souci de salubrité publique et pour préserver les monuments de l'acidité des fientes – et aussi, ajoutent quelques mauvaises langues, pour complaire à Ludovic Wittson, principal actionnaire de LWVAA [1]–, les autorités ont

[1] Lucien Wittson Volatiles d'Agrément Automatisés
Producteur – entre autres – des mécachiens, cafarmouches, etc.

d'abord remplacé les volatiles naturels par des pigeons artificiels. Mais, bien qu'ils ne se posassent jamais au sol, ils disparaissaient rapidement, victimes de vols ou de pannes. Le bruit avait couru que certains de ces pigeons, et plus précisément les blancs, étaient des *pigeons voyeurs*. Légende urbaine ou réalité policière, on ne l'a jamais su. Quoi qu'il en fût, les bestioles supportaient mal la pollution, et encore moins la pluie et l'humidité ; leur plumage – dont la couleur passait, devenait uniformément gris sale sous les rayons du soleil et de la lune – devait être réimperméabilisé tous les ans. Bref, les grandes villes y engloutissaient des budgets considérables. Alors, les pigeons, devenus pratiquement introuvables, ont été réintroduits à grands frais.

Brown, le MMM manipulateur-magasinier de mémoire, alias l'Algorithme Humain, se demande bien pourquoi il faudrait censurer ça ?! Sinon pour donner raison aux complotistes à bon compte. Est-ce si sûr que ce ne soit pas contre-productif pour ses employeurs ?

2

Λ Kanal 22

Nous approchons d'une grande et belle grille. Il y a longtemps que j'ai cessé de demander si c'est encore loin, de dire que j'ai faim et soif, que j'ai mal aux pieds et que marcher me fatigue. Les motifs de fer se transforment tandis que je marche entre mes parents. Au début, ce sont des losanges … **Afficher la suite**

Ø J'aime pas les grilles. Je hais la propriété privée : c'est le vol

Θ *sourire* C'est où ? Une île paradisiaque ?

Ώ *moue dubitative*

Θ Vous me semblez bien naïve… plutôt une secte aux US, je dirais

Ö *cœur cœur* On attend la suite avec impatience…

Ğ *Grrr merde vomi* Ah non, marre de cette apologie religieuse ! Et puis, qu'est-ce que ces conneries de Kanal 22 ? Tout masquer de **Λ**

Λ Si ce sont des conneries, elles ne viennent pas de moi *clin d'œil.*

Λ Kanal 22 : toute ressemblance avec … ne serait pas vraiment le fruit du hasard.

et des cercles, puis des fleurs à quatre pétales, des lianes de lierre recourbées. De plus près, je vois des serpents qui se mordent la queue entre des masques africains. Et tout change encore : ce ne sont plus que les nœuds compliqués d'une corde. Une dentelle épaisse et raide. La rouille, dans la fonte, a effacé les détails, a mangé les reliefs. En a ajouté d'autres çà et là, à sa fantaisie.

Tout en haut, très haut, des pointes et des piques épinglent les nuages immobiles.

Deux merles invisibles rivalisent en vocalises virtuoses.

Les reines des prés, dans les fossés, embaument.

La porte, si lointaine et inaccessible est enfin atteinte, passée. Elle se referme avec une lente majesté. Je devine, non, j'imagine, non, j'entends une musique céleste, un cœur d'anges. Puis je les vois. Blonds, bouclés, nus. Ils nous entourent, nous prennent la main. Les uns nous offrent des fleurs, les autres des fruits, du chocolat, du miel et des bonbons.

Dans sa robe blanche, tout au bout de l'allée, resplendit l'Arkange Kosmique entouré des élus, les Kérubins.

Je suis la vraie vie. Celui qui suit mon chemin ne sera jamais perdu. Vous qui pleurez, réjouissez-vous !

Car je suis la vraie vie
Et mon chemin est votre chemin
Et il n'a pas de fin.

La douceur, la chaleur, l'amour, les parfums, les sons suaves m'enveloppent et m'engloutissent. Ici, c'est bien comme maman l'avait dit. Ici, c'est le Paradis.

Des récits comme ça, on dirait des rêves, songe Brown. Il n'aurait pas dû tout relire, mais ça lui fait gagner du temps, contrairement à ce que son employeur pense et préconise –les fameux trois R : Rapidité, Réflexivité, Rentabilité – prétextant que les autres AH… Brown n'est pas les autres *! Il n'est pas un*

Halgorithme ! Et puis il subira un DFM[2] *express en quittant son poste, comme tous les jours. Bizarre, ce post, mais séduisant dans son étrangeté, finalement... Un moment, il caresse l'idée de l'archiver dans ses bibliothèques interdites.*

3

Λ Kopulation finale

Des vociférations menaçantes, incompréhensibles, nous parviennent de l'extérieur, de ce *dehors* source de tous les dangers, lieu de toutes les perditions.

Depuis plusieurs heures déjà – ou bien étaient-ce des jours ? –, nous, les anges, sentions monter la tension. L'Arkange, surtout, n'était plus vraiment lui-même et il en oubliait la kopulation mystique, à mon soulagement … **Afficher la suite**

Ø *moue interrogative*

Ö *wouah* pas déçue !

Õ *larme larme cœur brisé* La pauvre !

Λ Õ Qui vous dit que c'est une fille qui parle ?

Õ Λ Quoi ? C'est dégueulasse ! Contre-nature ! *Bloquer*.

Ò *grrr horreur solidaire* Curieux qu'on n'ait pas entendu parler de ce suicide collectif. Ni de Kanal 22.

Λ Ò Tout est vrai puisque je l'ai inventé !

honteux. Je brûlerai sans doute en enfer pour ça. Pour n'avoir pas toujours accueilli la sainte kopulation avec la joie au cœur. Pour avoir même osé crier de douleur les premières fois.

Nous sommes réunis dans la grande salle de prière. De lourdes volutes d'encens mêlé d'une senteur d'amandes amères épaississent l'air. Devant chaque porte, un kérubin, jambes écartées et bras croisés. Naomi, ma "grande sœur" s'assied à côté de moi, me serre dans ses bras. Des larmes brillent dans ses yeux.

J'ai envie de vomir.

---

[2] Désherbage Fonctionnel Mental

Gris.
Blanc.
Noir.
Je me réveille dans une flaque de vomi, d'urine et de merde. Naomi est recroquevillée contre moi, ses bras lourds et inertes autour de mes épaules ; sa robe blanche est toute souillée, ses beaux cheveux décoiffés et englués.

J'appelle, je crie. Personne ne répond. Personne ne dit rien. Personne ne bouge. Personne ne se réveille, ni ne se relève. Il fait si sombre et si froid, maintenant.

Des monstres groin métallique yeux à ternes facettes antennes hérissées souffle rauque grouillent et ahanent tout à coup. Ils vont me voir, ils me...

Le jeune Brown – un véritable lecteur sensible*, lui –, verdâtre, tient un mouchoir devant sa bouche. Une sueur glacée le couvre, colle ses cheveux sur son front luisant. Avant même de bloquer le texte, il court se vider l'estomac et la tête, abandonnant son poste de travail. Par chance, grâces soient rendues au septième confinement, personne ne peut le remarquer. De retour devant son écran, il fait le nécessaire ; à peine quelques secondes plus tard, l'autrice du post proteste vigoureusement, se plaignant de censure, d'arbitraire, etc.*

Il en reste sidéré. Bien sûr, il ne se souvient de rien, seule une impression de violent dégoût demeure au fond de lui, l'équivalent de l'amertume dans sa bouche. Mais qu'on puisse vouloir conserver ce genre de choses... Pourquoi refuser de bénéficier de ce fameux droit à l'oubli conquis de haute lutte ?

Ce serait une histoire vraie *? Un témoignage ?*

4

Λ Un rêve pénétrant

Cette nuit j'ai rêvé d'un lieu étrange et familier. Je poussais une haute porte à tambour désuète et entrais dans ce qui ressemblait à une vaste salle de restaurant déserte, meublée de longs comptoirs patinés. Banquettes de cuir vert clouté de cuivre, parquet de chêne clair en point de Hongrie, lampes opalines, plafond peint à caissons… **Afficher la suite**

Ø *j'aime*

Ö *cœur cœur cœur langue pendante*

Õ *montre les dents* et après on viendra encore dire qu'elles n'en ont pas envie, qu'elles ne cherchent pas ce qui leur arrive !

Ö Õ ??? Quel rapport ?

Õ Ö *grrr Occupe-toi de tes gosses au lieu de poster des conneries, feignasse !*

Ò pas très équilibrée, la meuf qui se rêve en homme… encore une gouine qui cache son jeu…

murs recouverts de bibliothèques, de portulans et de plans cadastraux soigneusement encadrés. Quelques escabeaux, échelles et pupitres complétaient le mobilier.

La patte d'une table attire mon regard. Dans toute cette rectitude, ces surfaces lisses, elle a quelque chose de tordu, d'irrégulier, d'asymétrique. Oh ! Un rien, si peu que je me demande si j'ai bien vu, si ce n'est pas mon esprit qui cherche un défaut dans ce monde trop parfait. Mais mes yeux ne se sont pas trompés : la patte de la première table, à gauche de l'allée centrale, devient rugueuse, prend du relief, s'enfle et grandit. Elle monte jusqu'au plafond qui s'efface peu à peu. Puis elle se ramifie, pousse des branches, repousse les murs de livres qui deviennent des infinis lointains et dorés. Je m'élève et je grandis avec cet arbre, des bourgeons éclatent en jeunes feuilles tendres ; je plane parmi les branches et je vois un canapé, mon canapé où je suis endormi. Je m'approche à toute allure, me penche, me ploie à mes côtés.

Et je me vois m'approcher, me pencher, me ployer. Mes cheveux coulent, glissent de mes épaules rondes et nues, viennent effleurer mon torse et mon ventre, mes mains sculptent mon corps, le bout de mes doigts s'insinue partout en moi, Je touche, caresse, palpe, effleure, ma peau se colle à ma peau, mes lèvres se posent sur ma bouche, je me durcis, je fonds. J'embrasse, je tète, je baise, je lèche, je suce. Je deviens inflexible douceur. Rigidité à blesser, à transpercer. Mollesse où s'engloutir, se noyer, se perdre. Je ne sais plus où je commence, où je finis. Ah, pénétrer, entrer, forcer mon corps ; m'envahir, m'emplir à déborder, être celui/celle que j'attends, que je veux, que j'espère depuis toujours. Maintenant ! Puis je suis enfin entière/entier, un/une et indivisible. Mon pénis dur et pulsant s'enfonce, encore et encore, dans mon intimité moite et douce qui se creuse toujours au plus profond de mes rivières souterraines et se serre et se referme sur moi, axe de tous les mondes.

Résurgence.

Brown trouve ce rapport bien innocent. Pourquoi suscite-t-il tant de réactions de rejet ? À cause du mélange des sexes ? Il sourit intérieurement d'avoir pensé « mélange » : le terme exact c'est la « confusion »... Et alors, tout ce qui est confus devrait-il être forcément honteux ? Bien qu'il sache que c'est inutile, il sélectionne « Déconseille la Suppression », SD.

5

Λ Schlague

Le gros type au crâne rasé souffle en me frappant, bien régulièrement, comme s'il faisait son jogging du matin. À chaque fois qu'il lève le bras pour me cogner, son uniforme menace de se déchirer. Il finit par poser sa veste, la suspend à un portemanteau perroquet près de la porte, montrant le cerne jaunâtre... **Afficher la suite**

Ø *moue boudeuse* Quand on se met dans l'illégalité, on ne vient pas se plaindre... c'est d'ailleurs interdit de dénigrer les représentants des forces de l'ordre ou de les montrer sous un jour défavorable... *Signaler*

Ö *montre les dents solidaire solidaire* Opposition répression, rien de nouveau sous le soleil. C'est le jeu, ma pôv Lucette.

Õ *vomi merde* sale islamo-gauchiste !

Ò *solidaire solidaire* Ça sent le vécu...

de sa chemise à l'aisselle. Je vois tout ça comme si je n'étais pas concerné. Il n'y a que ma souffrance : elle emplit tout l'espace disponible, et, loin, très loin à la limite de mon champ visuel, dans un mirage tremblé, il y a cette marionnette grotesque et ses gesticulations.

Puis les coups recommencent à pleuvoir, à un rythme décalé, tantôt précipités, tantôt retenus. De quoi devenir fou. Comment se préparer à la douleur, comment encaisser quand on ne peut prévoir ni la force de l'impact ni sa cadence ?

Le tortionnaire titulaire est visiblement fier de sa technique. Il travaille à l'ancienne, entièrement à la main. Réputé parmi ses collègues, apprécié par sa hiérarchie, il se voit confier les cas difficiles, les obstinés, les rétifs. Deux jeunes recrues, tortionnaires stagiaires ou apprentis bourreaux, le regardent avec une admiration soutenue : ils sont là pour s'instruire.

Il ne me pose même plus de questions, il frappe méthodiquement, en professionnel ; il sait cogner où ça fait mal, comment taper encore et encore sur les traces des coups précédents, esquiver mes pauvres esquives. Le sang m'aveugle, m'étouffe. Je ne sais plus qui je suis, je ne suis qu'un corps qui souffre, un morceau de viande avarié.

Le temps est aboli.

Il ne reste que cet instant toujours recommencé.

Cette éternité de la douleur.

Et puis je m'aperçois que le rythme des coups, apparemment aléatoire, me rappelle quelque chose. Il me revient des bribes de paroles et de musique, des lambeaux de souvenirs de bal. Les doigts brisés de mes mains courent sur des boutons de nacre, retracent leur itinéraire. Tout cela reste d'abord flou et confus, rendu inintelligible par la douleur. Puis je comprends que ce rythme étrange, à la fois languissant et brutal, désespéré, violent et voluptueux est celui... du tango.

Dès lors, dans ma semi-inconscience, je compose un tango, mon tango, le tango de la vie. Ça sera peut-être le dernier, mais je crois que non. Je pourrai tenir encore longtemps s'il le faut. Une voix fredonne dans ma tête, mes doigts mémorisent les accords. À chaque coup, un mot, une note. Je suis sur un autre plan de la conscience, je ne suis plus que musique. Est-ce que la corde de guitare souffre quand on la frappe ?

Bon. Là, le message est clair. Il dirait même plus : limpide. Pas de vagues, pas d'ennuis avec les représentants de l'ordre. Ordre social, racial, sexuel, monétaire. Ordres de tous les pays, unissez-vous ! Brown respire difficilement…

SD

6

Λ Moutons

J'ouvre la porte. Ou plutôt, j'essaie. Mes doigts brisés refusent de bouger. Le palier sombre, les murs déprédés, l'unique ampoule pleine de poussière, tout ondule, tangue, tourne... Une sueur glacée jaillit de mes pores, j'ai envie de vomir. Je me passe la main sur le visage, le front, et la retire pleine **…Afficher la suite**

Ø *grrr vomi merde* Encore ! Feraient mieux de bosser au lieu de comploter…

Õ *voit rouge* Là, ce sont des dissidents persécutés, ne mélangez pas tout !

Ö *solidaire* Est-ouest, c'est bien partout la même chose !

Ò *triste solidaire*

Θ *moue dégoûtée* Qu'est qu'ils ne vont pas inventer ! Tout bloquer de **Λ**

de cheveux. Il faut que j'ouvre cette porte. Je m'appuie au chambranle et me mords la langue au sang pour ne pas perdre conscience.

Ouvrir la porte. Plusieurs vies sont en jeu. Depuis qu'ils m'ont relâché, je n'ai qu'un seul but : prévenir les Camarades.

Je me détache avec peine de mon appui, me plie sur la rampe ; je manque basculer dans la cage d'escalier, le souffle coupé par la douleur aiguë de mes côtes cassées. Je sens des liquides brûlants se répandre sous ma peau. Pour la millième fois, je m'assure que je ne suis pas suivi.

Ouvrir la porte. Les prévenir. Je titube vers le loquet au milieu du panneau de bois à la peinture écaillée, d'un beige sale, constellée de chiures de mouches. Je referme mes doigts sur la poignée. Un cri s'échappe de mes lèvres tuméfiées quand je resserre ma main.

La porte s'ouvre. Je me trouve dans un vestibule obscur, avec une autre porte devant moi, blindée celle-là. Une lumière rouge clignote sur l'écran à ma droite. Je repousse la première porte, puis, de mon seul doigt encore valide, je tape les lettres. *Pourvu que l'ordinateur me reconnaisse !* imploré-je en approchant mon visage de l'écran. Un flash, quelques bourdonnements et cliquetis, et un message s'inscrit en lettres vertes : *porte déverrouillée. Entre, Allumeur de réverbères !*

Enfin ! Je ne regrette pas toutes ces précautions, mais je veux en finir. Je suis si fatigué. Eux, les Camarades, sauront quoi faire. Moi, je veux seulement me coucher là, par terre, et dormir, ou mourir, je ne sais pas au juste et peu importe.

Le panneau coulisse en silence. Je tremble de joie.

Brutalement, un objet dur me meurtrit les reins, des voix aboient dans mon dos. Tout ce que j'ai enduré durant trois jours et quatre nuits n'a servi à rien. Qu'à aboutir à cet instant. Je n'espère plus qu'une chose, désormais : mourir. Le plus vite possible, avant les autres, avant Elle. Ne pas voir, ne pas entendre, ne plus jamais penser. Mourir.

Compris. Il faut continuer de croire qu'on garde son libre arbitre, alors même qu'on va exactement là où l'on nous mène par le bout du nez, du cœur et du sexe…

SD

7

Λ Albatros

Sur le toit en terrasse du Centre Culturel Confluent, nous attendons. Dans nos esprits, pas de projet d'installation ou de performance. Nous ne sommes pas les artistes dûment mandatés par la municipalité. Pas plus que les créateurs sponsorisés par une grande marque cosmétique. Nous sommes peut-être … **Afficher la suite**

Ø *j'aime* Hautement symbolique !

Ö *mine réjouie solidaire solidaire bouquet de fleurs*

À l'ombre des nuits mal closes
griffer du bleu tout du long
en s'alarmant de patience

se couper s'arracher les ongles
et soudain les trouver vernissés
à coup de laques profondes

plaqués aux miroirs
pleins d'ailes atrophiques
– souvenirs d'oiseaux – brusques focales
Õ Ö ?*??*
Ö Õ ?*??* Vous-même !
Ò *solidaire*
¥ *montre les dents merde merde merde* Une véritable incitation au suicide ! Signaler

sept, ou huit. Venus ici poussés par une force inconnue.

Parce que cet endroit est le dernier refuge.

Ou bien le lieu d'un commencement.

D'autres gens arrivent, que je ne connais pas. Il est encore très tôt, le jour se lève à peine. Malgré le vent glacé qui souffle en rafales, je ne sens pas le froid, le corps réchauffé autant que l'âme par des apparitions du soleil aussi soudaines que miraculeuses.

Insensiblement, nous nous approchons du garde-fou, regardons en bas. Nous savons qu'il nous faudra sauter, mais nous ne désespérons pas. Pourquoi ? Le sol se trouve à une vingtaine de mètres en contrebas, sans que rien puisse amortir notre chute sur le béton.

On se regarde, on s'observe avec gravité. On sent confusément qu'on a quelque chose en commun, le fait de n'être pas comme les autres, différents, inadaptés. De vivre à côté de la vie. Et un je-ne-sais-quoi dans les yeux, qui voient au loin, qui regardent au-delà... Sans qu'un mot soit échangé, nous prenons place, calmement, sereinement.

Puis nous sautons, tête la première, en étendant les bras.

Une voix que j'avais oubliée me parle, me dit des mots que je croyais perdus.

Tes ailes se dévoileront et se déplieront quand le moment sera venu. Avant cet instant, tu ne sauras rien d'elles. Tu te sentiras gauche, tu ne comprendras rien. Tu envieras les autres, si gais, si confiants...

Ma chevelure se déploie, mes vêtements flottent autour de mon corps ; le vent de la chute chante à mes oreilles, me caresse la peau.

Tes ailes s'ouvriront quand tu croiras qu'il est trop tard.

Le sol se ramasse pour me sauter au visage, je vais m'écraser, je vais mourir dans un éclatement rouge, je ne serai plus qu'un reste visqueux sur le béton... Et soudain je sens mes ailes dans mon dos. À peine pensé-je à redresser, que ma chute s'infléchit et décrit une courbe ; mon ventre frôle le sol, puis je me pose à menus battements verticaux. Déséquilibré par le poids de mes ailes, je chancelle, titube et dois faire trois tentatives avant de pouvoir les replier. Quelques petits pas et je finis par m'immobiliser.

Ah ah, la Culture officielle, tant d'état que mercantile, si elle colporte volontiers la légende des artistes maudits, apprécie moyennement que poètes et autres créateurs exposent leur mal-être de cette façon aussi radicale que gratuite ! Que l'Artiste boive, que l'Artiste se drogue, qu'il abandonne femme et enfants, qu'il se détruise, afin que l'homme de la rue comprenne ce qu'il en coûte, mais ça...

Il sera sans doute le seul AH à le préconiser, mais tant pis : SD.

8

Λ La quête, ou l'implicite explicité

Garhold [deux géants frères ennemis d'enfance s'entretuent dans une vallée germanique/sept vieilles mouches en or], le chevalier [droit et courageux épée sur l'épaule et table ronde/quête du graal/palefroi/ destrier/c'était avant les pur sang arabes] … **Afficher la suite**

Ɠ *moue pensive*

Ø *cœur cœur* Enfin de la fantasy ! Mais pourquoi diable tout gâcher avec ce fatras entre crochets, ce vocabulaire prétentieux !?

Λ Ø Non, un vocabulaire précis.

Ø Λ … qui oblige à consulter un dictionnaire tous les deux mots !

Λ Ø *clin d'œil* Comme les pixels dans une image, il faut ce qu'il faut.

Ö Un peu de nuance dans un récit de ce genre, voilà qui est rafraîchissant, ma foi

Õ *j'aime*

Ò *j'aime*

à l'armure d'or [vachement lourd comment ils auraient fait sans leurs écuyers et quand ils tombaient, ou qu'ils avaient envie d'uriner/fallait prendre tes précautions avant] qui fut autrefois mon ami, mon compagnon, mon frère, s'acharne sur le dragon [écailles/griffon/nouvel an chinois/papier/cerf-volant arc-en-ciel] à terre.

Quand j'ai vu tomber l'animal touché à mort ["son aile tout à coup s'ensanglante"/pierre paquet plié froissé], le cœur m'a manqué : l'évidence m'a brûlé les yeux [soleil bleu-noir larmes de neige]. Où sont les démons [désert crucifié/arbres griffus/pustules scrofules bubons/peste noire], les maléfices ? Il n'y a là qu'une créature ailée [putain volante/fée diaphane] que nous avons enlevée au Ciel. Rien qu'une chute [plumes fondues labyrinthe Camus de plomb], un rêve assassiné [envol jeté dans la boue/œil crevé violé]. De quel droit [vol de manches noires/perruques ridicules ça doit gratter là-dessous] lui ôtions-nous la vie ? Pour qui nous prenions-nous ?

Nos compagnons [mensonges blancs/chiffon rouge/ cathédrales maçonniques] et nos pères morts le sont par leur faute, le dragon n'a fait que se défendre, défendre son royaume et ses sujets [échec et brillants/ "sans compter les sujets de mécontentement"/verbe incarné], comme tout bon suzerain [châteaux-fors l'honneur/douve du foie]. Le voilà à présent le dernier de sa race maudite [peuple élu jusqu'à la cent septième génération de pluie de crapauds] des hommes. Ses marais peuplés de feux follets sont ses prairies et son bétail [tintements dans la montagne de Panurge, floc floc floc mouches puantes hirondelles/ abattoir carnivore "faut que ça saigne"], les arbres de ses forêts [roi des aulnes drapé de lichen/wer reitet so spät durch Nacht und Nebel usnée de cristal/bayous] ne se nourrissent pas de chair humaine [faible Vendredi]. On n'y voit aucun pendu desséché [mandragore née de leur semence dans "la terre n'aime pas le sang ni les ordures"], encore moins de crâne blanchi sous la lune [voilà la question/insomnie pourrie/pleine soif de sang], contrairement aux collines [sept douceurs angevines pour la louve aux jumeaux, "l'unique objet de mon ressentiment"] de notre bonne ville où fleurissent les gibets [tirez sur les chevillettes et les bobinettes cherront au milieu des sept lettres/ devinette]... Quant à son feu, il ne sert pas à brûler les récoltes [Stalingrad/larmes de cendre/terre de Sienne] de pauvres vilains. Nos gens d'armes ont bien moins de respect quand ils chassent à courre [sonneurs et trébucheurs/rouges renards et bois qui crève les portraits d'ancêtres] ! La seule chose qu'on reproche aux dragons c'est leur paganisme. Ils ne respectent pas les dieux, ils n'écoutent pas les prêtres [liturgie absconse au pouvoir aussi artificiel qu'exorbitant/alibi pervertit sournoisement les pauvres gens]. Mais peut-on leur en vouloir pour si peu ? Les prêtres ont-ils jamais fait quelque chose pour nous [vivez en enfer ici et maintenant, laissez-nous tous vos bons péchés, mourez gratis pour nous et peut-être, peut-être...] ?

Le dernier dragon agonise. Son sang lunaire cascade sur la pente abrupte de cendres fines, soulevant des volutes blanches pulvérulentes. [panache blanc estampe/grande vague manga]

Le chevalier patauge en riant dans le sang [boudin/ail rouge qui danse], le fait gicler, bat des mains et s'en éclabousse. Ivre de puissance et de violence, jouissant brutalement de la souffrance de la mort.

Je pense à notre vieux maître d'armes [mannequin du petit matin/Voix], boiteux, contrefait, presque aveugle, à peine plus grand qu'un enfant de cinq ans et que je ne reverrai plus. Qu'a-t-il donc dit quand nous sommes partis [baisers salés de reproches/fers sur les pavés d'oubli] ?

Sans réfléchir je m'approche du dragon. Je n'ignore pas que les derniers feux [sept soleils couchants/lieux inanimés] sont les plus dangereux, mais je m'en moque bien. Il y a là une créature vivante et qui bientôt ne le sera plus, et c'est suffisant pour moi à cet instant.

— Ôte-toi de mon chemin ! crie alors Garhold en brandissant son épée à deux mains, taillant dans la chair encore vive [sein blanc perlé de rosée/souffle bu qui palpite].

Dieux ! Même le félon le plus abject, le loup le plus cruel ne serait pas traité avec autant d'ignominie à son heure dernière [ultima necat/gisant blanc] ! Quand le supplice s'achève, la foule fait silence autour du condamné [sainte relapse priez pour notre plaisir honteux], si atroces aient été ses crimes. Le dernier dragon est vaincu et il se meurt, plus rien d'autre ne compte. Il crache déjà une flamme bleue ourlée de vert, son dernier souffle. J'ai enlevé mon heaume et mes gantelets, me suis agenouillé, ai posé ma main sur son mufle, juste sous son œil. Une larme mordorée s'écoule, puis se fige dans le sang laiteux.

Garhold bondit, me bouscule, me pousse rudement et me fait choir cul par-dessus tête :

— Quelle gemme fabuleuse ! [Thérèse est revenente et poussent les salicornes !] Quel trésor ! Quand je le rapporterai à Céliande [frêne blanc ou dame licorne], nul doute qu'elle se détourne enfin de toi, Roland [népotisme traître sur les raquettes de tennis d'un avion-crocodile]. Elle ne pourra s'empêcher de m'admirer et de m'aimer. Surtout quand je lui aurai dit comment tu t'es comporté, en lâche que tu es. Que tu as toujours été, d'ailleurs.

Les paroles du vieux maître [craie verte morale/respect javellisé/châtiment tout en angles de fer étalonné pavillonné de mètres de platine] me reviennent soudain : « Souvenez-vous toujours que le courage physique n'est rien sans la force morale. Ne pas plier devant autrui est aisé ; soumettre ses propres pulsions est infiniment plus difficile. Seuls les meilleurs en sont capables. Gare à l'orgueil et à la démesure !"

J'essaie encore de ramener Garhold à la raison, mais il a sorti sa dague [spadassin assassin aux bagues de poison doré] pour arracher aux écailles la larme qui sèche doucement au milieu du sang durci. L'apparence de mon meilleur ami a commencé de changer si imperceptiblement que je doute de mes sens. Son teint semble plus pâle, ses yeux plus noirs. Je crois sentir comme une odeur de viande corrompue.

Après avoir serré son trophée dans son étendard déchiré [sale drapeau, appeau à crétins robotisés, que le vent des croix gammées fait claquer à blanc], il remonte sur son cheval qui bronche, les yeux fous. Il le frappe, le fouette, le cingle en hurlant des blasphèmes. La pauvre bête s'emballe dans un galop d'enfer [soleil sanglant d'apocalypse].

Les remparts de la ville sont visibles quand je finis par rejoindre Garhold. Son odeur de plus en plus pestilentielle m'atteint bien avant que je le voie. Je l'appelle par trois fois [coq assis sur les reniements d'épines éructe éternue son cou tranché/adjugé] avant qu'il ne se retourne, complètement déjeté. Sa monture couverte d'écume [qu'on fume en ressac lessiviel] profite de son déséquilibre pour le jeter à bas, sans qu'il puisse se retenir. Il n'a plus rien d'humain. Ses mains sont des serres écailleuses. Il a une queue fourchue. Son dos arqué lui fait tenir la tête basse, la mâchoire projetée vers l'avant. Quant à son visage... il n'a plus de nez, sa chair n'est que lambeaux, ses oreilles noires se terminent par une touffe de longs poils, sa bouche sans lèvres s'ouvre sur des crocs immondes et une langue longue et pointue se tortille devant ses prunelles rougeoyant comme des braises.

Cette bête, ce démon qui fut mon ami lève son regard vers moi. Je dégaine mon épée. Dans ces yeux rouges, dans cette face inhumaine, quelque chose retient mon bras, me supplie, m'implore.

Céliande m'attend, folle d'inquiétude ; je sais qu'elle prie pour moi chaque jour. Que j'ai entrepris cette croisade rien que pour elle. Qu'elle m'aime tout autant que je l'aime. Mais jamais je ne pourrai me représenter devant elle si j'abandonne Garhold. Car c'est lui qui est là, emprisonné dans cette chair monstrueuse.

Et je suis le seul à pouvoir l'aider.

Je tourne le dos à la ville et je m'en vais vers les plaines maudites où vivent les sorciers et les magiciens... J'avance au milieu des mouches et des corbeaux, dans une puanteur insoutenable, sous un ciel à se pendre. Une faim terrible naît dans mes entrailles. Une brûlure à hurler. Malheur à celui que je croiserai ! Je m'éloigne et je plonge dans l'inconnu des rouges ténèbres. Ne sais quand reviendrai. Il me faut marcher encore et encore ; il me faudra marcher longtemps.

Dommage qu'il faille supprimer ça ! Si certains abonnés le voyaient, ils apprendraient peut-être à lire, réellement lire ? Mais tous préfèrent se vautrer dans la lecture-paresse, se laisser imposer des images stéréotypées, des comportements dictés par la loi du marché... Il est vrai que l'imagination est un pouvoir explosif, à ne faire manipuler que par des professionnels strictement encadrés. Une arme libératrice qu'on ne doit pas mettre entre toutes les mains !

C'est décidé : SD...

9

Λ C'est dans les vieux grimoires…

Une poignée de jeunes poireaux racines terreuses sur la table de linoléum vert. Un bouquet de persil, une branche de thym. Deux tomates de Marmande trop mûres et trop biscornues pour faire une belle salade. Des oignons jaune paille des vertus L'odeur me pique le nez et les … **Afficher la suite**

Ø *bave bave bave*

Ö *grand sourire* Merci pour la recette, je l'essaie demain dimanche.

Õ *j'aime j'aime j'aime*

Ò *clin d'œil* Et si la table n'est pas recouverte de linoléum vert, ça va quand même ?

Λ *haha* OUI

Ô *j'aime*

Đ *larme vomi* Vous avez déjà vu comment on élève et on tue les porcs ? Masquer la publication.

Ɠ *montre les dents* Quoi, du porc ?!

Ọ *grrrr grrrr larme* Encore des recettes de viande, c'est irresponsable et honteux ! Masquer la publication.

Ʊ *cœur cœur cœur* Tout lard du cochon *clin d'œil*

yeux dès que la lame de mon couteau pénètre leur chair blanche. Sous l'eau courante, j'écartèle les géants bleus de Solaize à la croissance tranchée net pour traquer le moindre grain de sable.

Une petite boîte de concentré de tomates rouge et or. Gronck, shlack fait l'ouvre-boîte. Au-dessus de la cocotte, je respire le fumet du rôti de porc, une pointe d'épaule avec os, qui caramélise doucement. Puis les poireaux et les oignons fondent à côté de la viande jusqu'à devenir translucides. Je coupe les tomates en quatre au-dessus, du geste auguste du semeur. La brûlure de mes yeux s'apaise en grosses larmes que je recueille de la langue. Ah bon sang il me faut un mouchoir d'urgence. Après. Après avoir fermé le couvercle.

À l'aide de la cuiller en bois, je racle le concentré de tomates que j'ajoute et que je mélange. Verse deux verres d'eau, une poignée de sel du pot de grès à côté de la cuisinière, une pincée de poivre, la branche de thym et enfin je coupe finement le bouquet de persil. De l'index, je recueille ce qui reste de tomate au fond de la boîte. Tiens, ça pique ! une petite coupure, peut-être. Je lèche. Pose le couvercle, baisse le feu. Vite, se moucher. Il était temps ! Aux pommes de terre, pour la purée, maintenant [3].

L'algorithme humain Brown met un certain temps à comprendre pourquoi il devrait censurer cette recette de cuisine. Il faut croire que les véganes ont pris une importance et un poids certains auprès des usagers du réseau...

---

[3] Recette du porc campagnard. Laisser mijoter trois quarts d'heure à l'autocuiseur ou deux heures dans une cocotte en fonte. Servir avec une purée de pommes de terre à la crème et un vin blanc ou rouge léger et fruité (mais des vins plus corsés conviennent aussi).

10

Ʌ Cri

C'est arrivé. D'abord, personne n'a voulu voir qu'il n'y avait plus d'oiseaux, que l'eau s'était épaissie dans les fontaines, que les arbres n'avaient jamais reverdi.

Bien sûr il ne faisait pas froid. Évidemment qu'on n'avait pas trop chaud, avec tous ces nuages … **Afficher la suite**

Ø *point d'interrogation moue incompréhensive* Ça veut rien dire. Portnawak !

Ö *horreur triste.* Vous m'avez plombé ma journée, je ne vous dis pas merci !

Õ *wouah !*

Ô *cœur cœur wouah* Quelle poésie ! Quelle force d'évocation ! Tout le passé et le futur de l'art et du monde dans ces quelques mots…

Ø Ô parce que ça, c'est de la poésie ? mais ça rime même pas !

Ð *larme vomi*

Ọ *grrrr grrrr larme* Pouvez pas mettre des chatons ou des bouquets de fleurs bleues, comme tout le monde ?

O *cœur cœur cœur*

au-dessus de nous qui faisaient écran. Les nuées jaunes au ras des toits ne se mêlaient pas aux masses de suie un peu plus haut dans le ciel, qui s'enroulaient continûment tout en immobilité.

Cette sombre lumière jaune aurait rendu fou n'importe qui.

Même les chiens qui mordaient les pierres à s'en briser les dents.

On retrouvait des gens arc-boutés contre les remparts, tentant de passer à travers les briques, les moellons, les parpaings, sans penser que les portes pourraient s'ouvrir ; d'autres se couchaient nus sur la grève des places, bras en croix et bouche ouverte qui attendait la pluie, d'autres encore criaient appelaient hurlaient gueulaient au milieu du pont, les mains sur les oreilles.

Brown se perd dans un océan de questions avant de comprendre : quelles données monnayables son employeur pourrait-il récupérer là-dedans ? Pas de placement de produit, pas de polémique juteuse, pas de quoi faire réagir les lobbies de tous bords, pas de quoi faire vibrer la Toile.

Il sait qu'avec plus de cinq SD en une journée, il sera licencié sans préavis ni indemnités mais sa décision est vite prise.

Suppression Déconseillée

IndSoc

Thierry Fauquembergue

IndSoc : *indice réputé infalsifiable à distribution gaussienne. Instauré en 2121 par le réseau social de citoyenneté CitNet, l'IndSoc est devenu la référence identitaire universelle suite à la mondialisation de l'application. Le choix de cet indice comme successeur aux systèmes monétaires ainsi qu'aux droits et devoirs de tout individu a permis la quasi-disparition de la petite délinquance et une nette diminution des crises économiques.*

L'algorithme ne s'était emballé que quelques secondes avant que Jérémia (IndSoc = 12,724183) ne l'interrompe, mais cela avait suffi à augmenter son indice social de vingt-cinq millièmes. Deux millions deux cent cinquante mille personnes dans le monde venaient de rétrograder à un statut moins élevé que le sien.

Encore sous le coup de la montée d'adrénaline, il s'empressa de basculer la connexion sur les serveurs-tests, tremblant comme un développeur débutant le jour de sa première bévue. Il revérifia de manière anonyme son profil sur CitNet, confirmant son nouvel IndSoc.

Merde, c'est pas possible... C'est une coïncidence. Un truc est sûrement arrivé au même moment quelque part sur la planète. Je ne dois pas être le seul dans ce cas !

Pour optimiser le code, il avait opté pour des adressages directs, même si la compagnie déconseillait cette méthode. Enfouie parmi les milliers de lignes de commandes, une erreur avait causé une boucle infinie. Mais laquelle ? Il travaillait depuis des heures sur ce fichu programme et commençait à ne plus avoir les idées très claires. Il décida de prendre sa pause, le temps que l'émotion se tasse.

Devant la machine à café, la nouvelle D.R.H. (IndSoc = 17,628143) discutait avec les trois chefs de service (IndSoc = 17,400279 à 18,281502) de l'investiture du président Horpain (IndSoc = 29,702444), diffusée en direct sur CitNet.

La cérémonie avait collecté un peu plus de seize millions de cocardes de la part des visionneurs ; autant dire qu'avec les pop-up publicitaires, la campagne était déjà plus que remboursée. En une soirée, l'indice social d'Horpain s'était envolé de près de dix millièmes, du rarement vu.

Jérémia leur adressa un salut timide auquel ils répondirent d'un simple signe de la tête. Tandis que l'appareil préparait sa soupe à la tomate lyophilisée, le développeur dévorait des yeux le reflet de la D.R.H. sur le panneau d'affichage. Cette fille avait quoi... la trentaine ? Elle occupait un poste nettement supérieur au sien avec quatre fois moins d'ancienneté que lui, possédait un corps de rêve qu'elle entretenait quotidiennement au gymnase de la boîte, et discutait de politique étrangère ou des dernières innovations technologiques avec autant d'aisance et de naturel que lui, Jérémia, maîtrisait la recette du gâteau au yaourt. Autant dire qu'il ne possédait pas l'ombre d'une chance...

Face à l'injustice qui régnait en ce monde, le garçon regagna son espace de travail avec un sentiment d'amertume. Son unique talent consistait à coder des lignes d'instructions comme d'autres écrivaient des poèmes inoubliables ou alignaient les records sportifs. Moins vendeur.

Et encore, même ça, je le foire !

Il s'attendait à voir apparaître le coordinateur d'équipe d'un moment à l'autre, dès que son impair serait découvert. Alors, ce serait fini pour lui, le poste confortable au sein des locaux de CitNet. Il serait condamné à programmer des suites bureautiques jusqu'à la fin de ses jours chez MacroLog.

Jérémia enfila ses lunettes d'affichage, activa son analyseur carpien et redressa l'auriculaire. Les instructions sur les verres polarisés défilèrent vers le bas, puis s'agrandirent lorsqu'il écarta les doigts de la main gauche. Une vibration au niveau du poignet lui notifia l'arrivée d'un message avant qu'il n'ait eu le temps de se concentrer. Il pivota l'avant-bras pour transférer l'affichage de sa montre vers ses lunettes : le visage de Kassim (IndSoc =

12,711986), installé trois boxes plus loin, apparut en plein écran. Un large sourire lui conférait une allure niaise.

— Dis donc, t'aurais pu me dire que t'allais recevoir de l'avancement. Vingt-cinq millièmes ! T'as intérêt à me raconter comment t'as réussi ce coup-là, vieux : c'est tournée de tofu-burger, ce soir !

Sans laisser à Jérémia le temps de répondre, l'écran rebascula sur l'algorithme qu'il venait de quitter. Il commuta son état sur *occupé* et se plongea dans la relecture du programme.

Cent vingt-sept messages privés et soixante-douze *demandes de partisan* l'attendaient sur la projection murale, à son retour chez lui. Il laissa de côté les contacts et accepta sans les consulter les requêtes avec un geste circulaire de la main, avant de dicter son post quotidien obligatoire :

— Figure very happy. Rattrapage de promotion aujourd'hui, trop content.

Il prit une pose ravie l'espace d'une seconde.

— Photo. Clore commentaire.

Son image s'ajouta sous la phrase. Le programmeur se laissa tomber lourdement sur le canapé, étouffant une remontée gastrique. Kassim avait absolument voulu fêter la bonne nouvelle, mais son ami se montrait souvent trop exubérant.

Les deux jours suivants, le nombre de contacts s'amenuisa un peu, lui laissant davantage de temps pour se reposer. Ne pas répondre à un message équivalait en général à la perte d'un partisan, et donc une diminution de l'indice de sociabilité. Or, dans une société où la reconnaissance de la valeur, le rôle communautaire, la crédibilité de parole et les opportunités professionnelles reposaient sur cet indice précis, ignorer le CitNet revenait à se marginaliser rapidement. Le réseau universel régissait la vie sociale des neuf milliards d'humains à la surface de la Terre en un tissu inextricable où chaque acte, chaque parole influençait les autres.

Jérémia (IndSoc = 12,7241187) connaissait intimement ce fonctionnement : son service appartenait à ceux qui géraient les algorithmes de calcul des différentes interactions sur le réseau social citoyen. En cette qualité, il œuvrait chaque jour pour introduire de nouveaux paramètres à prendre en considération, réajustant les formules complexes qui aboutissaient à l'indice fatidique : nombre et caractéristiques des partisans en fonction de leur origine culturelle, quantité de cocardes ou de vomis attribués aux posts, analyse des mots-clefs utilisés dans les commentaires... La liste devenait interminable, chaque pays soumettant ses propres desiderata.

Au troisième jour de recherches et de simulations infructueuses, le jeune homme commença à hésiter. Après tout, n'était-il pas envisageable qu'il ait *effectivement* bénéficié d'une promotion, mais que l'information se soit perdue dans les méandres administratifs ? Si son programme dysfonctionnait réellement, pourquoi n'agissait-il pas de même sur les bases de données de test ? Peut-être devait-il suivre la procédure normale, en transmettant son code au service des vérifications... Il finit par s'en ouvrir à Kassim (IndSoc = 12,712064), qui appréciait que l'amélioration du profil de son ami ait rejailli par ricochet sur le sien.

— C'est pas compliqué, refais-le ! lâcha Kassim, pragmatique. Tu verras bien ce qui arrive.

Jérémia resta de longues secondes le regard fixé sur son collègue, l'enviant presque pour cette approche si simple qu'il avait du monde.

— Pour me retrouver en prison pour manipulation d'indice ? Et si j'entrais ton identifiant universel au lieu du mien, pour voir, hein ? Qu'est-ce que tu en penses ?

À son grand dépit, son ami accepta.

— Ben quoi ? Les vingt-cinq millièmes que tu as gagnés, ça t'ouvre l'accès à au moins une dizaine de boutiques et de centres supplémentaires en ville !

Une moue agacée traversa l'espace d'un instant l'expression de Jérémia.

— Je ne les ai pas gagnés !

— Ouais, te fâche pas...

— Ce que je n'arrive pas à comprendre, c'est pourquoi ça aurait marché sur le vrai réseau, et pas sur celui destiné aux tests.

Kassim haussa les épaules.

— Références croisées, peut-être ? Un jour, j'ai reçu une livraison d'holocubes que je n'avais pas commandés. Une heure plus tard, l'expéditeur m'appelait en s'excusant parce qu'un gus m'avait confondu avec un homonyme.

— Dommage...

Son ami éclata de rire.

— Ben non ! J'ai refusé qu'ils les reprennent, ils se trouvaient dans leurs torts !

— Qu'est-ce que je dois comprendre ? Que j'aurais touché la bonification d'un autre ?

— Non, qu'on s'en fiche : l'IndSoc, c'est la Loi. Le système est garanti par l'État. Une fois acquis, personne ne peut le modifier sans ton consentement : ce ne serait pas constitutionnel.

Jérémia fronça les sourcils.

— Tu es en train de m'encourager à tricher, c'est ça ? Tu te rends compte, si je me fais pincer ? Tu sais ce que subissent les IndSoc supérieurs à 10, dans les prisons ?

— Non, et toi non plus. Mais ce n'est pas *tricher :* c'était forcément une coïncidence, ça ne se reproduira pas puisque l'indice est infalsifiable. Même si ça recommençait, tu as prouvé ta bonne foi en testant ton code auparavant sans succès. Ils ne pourront rien te reprocher, et ce que tu auras grappillé pendant l'essai te sera de toute façon acquis. C'est pas beau, ça ?

Le programmeur avait la désagréable sensation que le monde entier l'épiait sur son passage. Depuis qu'il avait repoussé la proposition de son ami, la question ne cessait plus de le tourmenter, jusqu'à l'empêcher de trouver le sommeil. Il prenait un soin tout particulier à lui dissimuler son malaise, pour ne pas laisser apparaître une faille dans laquelle Kassim (IndSoc = 12,712065) n'aurait pas manqué de s'engouffrer.

Le cœur battant un peu plus fort qu'à l'accoutumée, il chargea néanmoins en mémoire le module qu'il avait développé et ouvrit la connexion sur son profil réel.

Allez, vieux, réglons ça une fois pour toutes : autant en avoir le cœur net. Si c'est le cas, j'irai tout expliquer au coordinateur.

Il activa l'algorithme. Les lignes de code défilèrent en surimpression sur ses lunettes, à travers lesquelles il fixait l'écran où s'affichait le réseau social. Son attention resta bloquée sur les chiffres qui se mirent à danser comme la première fois : 12,737881... 12,749413... 12,996013... 13,274852... 14,644936... 16,810652... 19,543875... Tétanisé, il observait l'accélération sans réagir, avec la désagréable sensation que le sol s'effondrait sous ses pieds.

Une ombre traversa soudain son champ de vision et ses lunettes lui furent brutalement arrachées, interrompant la connexion et le ramenant à la réalité.

— Bordel, mais qu'est-ce que tu fiches, mec ?

Kassim le dévisageait avec une expression où s'entremêlaient colère et stupéfaction.

— Je... je ne pensais pas que ça marcherait, balbutia Jérémia (IndSoc = 23,007534) d'un air hagard.

Son ami jetait de brefs coups d'œil anxieux autour d'eux, s'attendant à voir surgir à tout moment l'un des responsables du plateau accompagné d'uniformes. Sur ses propres lunettes, de petits symboles commençaient à changer de couleur, à mesure que l'information se propageait sur le réseau.

— Amène-toi, tu peux pas rester là !

Le garçon du room service (IndSoc = 10,125411) déposa le plateau-repas sur la table basse et se retira discrètement. Posté devant la baie vitrée, Jérémia (IndSoc = 23,009027) admirait les volutes de sable soulevées par le vent chypriote sur la plage déserte. Les Resort hôtels revêtaient l'aspect de villes fantômes en cette saison ; une aubaine pour lui qui détestait la foule.

Le signal sonore de sa montre, restée sur le chevet, signala l'arrivée d'un nouveau message de la D.R.H. (IndSoc = 17,628144). Le troisième de la journée. Depuis que Jérémia était devenu coordinateur de projets, elle semblait incapable d'entériner une décision sans son aval. Il plaça son profil sur l'état *indisponible* et consulta brièvement les notifications délivrées tandis qu'il prenait sa douche.

Parmi les commentaires de ses innombrables partisans inconnus, figurait un post de Kassim (IndSoc = 17,615502) lui faisant parvenir la photo du tofu-burger qu'il s'apprêtait à engloutir trois mille kilomètres plus à l'Est. Il avait légendé l'image :

Tu sais quoi ? C'est bon de disposer de constantes qui ne changeront jamais ;-).

Jérémia attribua une cocarde au post. L'indice social de son ami augmenta d'un dix millième.

— Qu'est-ce qui te fait sourire ? demanda Miranda (IndSoc = 15,320710), rencontrée quelques semaines plus tôt lors d'une fête de bureau.

— Il me suffit d'apprécier la remarque d'un autre, et voilà que son rang social s'élève de neuf mille places.

Elle enroula les bras autour de son cou.

— Ce doit être grisant, de posséder autant d'influence...

— Je ne sais pas. Notre système ne repose que sur du vent : il n'a rien fait ni demandé, mais une simple opinion de ma part lui accorde plus de mérite que neuf mille autres êtres humains. Voici quelques mois, je distribuais indifféremment les cocardes sans que cela porte à conséquences. Aujourd'hui, ce geste apporte davantage de renommée, et donc de pouvoir, à Kassim au détriment d'un tas de gens dont j'ignore tout.

— Avant CitNet, l'existence et la réussite de chacun étaient principalement déterminées par sa naissance et les rares opportunités placées sur sa route. Les efforts d'un individu agissaient à la marge. Grâce au réseau social, nous débutons véritablement égaux en droit, à un indice initial universel. Cette égalité ne se contente plus de représenter une simple phrase sur la Constitution.

Jérémia souleva la cloche qui maintenait leur repas au chaud. La nourriture à laquelle son rang donnait accès se composait d'aliments véritablement cuisinés. Il hésita une seconde devant le plat en sauce, avant de la reposer.

— Rien n'a changé : les plus influents irradient sur leur entourage. Quand l'un monte, ce sont tous les autres, déjà anonymes, qui ne font que s'enfoncer un peu plus. Il me suffit de décider que le serveur qui vient de nous apporter ce plat n'a pas accompli sa tâche correctement, afin qu'aussitôt il soit renvoyé. Ou que notre repas ne convienne pas à mes goûts pour que l'hôtel cherche un nouveau cuisinier ! Autrefois, le travail et les efforts pouvaient permettre de se démarquer. Aujourd'hui, seul le rang social compte. Mais il ne suffit pas au bonheur. Qu'est devenue la satisfaction de s'accomplir ? Où est la justice quand n'importe quel quidam peut changer votre avenir en fonction de son bon vouloir ? Si je ne disposais pas du pouvoir de décision sur elle, la D.R.H. t'aurait reléguée à la distribution du courrier depuis longtemps pour avoir les mains libres avec moi. Pourtant, lorsque mon indice restait inférieur au sien, elle ne m'accordait même pas un regard.

Miranda lui donna un léger baiser avant que ses lèvres ne forment une moue réprobatrice.

— Tu te poses trop de questions. Tu incarnes la preuve vivante que n'importe qui a toujours sa chance, encore de nos jours.

— Présenté comme ça, je ne sais pas trop comment le prendre...

La femme s'avisa de sa formulation maladroite.

— Tu m'as comprise, ne joue pas sur les mots.

Jérémia laissa sa compagne déjeuner seule, prétextant le besoin de s'isoler un peu. Il erra longtemps sur la plage, espérant y apaiser le sentiment de culpabilité qui le rongeait. Les paroles de Miranda tournaient en boucle dans son esprit : *n'importe qui a toujours sa chance.*

Il n'était qu'un développeur anonyme parmi tant d'autres, en dépit de ses compétences. Sa fulgurante ascension ne devait rien à son labeur. Mais tricher quand les règles étaient de toute façon biaisées, était-ce une injustice ? Dans ce monde, dépasser un IndSoc signifiait être obéi sans discussion par ceux qui portaient l'espoir de s'élever grâce aux miettes accordées. Cela signifiait également être envié, aimé parfois. La masse des partisans qui s'agglutinaient aux comptes, rêvant d'être un jour remarqués, conférait à ces comptes un pouvoir aveugle sur leurs vies... Miranda n'était pas différente des autres. Elle l'admirait en grande partie parce qu'il représentait l'accès à un niveau auquel elle aspirait, tout comme il l'avait souhaité lui-même quelques mois plus tôt.

Le garçon prit conscience que la source de ses remords ne se trouvait pas dans son acte, mais plutôt dans le fait qu'il avait contribué activement à ériger les fondements de cette société. À l'origine, les réseaux accordaient, pour la première fois de son histoire, une chance à l'humanité de mieux se comprendre. Un moyen de communication universel, annihilant les frontières physiques, culturelles et sociales. Un endroit où s'effaçaient les préjugés. Mais la création de communautés avait engendré les mêmes dérives sectaires. Les mouvements de haine s'y propageaient plus virulents encore que dans la réalité, décuplant les effets de masse. Quant à l'idéalisme, le grand rêve égalitaire s'était effondré à la première introduction d'une notion de valeur des profils, quand l'idée de se baser sur la notoriété d'un individu s'était liée à celle de droits méritoires. Popularité et reconnaissance se confondaient désormais et l'économie avait dévoyé le système. L'IndSoc remplaçait la compétence, l'éthique morale et la qualité intellectuelle tout à la fois. Les influenceurs du siècle dernier avaient engendré un mode de pensée par procuration.

Il regretta d'avoir pris sa montre lorsqu'une vibration l'extirpa de sa réflexion. Même sur une plage au bout du monde, la solitude représentait un luxe appartenant au passé. L'en-tête du message identifiait le gouvernement en tant qu'expéditeur. Une sensation glaciale rigidifia sa colonne vertébrale.

Tu te doutais bien que ça arriverait, non ?

La complexité des procédures et la segmentation des responsabilités étaient telles dans l'administration de CitNet que personne ne s'était posé de question quand il avait grimpé deux échelons hiérarchiques à la fois. Ses collègues se contentaient de le saluer avec respect, là ou auparavant, il n'existait pas à leurs yeux.

Son index tremblait un peu en ouvrant le mail.

Au moins, ils me préviennent. Ils auraient pu m'envoyer la police directement...

Son front se barra d'un pli soucieux en découvrant le contenu de la missive. Son rapport post/cocardes augmentait de manière exponentielle et sa communauté faisait partie du top 3 des plus dynamiques. Le ministère du civisme souhaitait le citer comme exemple dans une campagne de recrutement.

— Alors, selon toi, si ceux qui dirigent me tombaient dessus, ils invalideraient eux-mêmes le système en reconnaissant sa faillibilité ? répéta Jérémia (IndSoc = 24,295068) en fronçant les sourcils.

— Évidemment ! s'exclama Kassim (IndSoc = 19,327180) en levant les bras pour se donner plus d'éloquence. Te sanctionner pour avoir modifié ton IndSoc serait renier son inviolabilité, or toute notre société repose précisément sur cette nécessité. Le conseil d'administration de CitNet est constitué des onze personnes les plus influentes de tous les temps. Leur indice avoisine trente, tu te rends compte des privilèges dont ils doivent bénéficier ? La moitié de la population mondiale admire ces gens-là. Rompre les certitudes qui entourent l'IndSoc ferait sombrer la société dans un chaos indicible.

Une fois de plus, son ami souhaitait le convaincre d'utiliser son précieux algorithme pour les élever au plus haut sommet. Chacune de leurs rencontres tournait désormais autour de ce sujet. Jérémia ouvrit les bras pour désigner le restaurant où ils se trouvaient.

— Regarde où nous sommes, Kass.

Son ancien collègue laissa courir ses yeux sur les tables alentour, d'un air étonné.

— Tu ne remarques rien ? insista Jérémia.

— Non... C'est plutôt agréable, comme endroit. Pourquoi ?

— Parce que la moitié des places restent libres. Nous faisons partie des deux pour cent de la population mondiale nantis d'un indice supérieur à dix-neuf. Pour nous, la vie s'est considérablement améliorée, tu ne trouves pas ?

Kassim opina du chef.

— Souviens-toi du temps où nous restions de l'autre côté de la vitrine, dans la rue, à tenter d'imaginer ce que pouvaient ressentir les rupins qui mangeaient ici. Pourquoi ces tables sont-elles vides ? Pourquoi ne pas laisser davantage de personnes en profiter ?

Son vis-à-vis haussa les épaules, comprenant mal où Jérémia voulait en venir.

— Je vais te le dire, Kassim : les réserves sont probablement remplies. N'importe qui possédant un IndSoc suffisant pourrait entrer et serait accueilli pour le repas. Ce n'est pas un souci de quantité disponible. On ne sert pas ces gens, là, au-dehors, pour la simple raison que cela abattrait un privilège, et ôterait donc tout son sens à l'IndSoc. Toute organisation basée sur une échelle de valeurs s'appuie sur la population d'en bas. Lorsque l'indice d'un individu augmente, la réalité physique exige que certains diminuent. Ces quelques points sont récoltés au détriment des milliards d'autres citoyens. Leur ponction se retrouve noyée, absolument transparente pour nous. Mais tous ces mouvements, cumulés, font que notre réussite enfonce un peu plus chaque jour les moins chanceux dans leur misère, et les poussent davantage à devenir partisans dans l'espoir de développer leur communauté pour s'en sortir. Chaque tentative pour monter ne fera que les enterrer encore plus. Le voilà, notre merveilleux système, si égalitaire. Ce n'est qu'un vase communiquant où l'on aveugle les noyés à grands coups d'espoir !

Kassim serra un instant les mâchoires. Pour avoir travaillé à l'intégration de l'IndSoc dans ce pays, il connaissait parfaitement la loi d'évolution libre constatée sur un profil CitNet : au-dessous de dix, il s'érodait de manière naturelle, tandis que le mouvement s'inversait à partir de quatorze. Entre les deux, l'essentiel de l'humanité, les comptes stagnaient. Ceux-là étaient les seuls susceptibles de véritablement pouvoir évoluer... dans un sens comme dans l'autre. Cette proportion majoritaire de la société oscillait toute sa vie.

Il fixa Jérémia avec intensité :

— Tu peux bien faire ça pour moi, non ? Après tout, j'ai gardé ton petit secret...

L'ancien développeur ne reconnaissait plus cet ami qui lui envoyait des photos de tofu-burger et partageait ses meilleures soirées.

— C'était involontaire, tu le sais. Il me semble que tu en as bien profité, non ? Je t'ai donné le poste de directeur de service, quand tu me l'as demandé, et tu t'en sors d'ailleurs très bien. Mais à jouer avec le feu, nous risquerions de nous brûler !

Son collègue leva les yeux au ciel en protestant.

— Je t'en prie, épargne-moi tes poncifs ! Tu es passé de simple développeur à cadre supérieur sans que quiconque le remarque. Je ne te demande qu'un tout petit plus : permets-moi d'atteindre l'indice vingt, afin que je change de catégorie. C'est pas grand-chose !

— Je suis désolé, Kass ; je ne peux pas. Ce ne serait pas bien...

— Pas bien pour qui ? éclata l'autre homme. Pour tous ces anonymes qui passent au-dessous, ou parce que tu veux garder ta supériorité, c'est ça ? À moins que monsieur se soit habitué à ne fréquenter que du beau monde, maintenant, et que tu penses que je ferais tache dans ton entourage ? Ton vieux pote te fait honte ? Tu sais que je ne peux pas entrer dans ce genre de restaurant sans toi, tu crois que ça me plaît, de t'accompagner comme un chien-chien ?

Jérémia, dépité, ne trouva pas de réponse. Chaque parole lui transperçait le cœur comme un coup de poignard. Prenant ce silence pour un aveu, son collègue l'abandonna en claquant la porte dans un geste rageur. Sur le vaste mur au fond de la salle, les images du monde défilaient pêle-mêle.

Dans un bandeau d'informations continues, Siloé Ravenwood (IndSoc = 30,205427), une des plus grandes stars actuelles, sortait d'un hôtel sous une capuche, encadrée par les forces de l'ordre. Après une nuit d'excès, l'actrice bollywoodienne avait saccagé le bar de l'établissement et blessé un fan. Son indice social avait chuté de deux millièmes avant qu'elle ait terminé de traverser l'affichage.

Ce monde est devenu totalement dingue, déplora Jérémia en son for intérieur. *L'IndSoc s'est transformé en permis d'agir, et ceux qui en touchent les sommets s'estiment au-dessus des Lois...*

Trente représentait en théorie l'élite de la population. Seules deux ou trois centaines d'individus atteignaient un tel niveau : les patrons de MegaCorporations, les dirigeants politiques de certains états et les plus grandes vedettes populaires, bien que dans leur cas ce privilège se révèle très éphémère. Une simple cocarde ou un vomi apposé par l'un d'eux suffisait à ériger au rang de multinationale une entreprise, ou à provoquer un coup d'État dans un pays décrié.

Pour dénoncer ce dévoiement du système, et répondre à son devoir de commentaire quotidien, il décida d'opter pour un sondage dont les partisans se montraient toujours friands :

Si tous les IndSoc du monde tombaient à zéro, que feriez-vous ?

Le compteur de diffusion commença à augmenter à mesure que les partisans de Jérémia y réagissaient, l'algorithme du réseau retransmettant automatiquement le message à leurs propres contacts. Quelques secondes plus tard apparurent les premières réponses, paniquées. Les posts relatifs au CitNet se mirent à fleurir de manière exponentielle sur le mur d'informations du restaurant : la rumeur de l'effondrement du réseau universel se propageait déjà, lancée de *source sûre* par l'un des cadres de la société. Certains prédisaient la crainte d'une panne généralisée du système, ce qui embraserait l'entrepreneuriat. Bientôt, l'interprétation relayée prétendit qu'un des dirigeants de CitNet lui-même avait avoué l'existence d'une menace terroriste d'envergure. Jérémia s'empressa de préciser son intention et de diffuser des démentis officiels. Par chance, les contre-vérités se calmèrent rapidement, en dépit du scepticisme de quelques-uns. Sur ses lunettes, son profil indiquait un IndSoc de 23,121887. Pour la première fois de son existence, celui-ci avait chuté de manière drastique.

Un message l'attendait lorsqu'il regagna son domicile, une maison à flanc de colline qu'il s'était octroyée peu après sa rupture avec Miranda. La missive était parvenue directement sur son réseau interne, sans passer par le CitNet, ce qui l'inquiéta un peu. Il s'agissait d'un lien de visioconférence ; l'invitation émanait du conseil d'administration de CitNet, où siégeaient les plus hautes autorités. Le commun des mortels, auquel appartenait encore Jérémia, estimait qu'il ne s'agissait en réalité que d'une légende, une sorte de consortium politique géré par des dizaines de comités.

Quand il rejoignit la réunion, son cœur sembla manquer un battement.

— Veuillez vous présenter, je vous prie. Nous aimerions discuter de l'information qui vient de se propager sur le CitNet.

Ces paroles sortaient des lèvres du président Horpain (IndSoc = 29,851472) en personne. Il reconnut à ses côtés les fondateurs des six entreprises mondiales qui avaient fusionné pour engendrer CitNet. Jérémia sentit ses membres se liquéfier tandis qu'il tentait désespérément de balbutier une réponse :

— Je... Jérémia Milano... cadre... chez CitNet...

— Avez-vous oublié la clause essentielle à laquelle vous vous êtes engagé lorsque vous avez été nommé à ce poste, jeune homme ?

— ...

Aaron Dusk (IndSoc = 32,669008), une de ses idoles, et l'un des êtres humains les plus puissants que la Terre ait jamais porté, s'adressa à lui dans un parfait français :

— Je ne trouve pas de référence à cette intronisation, d'ailleurs. Vous n'êtes pourtant qu'une centaine, tout au plus, à y avoir eu accès. Pouvez-vous m'indiquer d'où vous venez ?

— C'est que... je...

— Il est indiqué ici que vous êtes passé de l'IndSoc douze à l'IndSoc vingt-trois en l'espace... de quatorze secondes ?

L'homme échangea un regard effaré avec les autres membres du conseil.

— C'est impossible, voyons ! s'exclama Tania Oksova, détentrice de l'empire russo-scandinave. Pour qu'une progression si prodigieuse puisse exister, il aurait fallu que cet homme sauve au moins un pays entier ! Et même dans ce cas, une telle évolution aurait pris des semaines !

L'éclat des regards avait changé. La colère des maîtres du CitNet se mua en un étrange mélange de frayeur et de fureur.

— Dites-nous la vérité ! Qui êtes-vous ? Comment avez-vous pu manipuler votre IndSoc ?

Cette question jeta un silence glacial. Remettre en cause l'inviolabilité de l'IndSoc signifiait porter un terme immédiat et définitif à l'organisation de la société humaine dans son ensemble. La civilisation telle qu'on la connaissait n'y survivrait pas, livrée soudainement au chaos social le plus total. Jérémia tâtonna pour saisir ses lunettes virtuelles, obéissant à une impulsion encore confuse.

— Me... C'était un accident... Il serait plus simple que je vous montre... proposa-t-il en activant son analyseur carpien.

— Quel accident ? protesta Horpain. Il est évident que vous êtes un falsificateur !

Sans quitter son interlocuteur des yeux, le développeur exécuta quelques gestes de l'index afin de se connecter à son profil CitNet.

— Voici qui je suis, indiqua-t-il aux membres du conseil.

L'assistance porta attention aux données qui s'affichaient face à chacun.

— Ce compte CitNet sera révoqué dans la nuit. Si j'étais vous, je préparerais immédiatement mes affaires, les forces de l'ordre arriveront dans quelques instants chez vous.

Jérémia baissa un instant les paupières, afin de chasser le léger étourdissement qui menaçait de l'envahir. Ces gens ne lui laissaient pas le choix. Il rouvrit les yeux, se galvanisa, et prit sa décision.

— Je suppose que vous connaissez tous la théorie sociétale de l'indice 40, n'est-ce pas ? Cette conjecture prétend qu'atteindre ce stade équivaudrait, pour un individu, à obtenir la pleine confiance de l'ensemble des gouvernements terrestres. Un tel être disposerait virtuellement d'un pouvoir supérieur à toute nation, et pourrait, dans ce sens, être considéré comme le décideur absolu.

Les autres acquiescèrent vaguement.

— Venez-en au fait, jeune homme ! s'impatienta quelqu'un que Jérémia n'eut pas le temps d'identifier parmi les divers visages présents.

Il inspira profondément, et lança son algorithme. Pendant quelques secondes, son IndSoc augmenta, jusqu'à atteindre un peu plus de quarante-deux. Ses interlocuteurs chancelèrent, incapables d'accepter l'impossibilité de ce à quoi ils assistaient.

— My god... balbutia Aaron Dusk. He did it...

Un curieux sentiment d'assurance se propagea dans les veines de Jérémia (IndSoc = 42,127081) en voyant son nouvel IndSoc se stabiliser. D'un jeu de doigts réalisé des centaines de fois auparavant, il connecta son profil à celui des forces de l'ordre et intima leur rappel. Les administrateurs médusés l'observaient en silence, trop abasourdis pour protester. Le développeur se mit ensuite en relation avec le bureau du gouvernement fédéral, sans ouvrir le canal de communication.

— Je dispose désormais de tout pouvoir sur le conseil. Monsieur le président Horpain, ne m'en voulez pas, mais un nombre impair de membres est essentiel à son bon fonctionnement. Je suis donc dans l'obligation de vous limoger, en tant qu'individu au rang social le moins élevé parmi nous. Je siégerai désormais à votre place.

— Vous... vous avez découvert le moyen de devenir... marmonnait Horpain, le seul encore apte à parler.

Jérémia sourit, tant la dénomination lui semblait incongrue :

— Le maître du monde ? Non.

Ses doigts s'écartèrent légèrement. Les chiffres reprirent leur danse insane. Le compteur s'envola pour se positionner sur la limite ultime de l'indice. Un tel niveau, purement théorique, induisait le concept d'adhésion inconditionnelle de tout individu à la surface de la planète.

— Pour quelques heures, je serai votre Dieu, conclut Jérémia (IndSoc = 100,000000). Puis ce sera la fin de l'IndSoc.

— Vous délirez ! explosa Tania Oksova. CitNet régit la moindre interaction humaine. Il est partout à la fois, réparti sur des milliers de serveurs. CitNet *est* notre Dieu ! En le supprimant, vous vous priverez de votre pouvoir.

Le visage de Jérémia se fendit d'un sourire.

— Avez-vous déjà mangé un tofu-burger, madame Oksova ?

RÉZO !

Jean-Pierre Andrevon

Rézo, code Centrum AX-19 28937-18 C9. Un D-censeur au 199e étage C, coursive 28…

PIROUIOUIOUITTT…

Bien reçu, AX-19 28937-18 C9. Cabine dans 19 secondes et trois dixièmes.

PIROUIOUIOUITTT…

Rézo, code Centrum AX-19 28937-18 C9, pour Conap DT-111 76489-41 G11, Brunz Martin.

PIROUIOUIOUITTT…

C-Com établi, AX-19 28937-18 C9.

PIROUIOUIOUITTT…

Rézo. Brunz ? Jason Muller ici. Tu vas bien ? Je viens de boucler mon D-Job et je descends. On fait comme prévu, on se rejoint au Point Marshall à 18 heures pour se boire un verre ou deux ? Attends…

PIROUIOUIOUITTT…

AX-19 28937-18 C9, ici AI-Gwendoline, votre régulatrice du 18 C9. Il s'avère que vous avez quitté votre conap. Mais vous êtes-vous bien muni de tout le nécessaire pour affronter l'extérieur ? Je constate que vous avez omis de prendre votre V-Masque. Dois-je vous rappeler que pas moins de seize virus répertoriés sont actuellement en circulation à Centrum ? Dont trois particulièrement dangereux, le Snar-3D, le GROB-ter et surtout le Variant du SERV-15. Ce n'est pas très prudent, vous savez…

PIROUIOUIOUITTT…

Je sais, Gwen, je sais. Mais je vais prendre un T-drone particulier, et mon point de rendez-vous est sécurisé top-virus.

PIROUIOUIOUITTT…

Je suis au courant, AX-19 28937-18 C9. Mais si je peux me permettre une autre remarque, je vois que vous ne portez pas d'arme. Or le secteur où vous vous rendez a récemment été la proie de plusieurs émeutes visant les dépôts alimentaires. On ne sait jamais ce qui peut arriver et…

PIROUIOUIOUITTT...

Gwen, s'il te plaît. Je suis arrivé au niveau zéro, tu commences à me courir. Tu ferais bien de retourner à tes occupations habituelles.

PIROUIOUIOUITTT...

Vous faites partie de mes occupations contractuelles, C9AX-19 28937-18 C9, et vous savez fort bien que je pourrais vous interdire de sortir en cet état.

PIROUIOUIOUITTT...

Essaye un peu, vieille ferraille, et je te fais mettre à la casse, moi. Puisque tu sais tout, tu n'ignores pas que je suis 5-dic de ma coursive et que j'ai un V-pass. Allez, ciao et bonjour chez toi.

PIROUIOUIOUITTT...

Rézo. Tu es toujours là, Brunz ? Tu as entendu ça, quelle casse-couilles, celle-là ! Avec elle, c'est toujours pareil, elle fait que me chercher des crosses. Avec AI-Gustav, c'était plus cool, je te jure.

PIROUIOUIOUITTT...

Qu'est-ce que tu crois, ici c'est pareil. Je dirais même que c'est de pire en pire avec Axel. Axel c'est la désignation de notre nouveau AI. Hier, j'avais commandé une sexbot tripleHL à l'EnjoyZZ de mon secteur. Eh ben tu vas pas me croire, elle ne l'a pas laissé monter, cette salope ! Parce que paraît-il les ZZ avaient été déclassifiées pas plus tard que le matin même au profit des quadruplesHL à cause de je ne sais quelle couille avec un cit du secteur. Tu te rends compte ? Moi, je pense qu'elle est jalouse, tout simplement. À moins qu'elle ait été torpillée par ces connards de l'Erneuerung der christlichen Keuschheit, va savoir.... Alors tu sais pas ce que j'ai fait ?

PIROUIOUIOUITTT...

Écoute, tu me raconteras ça plus tard devant un double Chichipoy. Il faut que je me branche un drone. Et avec la circulation qu'il y a à cette heure, c'est pas gagné. On reste coxés, à tout' !

PIROUIOUIOUITTT...

Rézo, code Centrum AX-19 28937-18 C9. Gwen, tu peux me trouver rapido un T-drone pour le secteur 38, s'il te plaît ?

PIROUIOUIOUITTT...

Rézo. Ici AI-Gwendoline, votre régulatrice du 18 C9. Vous pourriez réinitialiser votre demande, s'il vous plaît ? Je viens d'être victime d'une interférence.

PIROUIOUIOUITTT...

Désolé. Je disais : tu peux me trouver rapido un drone individuel pour le secteur 38, s'il te plaît ?

PIROUIOUIOUITTT...

Sans aucun problème, AW-19 28978-18 C7, c'est comme si c'était fait...

PIROUIOUIOUITTT...

Gwenn, tu te trompes. Je suis AX-19 28937-18 C9. Jason Muller. J'ai besoin d'un drone pour...

PIROUIOUIOUITTT...

J'ai parfaitement compris, AW-19 28978-18 C7. Les cent trente-neuf compagnies de drones individuels du secteur 18 ont été contactées par mes soins. L'un d'eux va pouvoir vous prendre dans un laps de temps évalué entre 39 secondes et une heure 27 minutes 11 secondes. Votre régulatrice reste tout à votre service et espère que vous en avez toute satisfaction. À ce propos un questionnaire concernant votre degré de fidélité vient de vous être bipé, et je vous serais reconnaissante d'y répondre dans les meilleurs délais afin que je puisse communiquer vos commentaires qui, j'en suis certaine d'avance, seront grandement élogieux, à mon service de maintenance et réparation dont l'avis est primordial pour ce qui est du prolongement de mon contrat et que...

PIROUIOUIOUITTT...

J'en suis conscient, Gwenn chérie. Mais je dois interrompre cette intéressante conversation car on me bipe sur plusieurs bases...

PIROUIOUIOUITTT...

Rézo. *Vous avez commandé un T-drone individuel* AW-19 28978-18 C7 ? *Alors pas d'hésitation ! La compagnie Vol-au-Vent vous assure un transport assuré dans les meilleures conditions de confort et de sécurité où que vous désiriez vous rendre dans le périmètre de Centrum...*

PIROUIOUIOUITTT...

Je ne suis pas AW-19 28978-18 C7. Mon code, c'est AX-19 28937-18 C9. Mais peu importe, il me faut…

PIROUIOUIOUITTT...

Rézo. *Vous avez besoin d'un T-drone individuel* AW-19 28978-18 C7 ? *Alors aucune hésitation ! Ce qu'il vous faut, c'est la compagnie Air Flight 07 qui vous assure un trajet assuré dans les meilleures conditions de confort et de sécurité où que vous désiriez aller dans le périmètre de Centrum ! Il vous suffit...*

PIROUIOUIOUITTT...

Je ne suis pas AW-19…

PIROUIOUIOUITTT...

Rézo. *Vous avez réclamé un T-drone individuel* AW-19 28978-18 C7 ? *Alors aucune hésitation ! La nouvelle compagnie European China Incorporate vous assure un parcours dans les meilleures conditions de confort et de sécurité où que vous désiriez aller dans le périmètre de Centrum ! Il vous suffit...*

PIROUIOUIOUITTT...

Rézo. Routeur 0038 pour AX-19 28937-18 C9. J'ai été spammé. Shuntez les communications pour l' AW-19 28978-18 C7 et rétablissez mon code personnel. Je répète, shuntez les communications pour AW-19 28978-18 C7 et rétablissez mon code personnel.

PIROUIOUIOUITTT...

Rézo. Routeur 0038 pour AW-19 28978-18 C7. Il s'agit bien de votre code personnel qui vient de m'être communiqué par votre régulatrice AI-Gwendoline. Je ne détecte aucune erreur vous concernant, AW-19 28978-18 C7.

PIROUIOUIOUITTT...

Mais non ! Elle a fait une connerie, c'est tout. Même qu'elle m'a dit avoir été victime d'un dysfonctionnement.

PIROUIOUIOUITTT...

Routeur 0038, fin de connexion. Routeur 0038, fin de connexion.

PIROUIOUIOUITTT...

Rézo. *Brunz ici. Qu'est-ce qui se passe, Jason ? Après qui tu t'énerves, comme ça ? Oublie pas qu'on est connex. Tu me fais vibrer la puce !*

PIROUIOUIOUITTT…

Excuse, vieux, je suis en plein malware et… Attends, j'ai un tacot qui se pointe, je te rebranche plus tard.

PIROUIOUIOUITTT…

Rézo. Bonjour. Vous avez demandé notre service, nous voilà. Vous êtes bien AX-19 28937-18 C9 ?

PIROUIOUIOUITTT…

Pas du tout. Je suis Jason Muller, AX-19 28937-18 C9. Mais j'ai bien demandé un appareil pour le secteur 38. Vous êtes de la compagnie *European China Incorporate ?*

PIROUIOUIOUITTT…

Quelle erreur ! Quelle horreur ! Je suis Süße Schwalbe aus den Vororten*, numéro 335 de la compagnie* Grundschule Deutschland, *la première et la meilleure compagnie de transport aérien de Centrum, avant même que Centrum soit Centrum. Vous n'auriez su trouver mieux pour vous translater où que vous vouliez aller. Aussi suis-je heureux de vous proposer mes services. Si vous voulez bien me faire l'honneur… Attention, il y a une marche… Voilà, installez-vous le plus confortablement possible, nous prenons le large ! Puis-je maintenant vous demander de me préciser votre destination ?*

PIROUIOUIOUITTT…

Secteur 38, Quadrilatère Elon Musk, point Marshall.

PIROUIOUIOUITTT…

C'est exactement le périmètre qui me convient, AW-19 28978-18 C7. Le prix de la course se monte à 173,27 eucreds qui viennent d'être débités sur votre P-compte. Voyons… Il nous faudra entre 23,51 minutes et 27,14 minutes pour atteindre votre destination, sauf… Attendez un instant, AW-19 28978-18 C7.

PIROUIOUIOUITTT…

Je suis AX-19 28937-18 C9, Jason Muller. Combien de fois faudra-t-il que je vous le répète ! Qu'est-ce qui se passe ? Il y a un problème ?

PIROUIOUIOUITTT…

Aucun problème qui ne soit résoluble, AW-19 28978-18 C7. Je viens simplement de recevoir de mon centre un avertissement concernant le secteur 38, et particulièrement le quadri Elon Musk, où des troubles viennent d'avoir lieu concernant une émeute devant un dépôt de denrées alimentaires. Mais les incidents sont en passe d'être maîtrisés par notre efficace SSS.

PIROUIOUIOUITTT...

Comment ça, en passe d'être maîtrisés ? Je croyais que c'était fait depuis longtemps !

PIROUIOUIOUITTT...

Exactement. Mais il reste encore, à ce que j'ai compris, des éléments perturbateurs mobiles devant être évacués. Ne vous inquiétez pas, AW-19 28978-18 C7. Au pire, nous serons mis en attente une heure ou deux au large du secteur...

PIROUIOUIOUITTT...

Comment ça une heure ou deux ! Tu plaisantes, l'oiseau ? Tu veux que je prévienne la Deutschland machin pour qu'ils te mettent à la casse sans recyclage ? J'ai un rendez-vous à 18 heures et tu vas te dépoussiérer pour y être dans les temps !

PIROUIOUIOUITTT...

N'ayez aucune crainte, cher passager. La compagnie Grundschule Deutschland, *première et meilleure compagnie de transport aérien de Centrum, vous offre toutes les garanties pour un parcours aisé et une arrivée à bon port dans les délais prescrits. Nous étions simplement tenus, par simple courtoisie, de vous tenir au courant d'aléas sociogéographiques pouvant être la cause d'un retard de faible intensité. Mais chacun de nos T-drones étant équipé d'un R-pass uni-Landers, cela nous permet d'accéder à toute zone qui ne serait pas classifiée Inter-10 double X. Donc, en attendant d'être déposé à bon port, je ne peux que vous conseiller de vous détendre et de profiter pleinement de tous les avantages mis à votre disposition. À votre gauche, notre T-cran vous permet d'accéder aux 11783 chaînes et sites répertoriés, films, téléfilms, séries, documentaires, reportages, directs, Space, X, XX, XXL, hypnos, massages 3D. À votre droite, notre service-bar vous offre 1432 vins, 314 alcools, 297 jus de fruits ou eaux distillées, avec un assortiment de sandwiches, sushis, sucreries, chocolats et bonbons. Nous ne pouvons hélas pour l'instant être en mesure de délivrer quelque substance psychotrope ou hallucinogène que ce soit. Mais dans un avenir proche...*

PIROUIOUIOUITTT...

Ferme-la, s'il te plaît.

PIROUIOUIOUITTT...

Rézo. Nous sommes extrêmement heureux de pouvoir enfin vous joindre, AW-19 28978-18 C7, Ici la compagnie Air Flight 07 *qui seule peut vous assurer un trajet dans les meilleures conditions de confort et de sécurité où que vous désiriez aller dans le périmètre de Centrum. Nous regrettons vivement que, suite à un malheureux concours de circonstances, vous ayez pris place à bord d'un appareil de la compagnie* Grundschule Deutschland, *qui n'offre aucune des garanties qui sont les nôtres. J'ajoute même que vous courez un certain danger, et même un danger certain, les appareils de ladite compagnie étant dans un état de délabrement ayant fait l'objet de plusieurs enquêtes de terrain, comme vous pourriez le constater sur le site de notre compagnie, un nombre conséquent d'incidents graves ayant même, ces derniers temps, coûté la vie à...*

PIROUIOUIOUITTT...

Rézo. Ici Süße Schwalbe aus den Vororten, *numéro 335 de la compagnie* Grundschule Deutschland, *la première et la meilleure compagnie de transport aérien de Centrum. Je suis navré, AW-19 28978-18 C7, d'avoir laissé passer ce message qui ne vous était pas destiné. Tout est maintenant en ordre et notre voyage se poursuit dans des conditions optima. En attendant d'être déposé à bon port, je ne peux que vous conseiller de vous détendre et de profiter pleinement de tous les avantages qui sont à votre disposition. À votre gauche, notre T-cran vous permet d'accéder aux 11783 chaînes et sites répertoriés, films, téléfilms, séries, documentaires, reportages, directs, Space, X, XX, XXL, hypnos, massages 3D. À votre droite, notre service-bar...*

PIROUIOUIOUITTT...

Je suis au courant. Maintenant, s'il m'était possible de poursuivre cette course en paix, je t'en saurais gré.

PIROUIOUIOUITTT...

Cela va sans dire, AW-19 28978-18 C7. Notre compagnie...

PIROUIOUIOUITTT...

Suffit, d'accord ?

PIROUIOUIOUITTT...

Rézo. *Ah... Je suis heureux de pouvoir enfin vous atteindre, AW-19 28978-18 C7.*, *malgré un essai de blocage inadmissible sur le T-routeur, au sujet duquel une plainte de catégorie 4 vient d'être déposée. Mais je me présente : ici la compagnie coréenne* Cheonsang-Ui Jegug, *en interlingua* Himmlisches Reich, *ou Empire céleste. Qui est à même de vous assurer un transport physique dans les meilleures conditions de confort et de sécurité où que vous désiriez aller dans le périmètre de Centrum et même ailleurs. Ce qui rend très regrettable le fait que, suite à ce qui paraît être une confusion bien malheureuse, vous vous trouviez à bord d'un appareil de la compagnie* Grundschule Deutschland, *dont la déplorable réputation n'a pu que vous parvenir, avec le nombre désastreux d'accidents en vol aux tragiques conséquences que nous lui devons. Pour dire les choses comme elles sont, AW-19 28978-18 C7, vous vous trouvez à bord d'une poubelle volante et je ne peux...*

PIROUIOUIOUITTT...

Rézo. Ici Süße Schwalbe aus den Vororten, *numéro 335 de la compagnie* Grundschule Deutschland, *la première et la meilleure compagnie de transport aérien de Centrum. Désolé de ces nouvelles interférences, qui ne vous concernent aucunement, AW-19 28978-18 C7. En attendant...*

PIROUIOUIOUITTT...

Je suis AX-19 28937-18 C9, Jason Muller, bordel de dieu !

PIROUIOUIOUITTT...

C'est bien ce que je disais. Donc, en attendant d'être déposé à bon port, je ne peux que vous conseiller de vous détendre et de profiter pleinement de tous les avantages qui sont à votre disposition. À votre gauche, notre T-cran vous permet d'accéder aux 11783 chaînes et sites répertoriés, films, téléfilms, séries, documentaires, reportages, directs, Space, X, XX, XXL, hypnos, massages 3D. À votre droite...

PIROUIOUIOUITTT...

Tu me fais chier !

PIROUIOUIOUITTT...

Je ne vous le conseille pas, AW-19 28978-18 C7. Mon modèle, conçu pour des trajets n'excédant pas l'heure, ou guère plus, n'est pas équipé de sanitaires. Ce que je regrette beaucoup, croyez-le, tout en vous priant de vous retenir dans la mesure du possible. En attendant d'être déposé à bon port, je ne peux que vous conseiller de vous détendre et de...

PIROUIOUIOUITTT...

Ça commence à bien faire, Deutschland-je-sais-pas-quoi. Tu vas me faire le plaisir de te taire et de ne plus l'ouvrir jusqu'à ce que je sois arrivé à destination. Le temps passe, il est bientôt 18 heures. Qu'est-ce tu as foutu ? C'est pas la tour Hundaï, en face ? Je rêve ou tu as fait un détour ?

PIROUIOUIOUITTT...

Hé, le pigeon, tu me réponds ?

PIROUIOUIOUITTT...

Tu me réponds, oui ou merde, si tu ne veux pas que je casse tout dans ta taule !

PIROUIOUIOUITTT...

AW-19 28978-18 7C, je ne vous le conseille pas, sinon les frais de réparation seraient portés à votre débit, augmentés des 30% de dégradation volontaire selon le paragraphe BG-144 du contrat que vous avez M-signé dès l'instant où vous avez pénétré dans mon habitacle. Pour ce qui est de votre question, à laquelle il m'était impossible de répondre puisque vous m'avez prié de n'en rien faire, ce qui est votre droit le plus strict, il s'agit bien de la tour Hundaï, que je m'apprête à contourner par tribord. Et s'il s'avère que j'ai dû effectivement opérer un détour, c'est par ordre de mon Parc afin d'éviter une zone de turbulences sociales, les fâcheux événements du Point Marshall ayant eu tendance à déborder. Mais n'ayez aucune crainte, ce détour n'aura aucune incidence sur votre heure d'arrivée. Disons quelques minutes. Un quart d'heure au plus. Une demi-heure, ce serait déjà très improbable...

PIROUIOUIOUITTT…

Ouais, ben si j'ai un conseil à te donner, le moineau, c'est de faire ronfler tes rotors ! Et ne me dérange plus…

PIROUIOUIOUITTT…

Rézo. AX-19 28937-18 C9, Jason Muller, pour 76489-41 G11, Conap DT-111, Brunz Martin.

PIROUIOUIOUITTT…

Rézo. Rézo ! 76489-41 G11, Brunz Martin, Conap DT-111 pour AX-19 28937-18 C9, Jason Muller. Rézo. Rézo. Rézo…

PIROUIOUIOUITTT…

Rézo. Jason ? Excuse, j'étais occupé à… enfin, tu te souviens de ce que je t'ai dit ? Ce problème avec mon tripleHL, qui m'a amené à casser mon contrat avec EnjoyZZ. Du coup je ne pouvais pas rester dans mon jus. Parce que j'ai des besoins, tu comprends ? Je suis pas comme toi, beau gosse. Avec cette chiroplastie qui a foiré et la gueule que je me trimballe, j'aurais du mal à trouver de quoi chauffer mon K-lit. Alors en cherchant bien, je suis tombé sur une boîte du Qatar qui possède un catalogue, je te dis pas. Des modèles du monde entier, Scandinaves, Russes, Portugaises, Blacks de toutes les nuances, métissées… Ils proposent même des Israéliennes, même si je m'interroge sur ce qu'elles peuvent avoir de particulier. Alors je me tâte, tu vois.

PIROUIOUIOUITTT…

Je vois. Je voulais simplement t'avertir que j'ai pris un tacot pas possible et que je risque d'être un poil en retard.

PIROUIOUIOUITTT…

T'en fais pas, Mein Freund ! Je t'attends. Y'a pas le feu. Faut simplement que je me décide, que j'en commande une et je suis à toi. Alors prends ton temps…

PIROUIOUIOUITTT…

Si tu le dis. D'ailleurs je crois que j'arrive…

PIROUIOUIOUITTT…

Rézo. Hé, l'oiseau, tu m'entends ? On est rendus, le point Marshall est juste en dessous. Tu peux me dire pourquoi tu t'es mis en stationnaire ?

PIROUIOUIOUITTT…

Rézo. Ici Süße Schwalbe aus den Vororten*, numéro 335 de la compagnie* Grundschule Deutschland, *la première et la meilleure compagnie de transport aérien de Centrum. Ce n'est pas de mon fait, AW-19 28978-18 C7. J'ai été bloqué par la SSS du secteur. L'ordre n'a pas encore été tout à fait rétabli au point Marshall. D'où l'interdiction de me poser, ceci pour votre propre sécurité. Mais il ne s'agit que de quelques brèves minutes, tant sont efficaces nos forces de l'ordre.*

PIROUIOUIOUITTT...

Manquait plus que ça, je…

PIROUIOUIOUITTT...

Rézo. Société des armes individuelles Vogt & Koch à votre service, AW-19 28978-18 C7. Nous venons d'avoir connaissance que vous êtes sur le point de vous rendre dans un secteur d'un niveau de dangerosité C-17. Et que vous ne semblez pas être muni d'un armement individuel autorisé. Ce qui est un grave manquement aux règles de bon sens en cours à Centrum, tous secteurs confondus et qui, même si cela n'est pas encore puni par la loi, est susceptible de mettre votre vie en danger, ou pour le moins vous exposer à de graves blessures, puisqu' il apparaît en outre que vous avez négligé de vous munir d'un équipement protecteur corporel. Nous sommes en mesure, livrable dans les meilleurs délais par nos W-drones ultrarapides, de vous proposer un assortiment complet de nos produits de haute capacité dont vous pouvez immédiatement consulter sur catalogue l'étendue comme la variété en vous branchant sur...

PIROUIOUIOUITTT...

Rézo. Ici Süße Schwalbe aus den Vororten*, numéro 335 de la compagnie* Grundschule Deutschland, *la première et la meilleure compagnie de transport aérien de Centrum. Je suis désolé, AW-19 28978-18 C7, de vous avoir infligé les désagréments de cette intrusion inepte que je n'ai pu dérouter qu'à l'instant, car j'étais en liaison de haute priorité avec la base SSS du secteur, ce qui me permet de vous délivrer cette excellente nouvelle : les derniers éléments perturbateurs ont été éliminés, la voie est libre, youpi !*

PIROUIOUIOUITTT…

J'en suis fort aise.

PIROUIOUIOUITTT…

Rézo. AX-19 28937-18 C9 pour 76489-41 G11. Tu es là, Brunz ? Je suis à toi dans quelques minutes. On se retrouve au Holly Jumper ou tu préfères que je te prenne en bas de chez toi ? Rézo ? Tu me captes, Brunz ? Rézo ? Rézo ?

PIROUIOUIOUITTT…

Rézo. Oui, oui, je suis là, vieux. Écoute, je vais te dire un truc… Ça m'embête un peu mais on va devoir repousser. Tu sais, j'ai fini par commander mon sexbot. Je me suis décidé pour l'Israélienne. Oui, parce que la plupart des autres modèles, j'en ai fait le tour. Tu sais que j'aime les grandes filles, alors j'ai pris la taille maxi, 2,35m. Avec des accessoires, je te dis pas. Elle en a quatre, par exemple…

PIROUIOUIOUITTT…

Quatre quoi ?

PIROUIOUIOUITTT…

Quatre seins, pardi ! Deux devant, deux derrière. Et en plus… mais je ne vais pas t'embêter avec ce genre de détail. Ce que je voulais te dire, c'est que la boîte qatarie qui fabrique ce modèle, il se trouve qu'elle avait un dépôt dans le secteur. Et je viens d'être livré. Je l'ai pas encore déballée mais tu vois, il faut que je… que je l'essaye, quoi. Par contrat, on a deux heures gratos pour voir si ça colle entre nous. Sinon, on peut la rendre sans frais. Alors tu comprends que j'ai pas de temps à perdre. Donc le drink, si tu veux bien, on se le repousse à demain, même endroit, même heure, d'accord ?

PIROUIOUIOUITTT…

Pfff… Tu exagères, quand même. Tu imagines pas le boxon que ç'a été pour arriver jusqu'ici à cause des problèmes qu'il y a eu dans ton secteur. Sans parler de ce tacot qui n'en fait qu'à sa tête… Mais bon, je te laisse puisque tu as plus urgent à faire. J'ai plus qu'à rentrer à la maison avant le couvre-feu. On se rebranche demain, tu me raconteras. Tschüssi, bis Morgen !

PIROUIOUIOUITTT…

Hasta la vista, compañero !

PIROUIOUIOUITTT...

Rézo. Tu as capté, Deutschland ? On fait demi-tour et tu me ramènes où tu m'as pris…

PIROUIOUIOUITTT...

Je suis navré, AW-19 28978-18 C7, mais je crains que ce ne soit pas possible... Par le contrat virtuel signé dès l'instant où vous avez pris place dans mon habitacle, je ne me suis engagé que pour une seule course.

PIROUIOUIOUITTT...

Qu'est-ce que tu racontes ? Il est où, le problème ? Il faut que je regagne mon conap avant le couvre-feu de 20h. S'il faut payer une course supplémentaire, tu me débites et on n'en parle plus !

PIROUIOUIOUITTT...

Cher passager, vous avez les mots qu'il faut. Votre compte vient d'être débité de la somme de 587, 33 eucreds. Nous démarrons !

PIROUIOUIOUITTT...

Attends, c'est quoi ce délire ? À l'aller, tu m'as taxé 173, 27 eucreds, j'ai vérifié. Et là tu me tires trois fois plus et sur le pouce ?

PIROUIOUIOUITTT...

Il s'agit d'un trajet non prévu dans mon planning, cher passager. Ce qui double le prix de la course, sans compter les taxes de réparation et la plus-value de...

PIROUIOUIOUITTT...

Bon, ça va, tu me fatigues. Tu fais ronfler et tu la fermes jusqu'à l'arrivée, compris ?

PIROUIOUIOUITTT...

Rézo. Ici la compagnie des Transports Libégypte-Centrum pour le cit AW-19 28978-18 C7. Il semble que vous ayez des problèmes avec le représentant de la compagnie Grundschule Deutschland. *Nous sommes à même de...*

PIROUIOUIOUITTT...

Rézo. Routeur 0038 pour AX-19 28937-18 C9. Shuntez mes communications jusqu'à avis de rétablissement. Je répète, shuntez les communications pour AX-19 28937-18 C9 !

PIROUIOUIOUITTT...

Rézo. C'est fait, AW-19 28978-18 C7.

PIROUIOUIOUITTT…

Rézo. Ici Süße Schwalbe aus den Vororten, *numéro 335 de la compagnie* Grundschule Deutschland, *la première et la meilleure compagnie de transport aérien de Centrum. Cher passager, comme il était prévu dans le contrat nous liant, vous voici de retour à notre point de départ, la résidence Azurblauer Himmel. J'espère avoir très vite l'occasion, doublée d'un réel plaisir, de vous avoir à nouveau très prochainement à mon bord.*

PIROUIOUIOUITTT…

Ça, tu peux mettre une croix dessus et te l'enfoncer bien profond !

PIROUIOUIOUITTT…

Je ne vous le conseille pas dans votre propre intérêt, AW-19 28978-18 C7, car les frais de réparation induits…

PIROUIOUIOUITTT…

Casse-toi !

PIROUIOUIOUITTT…

Il ne saurait en être question, ma programmation de base m'interdisant de porter atteinte à quelque partie que ce soit de mon périphérique. Mais je crois avoir assez abusé de votre temps, cher passager. Très bonne soirée à vous.

PIROUIOUIOUITTT…

Rézo. AX-19 28937-18 C9, Jason Muller, conap TD 5137, coursive 28 pour AI-Gwendoline, régulatrice du 18 C-9. Je ne sais pas ce qui se passe, je n'arrive pas à rentrer, l'accès 28 ne veut pas s'ouvrir. J'ai l'impression qu'il y a un problème de reconnaissance faciale. Rézo ? Rézo ? Tu me captes, Gwen ? Rézo ? Rézo ?

PIROUIOUIOUITTT…

Ici AI-Vladimir, régulateur du 18 C-9. Il m'est impossible de vous router l'ex-régulatrice AI-Gwendoline, celle-ci ayant été effacée suite à un dysfonctionnement regrettable. J'ai l'honneur de la remplacer et serais heureux de résoudre votre problème. Pourriez-vous me le préciser ?

PIROUIOUIOUITTT…

Je viens de vous le dire, Vladimir, puisque Vladimir il y a ! L'accès 28 refuse de s'ouvrir. Faites quelque chose !

PIROUIOUIOUITTT...

Assurément. Je suis en fonction pour ça. Pourriez-vous me préciser votre code d'identification ?

PIROUIOUIOUITTT...

C'est une plaisanterie ? Je viens de le faire ! AX-19 28937-18 C9, Jason Muller, conap TD 5137, coursive 28. J'ajoute que je suis 5-dic de ma coursive et qu'en conséquence je bénéficie d'un V-pass. Mais apparemment tout est bloqué.

PIROUIOUIOUITTT...

Très bien, je vérifie.

PIROUIOUIOUITTT...

C'est ça, vérifie. Mais tu ferais bien de te grouiller, l'heure du couvre-feu approche…

PIROUIOUIOUITTT...

Vous prétendez bien être le cit AX-19 28937-18 C9 ? Il y a un petit problème. Le T-drone Süße Schwalbe aus den Vororten, numéro 335 de la compagnie Grundschule Deutschland qui vous a déposé ici et que je viens de router vous identifie comme le cit AW-19 28978-18 C7. Comment l'expliquez-vous ?

PIROUIOUIOUITTT...

Je ne l'explique pas ! Ce foutu tacot s'est obstiné depuis le début à se tromper d'identification. Il a dû y avoir une couille quelque part…

PIROUIOUIOUITTT...

Pardon ? Pourriez-vous préciser ?

PIROUIOUIOUITTT...

Je veux dire un dysfonctionnement. Ça ne doit pas être difficile à mettre la main dessus !

PIROUIOUIOUITTT...

Je ne possède pas ce genre d'appendice, AW-19 28978-18 C7. Mais je vérifie. Malheureusement, les données faisant partie de la bulle de l'AI-Gwndolyne ont été effacées en même temps qu'elle.

PIROUIOUIOUITTT...

C'est pas vrai… Bon, il doit bien y avoir une solution… Bipez chez moi, et vous constaterez que je n'y suis pas.

PIROUIOUIOUITTT...

Je vérifie. Eh bien, il se trouve, AW-19 28978-18 C7, que vous occupez à cet instant votre conap en compagnie de votre fomme, Balthazar El Boucry. Si je peux me permettre, vous admettrez que vous ne pouvez être à deux endroits à la fois.

PIROUIOUIOUITTT...

Mais bordel, je me tue...

PIROUIOUIOUITTT

N'en faites rien, je vous en prie. Je serais tenu pour responsable et...

PIROUIOUIOUITTT...

Je m'efforce de vous faire comprendre que je ne suis pas AW-19 quelque chose ! Pas moi ! Je suis Jason Muller, AX-19 28937-18 C9. Jason Muller, AX-19 28937-18 C9 !

PIROUIOUIOUITTT...

Je vérifie. Eh bien, il se trouve que Jason Muller AX-19 28937-18 C9 ne se trouve pas à cet instant dans son conap. Il m'est donc impossible de certifier vos dires.

PIROUIOUIOUITTT...

Je rêve. On t'a trouvé dans une casse, Vladimir de mes deux ? Évidemment que je ne suis pas dans mon conap puisque je suis devant la porte du 28 !

PIROUIOUIOUITTT...

Je suis désolé, mais la personne qui se trouve devant la porte du 28 est enregistrée dans ma bulle comme étant le cit AW-19 28978-18 C7. Nous n'avançons pas beaucoup, si je peux me permettre. Ce qui est fort ennuyeux car dans exactement 27 secondes il sera 20 heures, soit l'heure du couvre-feu, pendant lequel il est interdit à tout cit de Centrum de se trouver en dehors de son Cit-Dom sous peine...

PIROUIOUIOUITTT...

Rézo. Chaîne des Dom-Domus pour AW-19 28978-18 C7. Nous venons de prendre connaissance de votre situation malencontreuse, et serions très heureux de vous tirer de ce mauvais pas. Nous pouvons donc vous proposer, à une distance très raisonnable de votre position à découvert, un de nos multiples ensembles où il vous est possible de choisir pour la nuit aussi bien une Schlafzimmer confort UU à 1255 eucreds tout compris, qu'une capsule individuelle simple 2, 20/1,35/ 1,55 à 27 eucreds, ou 33 eucreds avec lavabo et urinoir mural, ou encore avec WC-tiroir pour les excrétions solides et ceci...

PIROUIOUIOUITTT...

Rézo. AI-Vladimir, régulateur du 18-C9. Je suis désolé d'avoir dû shunter cet entretien, AW-19 28978-18 C7, mais nous venons d'entrer dans la période du couvre-feu qui se prolongera, comme il en est depuis 27 ans et huit mois, jusqu'à demain 6 heures. Je suis également au regret de ne pouvoir prolonger notre conversation, puisqu'il m'est désormais impossible de vous laisser accéder à la résidence Azurblauer Himmel, étant donné que vous vous trouvez maintenant en infraction. Je dois donc laisser la SSS de notre secteur statuer sur votre cas qui, j'en suis persuadé, trouvera très rapidement sa solution au mieux de votre intérêt.

PIROUIOUIOUITTT...

La SSS ? Il n'en est pas question ! Nous sommes dans une conurb de liberté et…

PIROUIOUIOUITTT

Rézo. Unité mobile CZ-234 de la SSS du secteur 28 au cit AW-19 28978-18 C7. Vous vous trouvez en infraction suite à votre présence en extérieur pendant la période de couvre-feu. Vous êtes prié de ne pas bouger, en attente d'être pris en charge par notre unité d'intervention qui sera sur vous dans 19 secondes... 18... 17...

PIROUIOUIOUITTT...

Attendez ! Il s'agit d'une erreur ! Une lamentable erreur ! Un bug dans la bulle de mon régulateur de secteur ! Je ne veux pas…

PIROUIOUIOUITTT

AW-19 28978-18 C7, vous êtes prié d'intégrer notre unité mobile sans faire de grabuge. Vous allez être conduit au polissariat du secteur. Votre cas y sera examiné de manière conforme aux lois régissant la vie harmonieuse de Centrum, et nous ne doutons pas qu'une solution favorable sera trouvée dans les meilleurs délais.

PIROUIOUIOUITTT...

Vous rigolez ? ! Je vais appeler mon avocat et…

PIROUIOUIOUITTT

AW-19 28978-18 C7, l'infraction bénigne dont vous vous êtes rendu coupable ne réclame en aucune façon le concours d'un avocat. Tout sera réglé dans nos locaux sécurisés après une simple vérification en profondeur.

PIROUIOUIOUITTT...

En profondeur ? Qu'est-ce que ça veut dire ? Rézo ! Rézo !

PIROUIOUIOUITTT...

AW-19 28978-18 C7, face à votre mauvaise volonté manifeste, nous avons dû bloquer votre routeur. Nous vous prions une dernière fois de monter de votre plein gré à bord de notre unité mobile, sinon l'auxibot que vous voyez devant vous devra vous immobiliser par une injection légale de PCHY-3, qui je dois le préciser est assez douloureuse dans un premier temps.

PIROUIOUIOUITTT...

Non ! Pas moi ! Au secours ! Hilfe ! Help ! Pomosch ! Rézo ! Rézo ! Réz…

PIROUIOUIOUITTT...

PIROUIOUIOUITTT...

PIROUIOUIOUITTT...

PIR...

DES ROSES POUR VIOLETTE

Bruno Pochesci

“I want to lay you down
In a bed of roses”
Bon Jovi (1993)

“If you lay down in a bed of roses
You’ll get thorns in your ass”
Anonymous

1. CAJOU

Un toucher de velours lui palpe le sein droit.

Puis, c’est les bisous. Un tsunami de bisous. Baveux, fébriles, nimbés d’une haleine à faire passer celle de Cthulhu pour un champ de lavande. Jubjotante, elle soustrait son visage à cette queue frétillante qui tente par tous les moyens de forcer l’accès à sa bouche, et aux diagonales qu’esquisse un appendice à la râposité reconnaissable entre mille. Sans transition, un fumet d’anus-whiskas le dispute aux moult sceaux qu’appose sur son cou une truffe humide, avant qu’une patte aux coussinets emprunts de fragrances mictionnelles ne trace quelque rune cabalistique entre ses menton et pommette droite. Passé un illusoire répit, le museau lubrique fait son come-back et s’enfouit d’une traite dans le pavillon gauche, sous une salve de ronrons à cent dix décibels et autres mordillements de lobe.

Sur cet ultime outrage, Violette saisit le *facehugger* angora et, débarrant ses yeux résignés, le soulève par les aisselles jusqu’à croiser son regard. Sans surprise, et n’en déplaise aux innombrables générations d’âmes candides et poètes dominicaux s’étant succédé depuis la première domestication (le mystère quant à savoir « qui a domestiqué qui » demeurant, lui, entier...), Cajou, superbe de mépris et plus vibrant que jamais, la toise de ses pupilles sibyllines où l'on peut aussi bien lire « bonjour ma déesse » que « j'ai faim, connasse ! »

— Et moi qui croyais qu'avoir un mec ou des gamins c'était beaucoup plus chiant... Au final, ça se discute !

Comme s'il avait compris cette perfidie proférée à voix haute (et sans doute l'a-t-il comprise...), Cajou se fend d'un gargouillement décontenancé pouvant tout aussi bien signifier « pardon, ma déesse » que « j'ai faim, connasse ! » Violette dépose avec délicatesse l'adorable raseur sur la place inoccupée du lit et, écartant sa couette, l'y ensevelit dessous. On se venge comme on peut de ces tyrans-là... Cajou refait surface et y va d'un miaulement protestataire doublé d'un flinguage du regard qui, ce coup-ci, ne peut que signifier sans équivoque « j'ai faim, connasse ! »

La déesse rit, lui prodigue un gros câlin de dédommagement et quitte son pageot. Tandis que démarre l'inévitable danse de la faim entre ses jambes, elle récupère l'élégaphone sur sa table de chevet et, délaissant la robe de chambre, gagne la cuisine en tenue d'Ève.

Une fois l'appétit du satyre velu apaisé, elle allume la bouilloire électrique. Puis le grille-pain, dûment rechargé d'un reste de baguette emballé la veille dans un torchon. Enfin, elle dépose le beurre, la gelée d'orange et la boîte à thés sur la table, ainsi que les couverts, un jus de fruits multivitaminique supposément bio et deux morceaux de Sopalin. Le temps que l'eau bouille, elle effectue un aller-retour aux toilettes. Revenue dans la cuisine, elle remplit aux trois quarts une grande tasse d'eau chaude, y plonge un sachet d'hibiscus pêche et se pose enfin. Ses fesses apprécient la fraîcheur de la chaise en alu qui les réceptionne, en contraste avec la première gorgée qui dévale son gosier. Tartines beurrées et enduites d'une fine couche de gelée, Violette savoure ce qui souvent se révèle être le meilleur moment de la journée.

Qu'est-ce qu'elle est bien, seule... Bientôt trois ans qu'elle l'a viré, son con d'ex. Et ce n'est pas demain la veille qu'elle reprendra un mec à domicile. Désormais, elle ne fait plus que dans le sexe-pote externalisé. À cet effet, le dernier en date est parfait. Tendre, attentionné, adroit au pieu, regard de toutou frit pas feint, jamais un mot au-dessus de l'autre... Et en plus, c'est elle qui décide où et quand. En trois mois, il ne l'a jamais laissée en plan. Une vraie perle qui, même après une douzaine de rendez-vous et presque autant de brèves mais intenses rencontres, se présente encore un bouquet de roses à la main ! Et qui tous les jours, à 11h56, l'heure de leur première fois, lui envoie une photo de rose accompagnée du message : « De la part de ton amoureux... » À la réflexion, elle trouve ça limite louche. Surtout pour un fleuriste, puisque tel est son métier.

Sans crier gare, l'envie d'une sieste crapuleuse l'envahit. Émoustillée par cet éminent coup de tête, qu'elle entend bien transformer en imminent coup de bite, elle engloutit son reste de tartine et, les joues encore simonedebeauvoiresques, commence à pollexigrapher de l'élégaphone jusqu'à échouer sur son fil d'actus Zuckbook. Elle scrolle un peu comme à son habitude, déposant dans la foulée une poignée de likes à l'intention de quelques amis virtuels. Ce n'est qu'en accédant à sa messagerie qu'elle remarque le mouchard de Yassy désactivé. C'est bien la première fois depuis qu'elle le connaît, tiens... Soupçonnant un bug, ou quelque panne générale dont Zuckbook est coutumier à force d'être surfréquenté, elle se rabat sur la page de l'absent et découvre, en guise de photo de profil, bandeau de journal et dernière publication en date, la même image : un fond noir avec inscrit, en caractères blancs, police Charlie : « J'arrête ».

Loin de la troubler, la chose lui arrache un sourire goguenard. Des *« rage quit »*, elle en a déjà vu en pagaille. On déserte le réseau suite à quelque déception, altercation, volée de bois vert virtuelle ou franche shitstorm (« tempêrde », en français 2.0), et on finit par y revenir en catimini, sans fournir de réelle explication, sous les regards amusés des uns et bienveillants des autres. Elle clôt Zuckbook et migre sur IntroGram. Quelques cœurs cliqués plus tard, elle découvre le profil de Yassy, pareillement spartiate : « j'arrête » à la place du visage, "j'arrête" en guise d'ultime billet. Cette fois-ci, elle ricane. *« Désolée, le fleuriste... T'es gentil, t'es un bon coup, mais je ne vais tout de même pas te courir après ! »* Par acquis de conscience, elle fait quand même un tour vite fait sur KotKot et Toutouyoutter, pour tomber derechef sur des « j'arrête » laconiques dénués d'explication. Contrevenant alors à sa résolution, au prétexte de vérifier qu'il ne lui soit rien arrivé de grave, elle « s'abaisse » à lui téléphoner, chose qu'elle n'avait faite qu'une fois depuis qu'ils se fréquentent, pour s'excuser de lui avoir posé un lapin à la dernière minute. Une voix préenregistrée l'informe que le numéro n'est plus attribué.

— Tant pis pour toi, connard ! Tu ne sauras jamais la baise monstre que tu loupes !

Cajou interrompt sa toilette digestive et, papatte toujours en l'air, se demande pourquoi sa déesse-connasse paraît si fâchée.

2. YASSY

— Ça fera douze en tout, madame.

La petite vieille sort de son cabas un porte-monnaie plein à craquer et commence à farfouiller parmi les pièces, afin d'en extraire les plus gros calibres. Six unités sont ainsi vite réunies, avant que les sous-unités ne s'empilent à leur tour pour en former trois de mieux. Enfin, l'air navré, elle renverse sur le comptoir ce qu'il reste de sa besace et, triant les sous-sous-sousous marron, collecte deux unités et quelques.

— Je suis désolée... Je pensais avoir ce qu'il faut, mais je n'arrive qu'à onze trente-six.

— Je vois... Et vous n'avez pas de carte de crédit, madame ?

— Si, bien sûr... mais... je l'ai oubliée à la maison.

Violette, qui a repéré d'emblée les poireaux pâlichons qui dépassent du cabas, n'insiste pas. Soit la banque la lui a sucrée pour dépassement de découvert, soit elle l'a laissée exprès chez elle pour ne pas être tentée par quelque dépense folle, comme celle de s'offrir les trois poches qu'elle vient de sélectionner au bout d'une heure de fouilles méticuleuses, dont deux dans les bacs à occase. Son grand cœur de grande conne va donc, une fois de plus, rogner une partie de sa déjà chiche marge.

« Encore trois mois comme ça et je suis bonne pour Pôle Taf... ou faire la concurrence aux boutiques-mon-cul des quartiers nord... », se dit-elle entre amertume, fatalisme et ironie.

Pourtant, elle est bien jolie sa librairie. Lumineuse, chaleureuse, apprêtée avec goût et sens du commerce. De ses rayons latéraux regorgeant de graals littéraires, au dédale que forment les bibliothèques serpentant à hauteur de taille sur les soixante mètres carrés disponibles, *Le Bal des cadratins* est depuis près d'un demi-siècle une des références culturelles de la région. Un point de repère d'autant plus incontournable qu'elle est désormais la dernière de la ville, si l'on excepte celle de l'hypermarché de la ZAE, joyeusement coincée entre l'électroménager et ce qu'il reste des supports physiques audio et vidéo. Une concurrence qui au fond n'en est pas vraiment une puisque, bien que disposant du double de la surface, on n'y trouve pas le dixième de ce que recèle son commerce. Juste des piles de livres pour la jeunesse (que celle-ci boude à de rares exceptions près) signés par d'illustres inconnus, ou des best-sellers pondus dans le même moule éditorial, comme le dernier roman de Givronie Debahnd (*Chère connasse*), le pamphlet insécuritaire de Missel Pudubecq (*Prostaternation*), ou l'essai autobiographique de Mann Yoix (*Je me fais du sourcil*). Le pire, c'est qu'elle-même ne tient financièrement le coup qu'en vendant ces merdes. La vioque a d'ailleurs pris le Debahnd, en sus de deux vieilles bouses fantasy d'occase. Parfois, ça lui fout le kafkard. À quoi bon défendre cet Alamo du beau verbe qu'est le Bal, si même l'ultime carré de lecteurs ne se rue plus que sur du tout-venant prémâché, ou lui fait des infidélités en commandant sur Zarmazone ? Un tel crève-cœur, franchement, autant mettre la clé sous l'aorte...

Las, elle se ressaisit. Les jérémiades, ce n'est pas son truc. Les privilégiés déprimés, ça va bien cinq minutes. Au fond, elle les trouve encore plus gerbants que les privilégiés heureux. Le fonds de commerce lui appartient, les murs aussi. Sans oublier le trois pièces à l'étage, où Cajou la tolère. Merci papa, merci maman.

— Donnez-moi ce que vous avez, Madame. Vous réglerez le reste la prochaine fois...

Tu parles qu'elle reviendra, mamie la dèche ! Dégaine à part, il n'y a qu'à écouter les salamalecs dont elle enrobe sa gêne pour être sûr qu'elle ne radinera pas de sitôt. Violette glisse les achats avec le ticket de caisse dans un petit sac recyclé, ce qui lui permet d'entrevoir une fois de plus le morceau de bravoure balzacien gravé en gras sur la quatrième de couverture, juste au-dessus de la bobine enfarinée de la Debahnd : *« Ta gueule, esclave ! Baisse ton benne et baise-moi ! »*

La vieille s'esbigne. L'espoir au bord du pilon, Violette soupire. Trois clients seulement, depuis l'ouverture...

Un « ding ! » de l'élégaphone balaie son incipit de spleen. Elle vérifie l'heure et sourit : 11h56. Son déserteur à l'eau de rose est donc toujours dans les parages numériques... Tiens... Numéro inconnu. Et sans attaché. Juste un SMS à l'ancienne, qui lui arrache un « waouh ! » à la vue de son contenu : un pictogramme très élaboré, qui a dû prendre des ères pour être conçu et tapé, reconstituant une rose à grand renfort de guillemets, virgules, points, parenthèses, tirets du six, du huit, et ainsi de suite. Le tout accompagné du message « De la part de ton amoureux... »

Un sentiment mêlant sarcasme et tendresse l'emplit. Elle appelle, ça décroche illico :

— Violette...

— C'est toi, Yassy ?

— Oui, c'est moi.

— Mais qu'est-ce qui te prend ?

— Rien. Tout va très bien, je t'assure.

— Alors pourquoi t'as changé de numéro ?

— Parce que j'ai changé de portable.

— Et tu ne pouvais pas garder ton ancien numéro ?

— Pas avec le modèle que j'ai choisi.

— Ah... Et sinon elle rime à quoi, ta composition tout en pixels ?

— C'est pour toi, Violette...

— Je ne te demande pas pour qui c'est, mais ce que c'est.

— Une rose, bien sûr. Ton habituelle rose de 11h56...

— J'ai bien vu, mais ce n'est pas sous cette forme que tu me l'envoies d'habitude. Tu ne vas tout de même pas me faire croire que t'es en rupture de stock dans ta boutique.

— Non, mais n'étant plus en mesure de prendre des photos, j'en ai créée une exprès.

— Quoi, l'appareil de ton nouvel élégaphone est déjà en panne ?

— Non. En fait... mon modèle n'en a pas du tout. C'est un vieux Konia d'occase.

— Un Konia d'occ... ? Même ma grand-mère ne se servait plus d'un machin pareil !

— Moi, ça me suffit : je peux appeler, être appelé, recevoir des messages et en envoyer.

— Mais pourquoi donc renoncer à ton Popomme 15 pour ce fer à repasser ?

Yassy demeure muet.

— Ça a un rapport avec tous ces « j'arrête » dont tu as parsemé tes différents comptes ?

Nouveau silence.

— Bon, après tout je m'en fous, tu fais bien ce que tu veux !

— Merci, ma Violette...

— Je ne suis pas « ta » Violette ! Et puisque tu le prends comme ça, tu ne feras pas ce que tu veux, en définitive ! Je te donne une demi-heure pour rappliquer et t'autorise même à m'inviter à déjeuner ! Ça t'apprendra à jouer les mystérieux !

— Avec joie, ma... Pardon, Violette.

— Allez magne, grand con !...

3. BROOKLYN

Vingt minutes plus tard, Yassy pénètre dans le Bal des cadratins, l'air encore plus cocker que d'ordinaire. Une rose à la main.

— C’est gentil, merci..., lance-t-elle de derrière le comptoir, les yeux toujours rivés sur son élégaphone crachant des *reels* plus cons les uns que les autres.

— Oh, mais... de rien... J’ai fait aussi vite que j’ai pu et... Tu veux manger où ?

— On verra ça plus tard : d’abord, montre-moi la bête !

— La bête ? Quelle bête ?

— Ton Konia d’occase, voyons ! Je suis trop curieuse d’admirer ce technofossile !

Sans laisser transparaître la moindre émotion, Yassy extrait de sa poche le bestiau en question. La libraire le lui arrache littéralement des mains.

— Wapitin ! J’en avais déjà vu dans les vieux films, mais jamais en vrai ! s’esclaffe-t-elle en soupesant l’objet. Si t’en trouves un autre, t’auras la paire de silex pour faire du feu dans ta grotte !

Regard gêné, épaules rentrées, Yassy récupère l’artefact antédiluvien.

— Et maintenant, sans déconner : pourquoi ?

Nouveau mutisme de l’homme.

— Réponds, ou je commanderai le plat le plus cher !

Après brève hésitation, Yassy fait volte-face et regagne la porte.

— Viens voir...

Violette le rejoint en levant les yeux au ciel. Derrière la vitre, l’habituelle animation de cette rue qu’elle connaît depuis toujours, une des plus commerçantes de la ville :

— Ben, quoi ?

— Ben... eux.

— Eux qui ?

— Eux, les passants.

— Quoi, les passants ?

— Tu ne remarques rien ?

— Tu sais que tu commences à me gonfler ? Une devinette de plus et ce sera direct le homard Rossini !

— Pardonne-moi d’insister, mais regarde-les bien, s’il te plaît...

La libraire reroule des mirettes et fait mine de rezyeuter. Bien sûr qu’elle l’a déjà fait, le lien entre ce qu'elle voit et le comportement de Yassy. Femmes, hommes, jeunes, moins jeunes, enfants, vieillards... Tous, à de rares exceptions près, vaquent à leurs occupations le regard rivé sur leurs élégaphones.

— Ça va, j'ai compris : monsieur veut jouer les alternatifs. Les atypiques. Les rebelles à deux balles !

— Mais pas du tout... C'est juste que... J'ai décidé de... d'arrêter.

— Arrêter ? Arrêter quoi ?

— Arrêter...

Violette n'insiste pas. Après tout, elle en a rien à foutre. Qu'il fasse donc l'original autant que ça lui chante, cet adorable couillon.

La question étant réglée à défaut d'être répondue, la libraire passe à l'action. Elle tire le verrou de la porte d'entrée, retourne le panonceau indiquant qu'elle est en pause déjeuner et attire l'hurluberlu dans un angle mort à l'abri des regards extérieurs, derrière un duo de kakémonos. La rose et le Konia toujours à la main, Yassy n'est que gênance. Violette a déjà un caractère fougueux à la base, mais là il la sent en passe d'abandonner toute retenue. Ce qui d'un côté n'est pas forcément pour lui déplaire, mais de l'autre ne correspond pas trop à l'idée qu'il se fait des emportements amoureux. Et ce d'autant plus qu'il a remarqué chez elle une certaine tendance à la trivialité, dans le feu de l'action. Et ça ne rate pas : la jeune femme écarte des piles de best-sellers, dont quelques exemplaires chutent au sol. Puis elle relève sa jupe, tombe le string et pose ses fesses sur l'espace ainsi dégagé.

— Non, attends, je...

— Tais-toi et montre-moi ta bête ! L'autre, la vraie ! lui coupe-t-elle le sifflet, en dégrafant sa braguette.

Rose et Konia toujours brandis, Yassy a l'air spectaculairement con.

— Il faut que je te dise quelque chose d'import...

— *Ta gueule, esclave ! Baisse ton benne et baise-moi !* fait-elle sienne et sans once de retenue l'accroche putassière du Debahnd, sur nombre d'exemplaires desquels gît désormais son corps en rut, parti à la renverse pour mieux ceindre de ses cuisses la taille du fleuriste.

N'y tenant plus, Yassy pose la fleur et le portable, vient plaquer ses lèvres sur celles de la libraire et, libérant enfin la bête, l'enfourche avec fougue hussarde. Malgré la transe coïtale il tente à nouveau de s'exprimer, mais Violette lui coupe systématiquement la chique avec des gémissements entremêlés d'incitations à la « fourrer à fond », la lui « mettre jusqu'aux amygdales » et autres gracieusetés du même tonneau. Quelques solides coups de reins plus tard, la ligne d'arrivée en vue pour l'un comme pour l'autre, Yassy parvient à s'extraire un instant de ses vapes d'extase :

— Je... voulais juuu...ste te dir... rêêêêhhh... te dire que... ce matiiiiin... j'ai oublié de... houlaaaaa !... oublié de prendre mon pi... mon pipi... mon piluhuhuuuleuuuhhh... !

En passe de jouir, comme si elle voyait sa vie défiler façon flash à l'article de la (petite) mort, Violette se souvient de son exigence non négociable, fixée dès leur premier rendez-vous, à ce que ce soit lui qui prenne un contraceptif, tous deux n'ayant guère d'appétence pour les préservatifs.

— Sors de moi, imbéciiiiiiile ! hurle-t-elle alors dans un réflexe ambivalent, puisqu'elle l'attire et repousse à la fois de toutes ses forces.

— Ouiiiiiiiii ! lui fait écho son partenaire, qui ne sait plus trop s'il avance ou recule...

À bout de spasmes et de halètements, le couple se désunit. Violette rajuste sa jupe tandis que Yassy, toujours bête à l'air, balbutie :

— Je... Je te demande pardon... Je... Je vais te les racheter...

— Me racheter quoi ? Qu'est-ce que tu débloques, encore ?

Rouge de honte, regard « Violette à tout prix », il lui fait signe de se retourner.

L'initiative d'un bonus crac-crac en catchana étant écartée d'office tant son embarras paraît patent, elle s'exécute. Et explose aussitôt de rire.

Du haut de l'escalier qui mène au logement de sa déesse-connasse, Cajou trouve que les humains sont encore plus grotesques une fois dévêtus du bas.

— C'est pas grave, je t'en fais cadeau... Tu veux un petit sac ?

Trônant sur leurs présentoirs respectifs, arborant les rictus les plus artificiels qui soient, les bouilles de Givronie Debahnd et Missel Pudubecq, tels deux piliers du pont de Brooklyn, sont désormais reliées par un formidable jet de foutre allant d'une quatrième de couve à l'autre.

4. MARIELLE

Un toucher balourd lui malaxe le sein droit.

Puis, c'est les baisers. Une avalanche de baisers. Baveux, fébriles, nimbés d'une haleine à faire passer celle de Cajou pour le trou du Cthulhu. Pressée d'en finir, elle accoste son visage à cette queue frémissante, qui aussitôt force sa bouche...

Posé tel un sphinx sur la commode, le vrai maître des lieux observe sa déesse en train de gober un énième tripède. Par Bastet, pourquoi donc en change-t-elle si souvent ? Autant valait garder le modèle qui l'avait tant fait exulter, il y a quelques mois, au rez-de-chaussée, lors d'une mémorable séance de tourniquet nippon...

L'amant du jour finit par vociférer sa prise de panard, tandis que Violette se fend d'un « oh oui ! » si mou de l'entrain qu'il ne laisse aucun doute – excepté au couillon l'étreignant – quant à son appartenance aux 95 % qu'évoquait feu Brassens.

Encore une passade qui s'achève en jus de boudin. Ce qui n'empêche pas son partenaire, visiblement satisfait de lui, de se fendre d'un regard suintant du « alors, heureuse ? » que même le Marielle période Pont-Aven n'aurait pas osé. Pour toute réponse, la libraire ramasse le slip du butor et le lui lance à la figure :

— T'as cinq minutes pour rincer ta bestiole et dégager, soit le double de ce qu'aura duré ta prestation !

Cajou se redresse, baille et s'étire jusqu'à s'en dromadairiser la silhouette. Sa déesse ayant fini de jouer les connasses, la place est à nouveau libre. Il bondit sur le lit et y va d'une salve de ronrons avec frottements dorsaux sur l'arrondi de la hanche, tandis que le Marielle s'éclipse dans les toilettes, vexé comme un pou. Violette recueille son satyre préféré et, entre deux papouilles, vire de son élégaphone l'appli de rencontres « Bum croupe hue ! », aussi gigaphage qu'inutile. Trois tentatives, trois crétins... n'en matchez plus ! Peut-être en installera-t-elle une nouvelle, plus tard. Bien qu'elle soupçonne que ce soit pine perdue. Au bout de la ixième, une bête vaut l'autre...

Et puis oui, même si ça la fait suer de l'admettre, sa complicité avec Yassy lui manque. Il était certes collant, mais jamais envahissant. Toujours passionné, mais en rien exigeant. Et surtout, il avait ce je-ne-sais-coi qui l'agaçait et attirait à la fois... Seulement voilà, d'une rose l'autre, entre deux coups de bête, elle avait fini par sentir venir la menace suprême : tomber à nouveau amoureuse. Et ça, il en était vraiment hors de question ! Alors, elle l'avait jeté. Sans sommation, sur un coup de tête, au lendemain de ce fugace coup de bête qui avait valu au duo Debahnd-Pudubecq un malencontreux raccord séminal. Aussitôt reçue la rose de 11h56, elle lui avait textoté : *« On arrête là. Me demande pas pourquoi, c'est comme ça, lalala. Merci pour tes roses, fais-en profiter d'autres chanceuses... »* N'importe quel type aurait réagi, d'une manière ou d'une autre. Mais là itou, il fut impeccable. Pas de scène, pas de pleurs, pas de suppliques ni d'insultes, menaces, pipeau ou *slut shaming* (« tehon à tassepé », en bon céfran) en ligne, comme le font moult éconduits n'ayant pas obtenu d'explications à même d'apaiser leur ego froissé. Et pas de silence mortifère non plus, puisque depuis des mois la rose stylisée continue de lui parvenir chaque jour, à 11h56, élégamment délestée de ce « De la part de ton amoureux... » qui pourrait entretenir quelque ambiguïté.

« C'est bien ma veine, tiens, d'être tombée sur le dernier des gentlemen... »

Lisant comme tous ceux de sa race dans les pensées, Cajou valide l'aveu intime de sa déesse-connasse. Le tripède Yassy savait effectivement rester à sa place « d'esclave de son esclave », puisque jamais elle ne l'avait convié en son lit sacré, et jamais il n'aurait prétendu mériter un tel honneur.

Le Marielle fredonne sous la douche, usant d'un registre barytonal se voulant viril, ignare de ce qu'il peut se brosser grave question rebelote : qu'il en ait fini ou pas avec ses ablutions, Violette le virera aussitôt son rituel coup d'œil afterfuck jeté aux RS.

La voilà donc scrollouillant chez Zuckbook, où le nombre de « j'arrête » ne cesse d'augmenter... Un profil sur dix, estime-t-elle à vue de web. En quelques semaines à peine, le logo démissionnaire de Yassy s'est répandu tel un drôle de virus. Son *getting out* sans rage ni explications continue de faire le *buzz* (« zeub », en verlan contaminé reubeu), la seule différence entre son initiative et celle de ses émules consistant en ce que ces derniers tiennent absolument à fournir la ou les raisons de leur défection. On y trouve ainsi, pêle-mêle : du philosophe de troquet (*« Je contemple et médite à nouveau. M'emmerde aussi, parfois. Et c'est un vrai bonheur... Au point où j'en étais, il n'y a rien de plus excitant que de s'emmerder. Même si, pour être tout à fait franc, je m'emmerdais déjà avant. Mais là c'était dû à un trop-plein d'échanges. Un ennui d'obèse numérique, tandis qu'à présent je me rase à l'ancienne... »*) ; de l'hypocondriaque blasé (*« Marre d'avoir mal au crâne H24, les pouces HS et la vue kenne à force de memes et statuts débiles !... »* ; du nostalgique exalté (*« Aux chiottes l'élégaphone et vive l'appareil photo ! Argentique, de préférence ! Et les calepins Måneskin avec un bon vieux stylo ! Et les machines à écrire ! Tout ce qui permet de pondérer les mots avant de les pondre ! Et même l'ordi, à la rigueur, si c'est juste pour envoyer deux mails hors taf, naviguer trois minutes chrono ou écouter un peu de zique (baléks le support physique ! E = MP3 !... »*) ; de l'éclectique qui a des revanches à prendre sur soi (*« fini l'indigestion de séries Mamaflix... Désormais, ce sera un ou deux cinés maxi la semaine... Avec çà et là un film de boule issu du cul équitable, certifié sans amatrices exploitées ou porn-revengées... »*) ; du qui rêve de barouds mous (*« Plus de GPS, ni d'appli en temps réel ! S'égarer à nouveau, être un lapin, poser à la bourre ! Laisser tous ces stalkers algorithmiques dans l'ignorance de ce que l'on est, ce que l'on fait, aime ou pas, où ça, et avec qui !... » ;* ou encore du basheur (tabasseur, en français approximatif) se trissant sur un coup de gueule aux relents autobiographiques (*« Ne plus me farcir tous ces cassoces qui trafiquent leurs tronches à grands coups de filtres, sans oublier tous ces influenceurs qui vendraient père et mère pour un surplus de likes ! »*)

Violette vire le Marielle sans lui laisser le temps de relacer ses chaussures et se douche à son tour avant de rouvrir boutique.

Hormis le sien, elle ne verra pas un chat de la journée. Avec les charges fixes qui augmentent, la vie chère qui explose et le fisc toujours plus glouton, elle risque de cramer la caisse pour de vrai et d'avoir à reconvertir ses matches en passes pour sauver le Bal des cadratins.

N'ayant personne sur qui passer ses nerfs, elle tape à trois reprises le message *« maintenant tu arrêtes avec tes roses bidons ! »*, sauf à l'effacer aussitôt. La quatrième sera la bonne, mais avec des regrets tout plein à peine l'envoi effectué.

Indifférent aux gesticulations cryptiques de sa déesse-connasse, la patte arrière droite bien raide passée par-dessus le cou, Cajou se lèche soigneusement l'entrejambe.

5. PASSE D'ARMES

Violette grelotte sous la couette, un thermomètre en bouche.

Lové au creux de son bras droit, Cajou ronronne en pratiquant l'ancien et mystérieux art du pétrissement d'aisselle. C'est qu'elle sent drôlement bon, sa déesse-connasse. Peut-être plus, depuis que les tripèdes ont cessé de squatter son alcôve. Oh, il y en a bien encore un ou deux, çà et là, pour pointer le bout de son zguègue. Mais il s'agit plutôt d'une pratique résiduelle relevant de l'hygiène, sans commune mesure avec l'abattage d'antan.

Trente-huit deux, décrète le gallium. Et elle est à court de paracétamol, désormais interdit à la vente libre sans ordonnance. *« Nous devons préserver nos stocks stratégiques »,* arguent sans vergogne, pour justifier de cette pénurie, les crétins qui hier encore en délocalisaient pépouze la production.

Sans brusquer le gindre à l'œuvre, Violette hésite entre récupérer l'élégaphone et la commande box-télé. Sa récente résiliation de chez Mamaflix – c'était ça ou augmenter encore un quota de nouilles hebdomadaire déjà nauséeux pour un rital pastafarien – l'incite à débloquer l'écran d'un balayage d'index. Plusieurs béances dans les rangées d'icônes attestent de ce que l'époque n'est pas qu'aux coupes budgétaires. Après avoir désinstallé KotKot et Toutouyoutter, Twetsh et IntroGram sont désormais sur la sellette. Idem pour « Kenne un keum » et « VPSP » (*« Viens pécho sans pêcher »*, rencontres 100 % athées), rageusement relégués aux poubelles de l'historique. Seul Zuckbook trouve encore grâce à ses yeux, malgré la prolifération des « j'arrête ». On n'oublie jamais son premier amour, fût-il numérique...

Elle s'y connecte sans conviction, distribue quelques « j'aime » en passant et, n'ayant rien à publier ou commenter, referme aussitôt. Bien sûr, la migraine et la fatigue y sont pour quelque chose. Mais à son désintérêt croissant envers ces HP virtuels que sont les RS, s'ajoute désormais une intolérance avérée aux écrans. Alors quoi ? Se rabattre sur un bon vieux bouquin ? Valeur refuge, certes. Mais elle aurait l'impression de faire des heures sups pour pas un kopeck.

« Je résume... pas d'écrans, ni de lecture... pas faim et pif HS... pas de mec, zéro envie d'astiquer rosebud... Ne te reste plus qu'un sens opérationnel, ma vieille... »

« Mraouh... », approuve le boulanger, tout à sa tâche axillaire.

Violette tend son bras libre vers le vieux poste radio de ses darons, réglé sur France Intra aussi loin que saumonnent ses souvenirs. Ça tombe bien, c'est l'heure des infos :

« < voix fébrile de chroniqueur-vedette >

... la polémique ne retombe pas, après la passe d'armes à l'Assemblée nationale entre la députée Aube Pâtre, rapporteurice du projet de loi gouvernemental soutenu par l'extrême droite, visant à rendre obligatoire l'emploi d'au moins un réseau social entre quinze et soixante-douze ans, soit l'âge légal de départ à la retraite, et Mandarine des Daigneux, leadeuse de la PUNAISE, la tout récemment constituée Plateforme Unitaire National-Agenrée Intersectionnelle Social-Écologiste. Ambiance :

< charivari d'assemblée, voix de pasionaria à majorité relative >...

— ... nous n'avons plus le choix, chers collègues, face au désastre économique qu'engendre ce boycott de masse irrationnel ! Même vous, membres de la PUNAISE, qui pour la plupart êtes issus d'idéologies productivistes n'ayant jamais rechigné à employer les manières fortes, ne pouvez plus ignorer à quel point la désertion progressive des réseaux sociaux impacte désormais tous les secteurs !...

< huées et brouhaha, voix de drama-couine déconstruite >...

— ... Mesdames, messieurs et non-binaires les député-e-s, l'Histoire avec un grand H nous joue décidément un sacré tour, puisqu'en ce jour, techniquement parlant, c'est vous qui vous retrouvez dans le camp du progrès, et nous dans celui de la réaction ! Mais de quel « progrès » parle-t-on ici, au juste ? Votre *"projeeeet"*, Mme Pâtre, a toujours été celui de l'aliénation tranquille ! De la mainmise du marché sur le temps libre-arbitre de l'individu !...

< tohu-bohu bis, come-back de la pasionaria tout en trilles outrés >

— ... Ce n'est pas en mettant votre « clit' sur la table », comme vous l'avez si élégamment mimé et formulé, et encore moins en vous gargarisant de jérémiades et autres beaux sentiments zado-larzaciens, que vous ferez repartir la production et la consommation dans notre pays ! Cette situation doit cesser et cessera, conformément à la volonté du président – donc, du peuple ! –, dussions-nous avoir une fois de plus recours au 69.3 !

< chaos, chœurs de stade "Ni Wi-Fi ! Ni bougies !", contre-attaque de la drama >

— ... le peuple ce n'est pas lui, madame Pâtre ! Ni vous, ni moi, ni elle, ni iel ! Le peuple c'est nous toustes !

< insultes, tumulte, larsens de micro, retour de la voix du chroniqueur-vedette >

— ... La séance a dû être interrompue après que madame Pâtre ait annoncé que les services de renseignement étaient en train d'enquêter afin d'identifier le ou les initiateurs de ce que le gouvernement n'exclut pas être une forme de cyberattaque visant à déstabiliser le pays, avec le probable concours de quelque puissance étrangère. Une hypothèse cette dernière toutefois peu crédible, puisque la crise dépasse désormais largement nos frontières et celles de l'Union.

< mini-jingle naze, voix feutrée et un poil cochonne de chroniqueuse-vedette >

— ... Merci pour toutes ces précisions, cher Nicolas. Sans transition, passons à l'étonnante victoire du XV d'Italie face à des Bleus qui n'ont jamais été dans le match et ont pâti tant des mauvaises conditions du terrain que du manque proverbial de fair-play de leurs adversai... »

En ayant assez entendu, Violette éteint la radio.

Cajou s'est endormi, griffes plantées dans la nuisette. Elle les décroche une à une, avec délicatesse, tout en lui faisant risette sur le cou, avant de glisser hors du lit pour gagner les toilettes. Et c'est assise sur le trône que, sans trop y croire, elle pollexigraphie *« Tes roses me manquent... »,* puis tape envoi.

La réponse n'arrivera jamais. Et la loi Pâtre sera adoptée.

Dans le lit, Cajou ne bouge plus. Ne respire plus.

Tous les quinze-vingt ans, les dieux accordent à ceux de sa race un bref sommeil...

6. INVENTAIRE

— Votre Altesse aurait-elle l'extrême obligeance de bien vouloir libérer mon clavier ?

Avachi de tout son long, Pécan soulève trois millimètres de paupière gauche. Sa membrane nictitante mi-rétractée lui donne un air de zombie borgne sous Tranxene. Il la rabat en signe de rejet de requête, ce qui lui vaut un délogement manu militari avec transport aérien et câlin incorporé. Toujours aussi ensuqué, horloge molle féline, le successeur de Noisette, Amanda et Cajou finit par atterrir dans un carton que la libraire vient de vider des exemplaires du dernier Mann Yoix (« Toussez pas vers l'enfer », respectivement pré et postfacé par le prix Bonobel 2057, Missel Pudubecq, et la triple lauréate du Canigourt, Givronie Debahnd), où il se rendort lové sur une couche de papier bulle.

Violette regagne son bureau et insère dans le tableau X-iel du quantordi les chiffres qu'elle retient depuis tout à l'heure. Vivement qu'elle en ait fini avec ce fichu inventaire. Le dernier du Bal des Cadratins, si tant est que l'âge de la retraite ne soit pas encore repoussé. À 75 ans, elle estime avoir assez donné.

La vie est passée, elle a fait de son mieux. Ou pas, peu importe. Au fond, elle ne se sent même pas fatiguée. Juste un peu lasse. En vieillissant, elle espérait être dépaysée, hasbeenée, perdue dans un monde qu'elle ne comprendrait plus, comme la plupart des générations précédentes. Mais hormis quelques anachronismes bénins, tel son attachement à l'élégaphone (devenu aussi vétuste, à l'ère des implanphones, que pouvait l'être un Konia trente ans auparavant), elle s'est parfaitement adaptée à un monde stagnant, aussi dégoûté du passé qu'effrayé par l'avenir.

Il est presque midi. Est-ce que ça vaut le coup d'attaquer l'arrivage des occases avant le déjeuner ? C'est le moment que choisit l'élégaphone pour se fendre d'un « ding ! » qu'elle ne reconnaît pas. Serait-ce son premier match sur « Disons après-demain » ? Elle rajuste ses lunettes et déverrouille. C'est un courriel. Arrivé à 11h56.

« Ma Violette,

Je pourrais te dire que j'étais déçu par ma petite vie de fleuriste et que j'ai préféré disparaître pour enfin découvrir les grands horizons.

Je pourrais t'expliquer que j'ai réalisé avec effroi que la seule échappatoire possible était l'abandon, et la seule radicalité viable le renoncement.

Je pourrais te raconter que j'ai été contraint à la clandestinité chez les Zadiguistes, dans l'une de leurs enclaves « No Wi-Fi, no bougies ! », seule manière pour moi de me soustraire aux foudres du pouvoir et des puissances de l'argent.

Je pourrais t'avouer que je me suis toujours douté que 99 % des humains étaient des vantards névrosés, tout comme on se doutait de l'existence d'exoplanètes avant même d'avoir pu les observer, et comme on se doutera jusqu'à la fin des temps (sauf à infirmer Fermi) de la présence de vie sur quelques-unes d'entre elles. Et que cela me rend tour à tout hilare et fou de désespoir.

Je pourrais t'affirmer que je me sentais comme un lion en cage, voire un con en liage, alors que je n'étais même pas un Cajou sur tes genoux.

Je pourrais t'écrire tout cela et mille autres choses susceptibles de nourrir ma pseudo-légende, parce que lorsqu'on change le cours de l'histoire en fracturant un pays comme je l'ai fait, c'est qu'on ne peut qu'avoir un plan, un cap, une vision.

Mais la vérité, la vérité toute banale, c'est que je voulais juste exister à tes yeux... Exister pour de vrai. Habiter ton cœur en permanence, et pas que ton corps à l'occasion. Je voulais être mystère, susciter ta fascination. Fuir mon destin tout tracé de pathétique pot de colle. Que tu me voies enfin, en disparaissant... Mais la machine s'est emballée, et ma démarche pour t'épater et sortir du lot a viré au Léviathan en roue libre. Je suis devenu un symbole de révolte, alors que je ne cherchais qu'à t'aimer d'un amour aussi fleur bleue et prévisible que peut l'être une « Every breath you take » déguisée en « Stand by me ». J'espérais, pauvre égoïste que je fus, que tu renoncerais spontanément à ta frénésie polyfuckeuse. Erreur fatale. Et grotesque. En amour, on ne peut rien provoquer. On ressent, ou pas. Donne, ou non. Un bon fantasme vaut zéro tu l'auras. Parole d'homme flétri...

En définitive, ma vie n'aura été qu'une série d'ellipses. Un sentier pavé de Lego (sans apostrophe) parcouru pieds nus. Pardonne-moi de n'avoir pas su renoncer à toi. Et surtout, d'oser me donner le presque beau rôle, en t'informant que je suis mort...

Ce courriel t'a été envoyé automatiquement sept jours après mon décès, conformément à l'option que j'ai paramétrée pour le cas où je n'accéderais pas à ma boîte mail pendant plus d'une semaine.

N'oublie pas d'ouvrir l'attaché, afin d'y retrouver ton dû. Et fleuris de ta présence mon ultime demeure, si le cœur t'en dit...

Adieu, ma Violette...

Malgré ces trente-deux années d'éclipse, tu auras été mon unique soleil...

Ton amoureux, qui n'avait jamais osé t'avouer son vrai prénom,

Hyacinthe »

Violette est comme pétrifiée devant l'écran.

« Ne pleure pas, ma déesse... Tout est cyclique, dans ce monde comme dans les autres... Tu le retrouveras au prochain passage, ton gentil tripède... », la console du fin fond de sa boîte Pécan, troisième des sept réincarnations auxquelles a droit (pour commencer) Cajou.

La libraire clique sur l'attaché. Un format VIRT4 immersif, en sensorama synaptique.

Le Bal des Cadratins s'évapore, Violette se retrouve dans une roseraie qui s'étend à perte de vue dans un délicieux jardin à l'anglaise. Le vieux Hyacinthe s'affaire sécateur à la main sur un magnifique spécimen de Dublin Bay, tandis que le jeune Yassy complète une composition de Cherry Bonica formant le message « Elles sont toutes pour toi, ma Violette... »

Violette pleure, de joie et de tristesse. Un résumé parfait de sa vie. De toutes les vies.

En quittant son bureau, aussi invisible que le reste du local, elle bute contre un obstacle qu'elle identifie sans peine : le carton des arrivages d'occase. Elle saisit à tâtons le livre posé en haut de la pile, lequel se matérialise au contact avec sa main :

RÉSEAUX SOCIAUX & NUMÉRIQUES DANS LE FUTUR
Communiquer demain et ailleurs (ou pas)

Anthologie réunie par Bruno Pochesci

Textes de :
J.-P. Andrevon, A. Boulanger, Ph. Caza, F. Clavel,
O. D'Antes, L. Delavigne, T. Fauquembergue, K. Hasnaoui,
S. Jones, L. Kennel, V. Koch, M. Le Bevillon, B. & R. Le Roux,
M. Ligner, D. Martinigol, F. Orazy, B. Parmeland,
B. Pochesci, G. Rhéal, A. Rozenbaum, M. Tauveron

Éditions Arkuiris

« Encore un vieux machin de SF, ou de fantastique... », se dit la libraire en laissant choir l'objet, qui aussitôt s'évapore.
Et sans plus tarder, elle rejoint Yassy et Hyacinthe.

Biographies des auteurs et autrices

Jean-Pierre Andrevon

Jean-Pierre Andrevon, né pas loin de Grenoble où il habite toujours avec ses chats, a publié ses premiers textes vers 1963-1964 dans le fanzine *Lunatique*. Après des études aux Beaux-arts et quelques années de professorat, sa première nouvelle pro paraît dans le numéro de mai 1968 de *Fiction*. Son premier roman, *Les hommes-machines contre Gandahar*, en 1969, est adapté sous forme de dessin animé en 1988.
Le travail du furet (1983) a été adapté à la télévision en 1994. Au total sa bibliographie compte à ce jour environ 180 ouvrages dans les genres les plus divers : science-fiction, fantastique, polar, jeunesse, poésie, sans oublier ses études sur le cinéma, ainsi que son encyclopédie *100 ans et plus de cinéma fantastique et de science-fiction* (2013). L'auteur est membre de l'équipe de la cinémathèque de Grenoble et a aussi publié de nombreuses nouvelles aux Éditions Arkuiris.

Anthony Boulanger

Originaire de la région de Rouen, Anthony Boulanger vit maintenant à Paris, en compagnie de sa muse et de leurs trois enfants. Touche-à-tout, il travaille aussi bien sur des micronouvelles que des romans et des scenarii de jeux de rôle et de BD, dans les genres de l'Imaginaire. Ses sujets de prédilection sont les Oiseaux, les Golems, la mythologie.
Parmi ses ouvrages de prédilection, on trouve : *Le Silmarillion* de Tolkien, *La Compagnie Noire* de Glen Cook, *L'Enchanteur* de Barjavel, *Le Chant du Cosmos* de Roland Wagner, *La Horde du Contrevent* de Damasio, les nouvelles robotiques d'Asimov.

Philippe Caza

Philippe Caza est connu avant tout comme illustrateur de SF (chez à peu près tous les éditeurs de France), auteur de bandes dessinées dans *Pilote* et *Métal Hurlant*. D'où les albums *Scènes de la vie de banlieue*, *Arkhê et Laïlah* (Humanoïdes Associés) ; *L'âge d'Ombre, Le Monde d'Arkadi*. Il est aussi co-auteur de films d'animation (*Gandahar,* avec René Laloux, *Les Enfants de la pluie*, avec Philippe Leclerc).

Côté écriture, il participe depuis 2019 à diverses anthologies et revues SF. Il publie principalement dans les anthologies thématiques des éditions Arkuiris, celles du festival ImaJn'ère d'Angers, Le Grimoire-Mille Saisons, Le Chien à deux queues, etc., ainsi que dans les revues *Gandahar*, *Galaxies* et autres.
En 2022, il a publié chez Arkuiris un recueil de nouvelles en forme de fix-up, *Ginkoo-Bilooba – chronique d'une utopie modeste*.
Site : http://www.bdebookcaza.com/

Fabien Clavel
Fabien Clavel est né en 1978. Après des études de lettres classiques, il devient presque simultanément enseignant et écrivain. Son premier roman paraît en 2002, suivi par une vingtaine d'autres à ce jour. Il écrit à la fois pour la jeunesse et pour les adultes. Entre 2007 et 2011, il a vécu à Budapest, en Hongrie, et en a rapporté un roman de fantasy historique : *Le Châtiment des flèches* (J'ai Lu).
Parmi ses œuvres qui explorent les différents genres de l'imaginaire, on peut noter les cycles de *La dernière Odyssée*, *L'Apprentie de Merlin* (Mango), *Le Miroir aux Vampires* (Baam) ou, pour les adultes, *Nephilim* (Mnémos). Parmi ses derniers livres parus, il compte *Furor* (J'ai Lu), un roman ayant pour trame de fond la défaite romaine de Teutobourg, et *L'Evangile Cannibale* (ActuSF), où l'on voit s'affronter des zombies et les pensionnaires d'une maison de retraite. Il est également l'auteur d'une dizaine de nouvelles publiées chez différents éditeurs.
Son site : *http://clavelus.blogspot.fr/*

Orezza D'Antes
Professionnellement, Orezza D'Antes est globe-trotter virtuelle, littérairement, elle crée des mondes fantastiques à la croisée de la réalité. Outre plusieurs romans publiés aux éditions livresques, Octoquill et du Chat Noir, elle est également l'auteure de nouvelles, notamment « Homoraptor » publié dans l'anthologie Réseaux sociaux et numériques dans le futur par les éditions Arkuiris, et « Conjuration triangulaire » dans le n°25 de la revue *Gandahar* consacré aux Abysses.

Lilian Devigne

Lilian Devigne est né en 1969 à Hirson. Après des études de lettres, il devient professeur de français. Parallèlement à son métier, il écrit des nouvelles et obtient le Prix Pégase en 2002 avec la nouvelle « Pince-moi ». Plusieurs de ses récits ont été publiés à la suite de concours (prix Albertine Sarrazin 2010, prix Au fil des bibliothèques 2012...) ainsi que sur le site « Nouvelle Donne ». Attiré par la science-fiction et le fantastique, il fait paraître certains de ses textes dans des anthologies, notamment dans *Géante rouge* et aux éditions Voy'[el]. Il s'intéresse également à la peinture, à la philosophie et à la poésie, qui imprègnent la plupart de ses nouvelles.

Thierry Fauquembergue

Thierry Fauquembergue goûte à l'existence dans un coin de paradis montagnard qui prend des allures de Terre du Milieu à l'automne. Délivré de vingt années de procrastination par une joyeuse bande de Conteurs rencontrés au détour d'une forêt virtuelle, il se prend au jeu des AT et délivre ses textes au fil des pages de *Gandahar, Arkuiris, A.O.C., Lufthunger Pulp, Les Cent Papiers, Malpertuis*… en passant du fantastique à la science-fiction selon l'humeur du moment, avec un petit détour par la fantasy de temps à autre.

Son premier recueil fantastique, *DAWN - Fragments d'Âmes*, a paru en juin 2021 chez Otherlands, ouvrant le « cycle de Hilton Bone ».

Les lecteurs pourront suivre son travail et son actualité sur Facebook (thierry.fauquembergue) et sur son site : *https://thierry-fauquembergue.jimdosite.com/*

Kathrine Hasnaoui

Née en 1977, Kathrine Hasnaoui nourrit depuis l'enfance le goût des histoires et des ailleurs. Mue par le désir de transmettre, elle s'efforce en enseignant de donner accès aux espaces de l'imaginaire qui se cachent dans les livres.

Après avoir vécu en Tunisie et en Indonésie, elle s'est posée pour quelques années dans les Hautes-Alpes. C'est là qu'elle a commencé à écrire dans le cadre de concours de nouvelles.

Certains de ses textes ont été récompensés, comme « L'invention des embruns » aux Escales de Binic et « Dans l'ombre sainte et le silence » au Village du Livre de Cuisery en 2019.

Southeast Jones

Southeast Jones est un auteur belge nourri au biberon de la science-fiction. Principalement influencé par les auteurs anglo-saxons de l'âge d'or, il écrit depuis presque toujours, mais ce n'est que tardivement qu'il se décide à proposer quelques textes (il est principalement nouvelliste) à l'édition. Sa première nouvelle « Rétrocession » ne paraîtra qu'en 2008 dans le dixième numéro du fanzine *Géante Rouge*.

En 2012, il crée avec trois amis Les Éditions des Artistes Fous, une petite maison d'édition indépendante franco-belge ne publiant que des anthologies thématiques ; la première « Fin(s) du monde, 20 récits pour en finir avec l'apocalypse » paraît la même année, d'autres suivront. Co-anthologiste et auteur au sein de ce collectif exclusivement composé de bénévoles, c'est là qu'il s'ouvre (enfin !) plus à la science-fiction francophone.

En 2016, son premier recueil « Il sera une fois… » est publié par Séma Éditions, en 2021, il est le maître d'œuvre de *Strange Crazy Tales of Pulpes*, une anthologie de nouvelles façon Pulp, publiée par Les Éditions des Artistes Fous. Depuis peu, il s'est ouvert au fantastique et à l'horreur (« L'antre de la bête », in *Sept morts à vivre*, Éditions du Zebrycorne) et *Chairs* (Malpertuis XIII). Son premier roman (écrit à quatre mains), *Le paradoxe Béranger*, a été récemment proposé à plusieurs éditeurs.

Léo Kennel

Léo Kennel a longtemps cru que pour devenir écrivain, il fallait n'être rien et y a parfaitement réussi. Collagiste, elle écrit aussi en procédant par accrétion afin de créer ce qu'on pourrait appeler une anticipation onirique.

Wohlzarénine (Flatland), *La Nuit en sursaut, Transparence des tigres* (Hydromel), *Le Vert Monde, Le Seigneur de l'Annuaire, Vivre est un village, Les Tominels, Axonges,* ainsi que *Hurlement calme* et *Urgence des bas-côtés*, poésie qui-rime-même-pas. (Les Trophées)

Une poignée de nouvelles, en anthologie : *« La maison d'en face » (Ténèbres 2000,* Naturellement*),* « L'espace dans la géométrie » *(Créateurs, Inventions et Savants Fous,* Hydromel*)* « Le Stage » *(Crève Suzette,* Les éditions de La Pigne) « Chiennes mémoires dernières » *(Dementia,* Les Occultés) ou en revue : « Le nombre de l'épreuve », « Prévenu » *(Galaxies),* « Je connais bien le Père Noël » *(L'Est Républicain)*

Valentin Koch

Depuis l'enfance, Valentin Koch engloutit tous les livres passant à sa portée. Ado, alors qu'il flânait entre les rayons de la bibliothèque du coin, une bibliothécaire aux cheveux bleus lui tapa sur l'épaule : « Toi aussi, tu aimes les bouquins bizarres ! Attends là, je vais te chercher un truc ». Il repartit les bras chargés de pavés de Gemmel, McCaffrey, Pratchett et autres grands noms de la SFFF. Répétitivement.

Depuis, son attachement à l'imaginaire ne l'a jamais quitté. Engagé associativement, il a d'abord participé bénévolement à l'organisation de plusieurs festivals, puis est ensuite devenu lui-même bibliothécaire – certainement afin d'avoir enfin une bonne excuse pour traîner tous les jours à la bibliothèque –, avant de finalement traverser le miroir, passant de lecteur à auteur.

Morwenna Le Bevillon

Née en Bretagne à la fin des années 1980, Morwenna Le Bevillon se passionne dès l'enfance pour la littérature d'anticipation et l'horreur. Après avoir dévoré tous les livres de Stephen King, H.P. Lovecraft et Philip K.Dick qui lui passaient sous la main, elle décide de se mettre à raconter ses propres histoires. Elle a participé à deux anthologies de nouvelles fantastiques aux éditions Lucifèrines, sur le thème de l'enfance, puis des légendes régionales. En 2018, elle a quitté Paris pour s'installer à Amsterdam, où elle exerce le métier de traductrice indépendante et anime des ateliers d'écriture pour les francophones.

Brice et Romain Le Roux

Brice et Romain Le Roux sont frères. Passionnés de littérature et d'imaginaire, ils écrivent à quatre mains nouvelles et textes courts.

Maître de conférences de l'université d'Aix-Marseille en physique, Brice effectue ses recherches dans le champ des sciences de l'éducation et publie des articles dans des revues spécialisées.

Cofondateur et auteur de la Compagnie *La Quatrième Caravelle* (33), Romain a écrit pour le théâtre une dizaine de textes où il explore les passerelles entre imaginaire et réalité, entre récit épique et exploration intérieure. Il adapte également pour la scène des textes de Jules Verne, Marina Tsvetaeva ou Blaise Cendrars.

Meddy Ligner

Meddy Ligner écrit dans plusieurs domaines : le cinéma, le sport et les genres de l'imaginaire. En 2021, il publie *Rocky & les mythes de la boxe* chez Mareuil Éditions, qui tisse des liens entre fiction et réalité. Deux ans avant, il sort *Les Treize grandes malédictions du sport* aux éditions Amphora. En imaginaire, on lui doit deux romans : *Les Roses de Karakorum* et *Semper Lupa* chez Armada, ainsi qu'une trentaine de nouvelles dont certaines sont regroupées dans un recueil intitulé : *Un Dimanche après-midi sur la Lune* chez Rivière Blanche. Avec ce même éditeur, il a mené cinq anthologies sur l'histoire et les genres de l'imaginaire : *Dimension Préhistoire* (2013), *Dimension Antiquité* (2014), *Dimension Moyen-Âge* (2015), *Dimension Renaissance & Temps Modernes* (2017) et *Dimension Époque Contemporaine* (2019). Fan de bandes dessinées, il a créé le Prix Bulles de Sport, récompensant chaque année la meilleure BD sportive.

Danielle Martinigol

Elle dit de son curriculum vitae qu'il ressemble à une carte des vins ! Elle naît à Meursault en 1949. Son père était de Nuits-Saint-Georges. Elle fait ses études à Beaune, devient professeur de français à Gevrey-Chambertin et achève sa carrière à Mâcon.

Désormais elle vit dans le Beaujolais. Considérant qu'une réflexion sur l'avenir de l'eau s'imposait avec tout cet alcool, elle écrit son premier roman *L'or Bleu* en vidant la Méditerranée pour alerter les jeunes lecteurs. Elle crée ensuite une planète maritime avec d'imposants vaisseaux vivants, *Les Abîmes d'Autremer,* qui remportent le grand Prix de l'Imaginaire en 2002. Même si elle a reçu le Prix Cyrano en 2019 pour l'ensemble de son œuvre (cinquante romans et de nombreuses nouvelles), fermentent encore en elle de beaux projets respectant sa règle des trois A : Aventures, Amour, Ailleurs.

Florian Orazy

Florian Orazy est né en 1990. Après des études scientifiques à Paris, il part vivre au Royaume-Uni puis au Canada, avant de rentrer en France début 2023. Consultant dans l'aide internationale, il voyage en Afrique, en Asie et en Amérique

du Sud. Il a écrit un roman, *Paradis*, non encore publié, une pièce de théâtre, ainsi que des textes courts allant de la littérature réaliste à la science-fiction en passant par le fantastique.
Ses nouvelles « Les Bienheureuses » (2019) et « Déclaration de guerre aux spoliateurs du vivant » (2020) ont paru dans le webzine *Réticule*, ainsi que « La Meute » (2020) aux éditions Animal Debout. Deux de ses nouvelles ont déjà été publiées aux éditions Arkuiris, dans les anthologies *Religions d'ailleurs et de demain* (2020) et *Sexe et sexualité dans le futur et ailleurs* (2021). Sa nouvelle « Loin des Arvènes » fait partie de la sélection du jury du Prix de l'Ailleurs 2022.
Son site : *https://www.florianorazy.com*

Boris Parmeland
Boris Parmeland, être humain banal, vit parmi plus de 8 milliards de ses congénères sur une petite planète orbitant autour d'une naine jaune quelconque. Près d'Avignon. Issu d'une formation scientifique et auteur à ses heures perdues, il se dit troublé par les notions de temps, de chance et de destin, autant de thèmes infusant immuablement ses propositions littéraires.
Du côté publication, il est l'auteur d'une nouvelle fantastique intitulée « Fortune » (parue aux éditions Inusitées en 2021), d'un récit de science-fiction nommé « Rédemption » (publié dans *Géante Rouge* HS-2022), ainsi que d'un texte d'anticipation « La toile » dans cette présente anthologie, *Réseaux sociaux et numériques dans le futur,* aux éditions Arkuiris.

Bruno Pochesci
Né à Civitavecchia (Rome) le 3 février 1970, Bruno Pochesci est aussi tiraillé entre l'écriture et la musique qu'il ne l'est entre la France et l'Italie. En mai 2013, sous l'impulsion amicale de Jean-Pierre Andrevon et Jean-Pierre Fontana, il publie dans la revue *Galaxies Science-fiction* sa toute première nouvelle, « Les Retournants ». Quatre-vingts autres suivront, pour une vingtaine de revues et maisons d'édition.
Aussi à l'aise dans le fantastique que dans la science-fiction, il est le double lauréat des prix *Alain Le Bussy* (2014 et 2019) et

Visions du futur (2014 et 2016), ainsi que du *Masterton* (encore en 2019) pour son premier recueil de nouvelles fantastiques, *L'amour, la mort et le reste,* publié chez *Malpertuis*.
Son premier roman, *Hammour,* est paru chez *Rivière Blanche* en 2016, et le deuxième, *Scories,* aux *Éditions 1115* en 2019. Un premier recueil de nouvelles de science-fiction, *L'espace, le temps et au-delà*, voit également le jour en 2019 chez *Flatland* et décroche l'année suivante le prix *Bob Morane*. Le deuxième, *Des lendemains qui shuntent*, a paru fin 2022. Parallèlement, il réalise les recueils de chansons de Jean-Pierre Andrevon (six CD depuis 2007), compose et arrange ses propres créations et joue sur des petites scènes parisiennes avec le groupe de reprises *Martine on the rocks*. Enfin, la musique et l'écriture ne nourrissant pas intégralement leur homme, il travaille à la BNF et est le très orgueilleux père d'Anna.

Gaëtan Rhéal
Vous auriez certainement déjà entendu parler de lui s'il s'était seulement donné la peine d'écrire toutes les péripéties rocambolesques lui traversant l'esprit. Hélas, il préfère gaspiller l'essentiel du temps libre que lui laisse son boulot de baby-sitter de satellites afin de devenir grand maître d'arts-martiaux. Autant pour la gloire et la fortune...
Mais quid de sa filiation littéraire ? Eh bien, au risque de passer pour un iconoclaste, il proposera des titres tels que : *Le Cavalier Suédois, Les Aventures du Baron de Münchhausen, L'ingénieux Hidalgo Don Quichotte de la Manche* ; dont il pourrait, à son bien humble niveau, se rapprocher dans l'esprit, et sait-on-jamais, la forme. Il aurait aimé mentionner *Le Pendule de Foucault*, mais sachons raison garder, ce n'est pas encore pour tout de suite. Autre publication : « Gummy Fear », au sommaire de l'anthologie *Étrange Enfance* aux Éditions Lucifėrines
Facebook : @GaetanRheal

Alain Rozenbaum
Après avoir obtenu un diplôme d'études dites « supérieures », après avoir essayé parfois d'être photographe, après avoir traversé l'époque du multimédia et de la bulle Internet dans de petites structures pour finir dans une grosse société de service en informatique, après avoir migré de Paris vers le Sud-Est en passant par Toulouse, Grenoble, Lyon et même Milan où il a

effectué son service militaire dans la coopération comme prof de math, Alain Rozenbaum a décidé, après plus d'un demi-siècle de réflexion, de devenir écrivain de science-fiction.
Il a été publié dans plusieurs anthologies chez Arkuiris ainsi que chez d'autres éditeurs (Rivière Blanche, Flatland...) et dans les revues *Galaxies, Géante rouge* et *Gandahar*.
Son site : *https://alarozblog.wordpress.com/*

Matthias Tauveron
Né à Bourges voilà 40 ans, linguiste et musicien, Matthias Tauveron vit de sa plume en rédigeant des comptes-rendus de réunion pour différentes entreprises et institutions. Chasser le réel par l'imaginaire le tente toujours. Cependant, il cherche plutôt, notamment au travers de la mythologie, à donner des coups de hache dans cette mer gelée qui est en nous.
Il a publié la nouvelle « L'Ardeur amoureuse », dans le n°30 de la revue *Gandahar*, en 2021.

Achevé l'imprimer sur les presses de *Messages*
111, rue Nicolas Vauquelin
31100 Toulouse – France

Dépôt légal : 1er semestre 2023